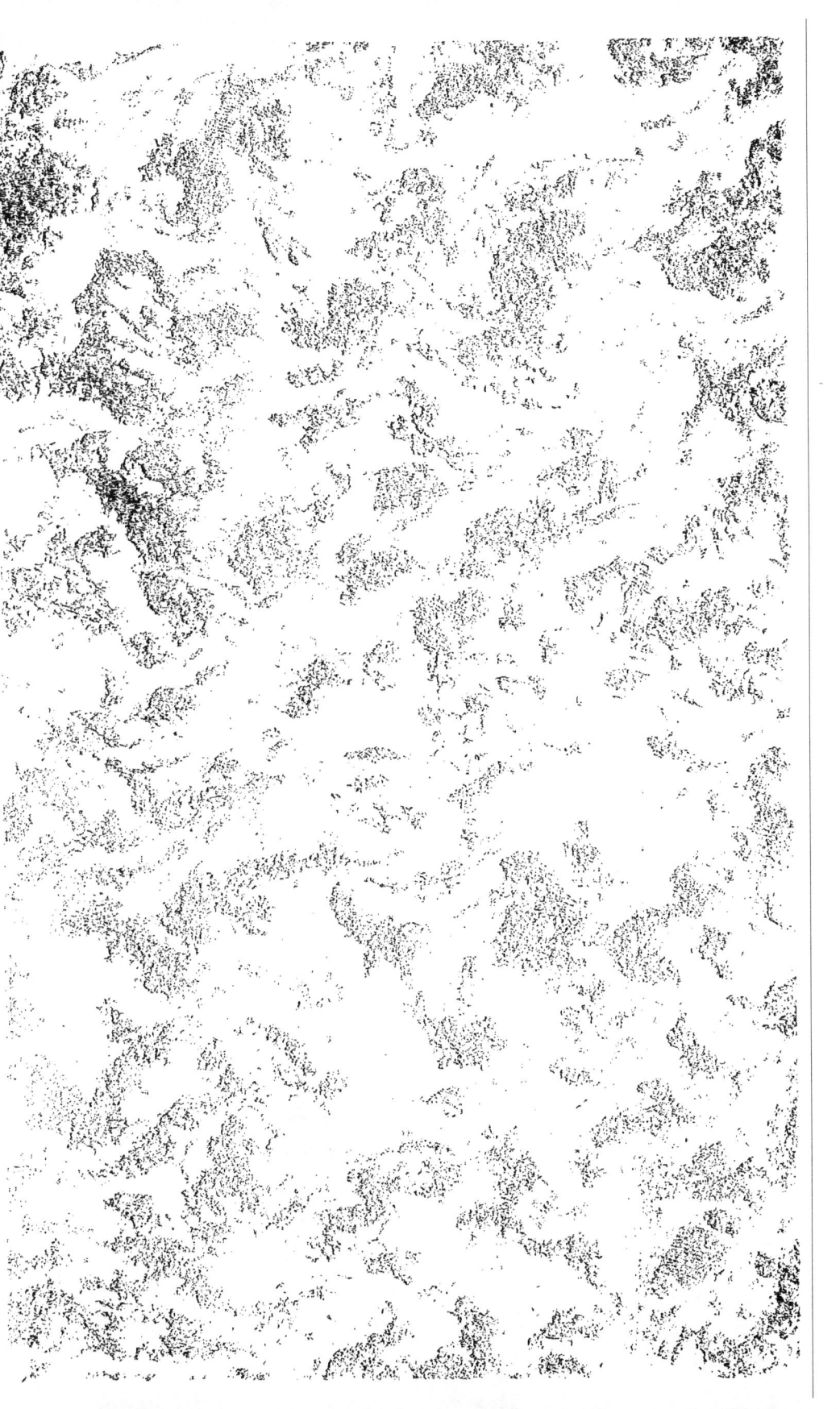

MÉMOIRES

D'OLIVIER

DE LA MARCHE

IMPRIMERIE DAUPELEY-GOUVERNEUR,

A NOGENT-LE-ROTROU.

MÉMOIRES
D'OLIVIER
DE LA MARCHE

MAITRE D'HOTEL

ET

CAPITAINE DES GARDES DE CHARLES LE TÉMÉRAIRE

PUBLIÉS POUR LA SOCIÉTÉ DE L'HISTOIRE DE FRANCE

PAR

HENRI BEAUNE ET J. D'ARBAUMONT

TOME TROISIÈME

A PARIS

LIBRAIRIE RENOUARD

Vᵛᵉ HENRI LOONES, SUCCESSEUR

LIBRAIRE DE LA SOCIÉTÉ DE L'HISTOIRE DE FRANCE

RUE DE TOURNON, N° 6

M DCCC LXXXV

EXTRAIT DU RÈGLEMENT.

Art. 14. — Le Conseil désigne les ouvrages à publier, et choisit les personnes les plus capables d'en préparer et d'en suivre la publication.

Il nomme, pour chaque ouvrage à publier, un Commissaire responsable, chargé d'en surveiller l'exécution.

Le nom de l'éditeur sera placé à la tête de chaque volume.

Aucun volume ne pourra paraître sous le nom de la Société sans l'autorisation du Conseil, et s'il n'est accompagné d'une déclaration du Commissaire responsable, portant que le travail lui a paru mériter d'être publié.

Le Commissaire responsable soussigné déclare que l'édition des Mémoires d'Olivier de la Marche, *préparée par* MM. H. Beaune *et* J. d'Arbaumont, *lui a paru digne d'être publiée par la* Société de l'Histoire de France.

Fait à Paris, le 7 mars 1885.

Signé : M¹ˢ DE BEAUCOURT.

Certifié :

Le Secrétaire de la Société de l'Histoire de France,

A. DE BOISLISLE.

MÉMOIRES
D'OLIVIER DE LA MARCHE

LIVRE PREMIER

CHAPITRE XXXV.

Comment le Roy Louis mecontenta le comte de Charolois, dont luy sourdit guerre, sous couleur du bien public de France.

Comme j'ai dit dessus, le Roy de France donna à monseigneur de Charrolois trente six mille frans de pension[1]; pour aucung temps fut le conte bien payé de sa pension. Mais le Roy, qui fut moult subtil en ses affaires, tint une maniere que, quant il se vouloit servir du conte, il le traictoit bien et tenoit mines contraires à ceulx de Cry; et quant il se vouloit servir d'iceulx de Cry, il traictoit mal le conte de Charrolois. Et ainsi advint que le Roy rompit la pension de mon-

---

1. En qualité de lieutenant général du duché de Normandie (V. Chastellain, t. IV, p. 189, et J. du Clercq, liv. IV, ch. xxxviii). Le 18 septembre 1461, Louis XI avait aussi donné au comte de Charolais l'hôtel de Nesle.

seigneur de Charrolois, et rappela ceulx de Cry, dont il se vouloit servir et ayder à ceste fois ; et tant convindrent ensemble, que le Roy se concluyt de rachapter la riviere de Somme ; et pour la vie du duc durant le Roy avoit promis de ne la point rachapter. Si montoit ledit rachapt à quatre cens mil escuz[1], et contendoit le Roy que iceulx quatre cens mil escuz viendroient en la main du conte ; mais quant le Roy de France veit son plus beau, il ne tint riens au conte de ce qu'il luy avoit dit ; mais en fit son prouffict, et furent deux choses qui moult despleurent au conte : l'une que le Roy luy avoit osté sa pension, et l'aultre qu'il avoit racheté les terres engaigées de la riviere de Somme, pour quatre cens mil escuz, qui furent mis ès mains de Jaquot de Bresilles[2], lors garde des joyaulx de mondit seigneur le duc. Et le Roy de France, qui lors se tenoit à Abbeville, visitoit souvent le duc de Bourgoingne, qui se tenoit à Hesdin[3] ; et entre autres parolles luy offrit le Roy de France que, s'il vouloit, il luy feroit venir le conte de Charrolois, son filz, à la raison et le mectroit totalement en son obeissance. Mais le duc de Bourgoingne, qui tousjours fut saige, prudent et couraigeulx, respondit au Roy qu'il le laissast convenir de son filz et qu'il en feroit bien ; et sembla au duc que le Roy disoit ces parolles pour mettre sa maison

1. Voy. ci-devant, t. I, p. 224 et suiv.
2. Lisez : *Bregilles*. Sur ce rachat, voy. du Clercq, liv. V, ch. ii.
3. Louis XI fut défrayé par Philippe le Bon à Hesdin du 28 septembre au 18 octobre 1463. Voyez Gachard, *Itinéraire de Philippe le Bon*, dans la *Collection des voyages des souverains des Pays-Bas*, t. I, p. 90, et J. du Clercq, *loc. cit.* Le comte et la comtesse de Charolais étaient alors à la Haye, où le comte demeura jusqu'au 17 décembre.

et ses pays à plus grant brouilliz qu'ilz n'estoient; et ne le print pas bien en gré.

Et en ce temps[1] un bastard de Rubempré[2] aborda en Zeelande, à tout un ligier bateau davantaige. Ledit bastard estoit homme de faict, couraigeulx et entreprenant; et fut tantost souppesonné contre luy qu'il ne venoit pas pour bien faire; car le conte de Charrolois, qui estoit josne, se tenoit lors en Hollande[3], et se alloit jouer à son privé de lieu en aultre; parquoy les saiges qui estoient autour de luy ne s'asseurerent point dudit bastard, mais fut envoyé gens pour le prendre; ce qui fut faict. Et fut mis ledit bastard en prison fermée, et m'envoya ledit conte de Charrolois à Hesdin devers le duc, son pere, pour l'advertir d'icelle prinse et des causes pourquoy; et le bon duc oyt ce que je luy vouluz dire humainement et comme saige prince; et, à la verité, il se souppesonnoit dès lors des soubtivetez du Roy de France[4]. Et assez tost après se

1. Septembre 1464 (J. du Clercq, liv. V, ch. xii).
2. Fils naturel d'Antoine II, seigneur de Rubempré en Picardie.
3. Le comte de Charolais fit un long séjour en Hollande. Le 9 septembre 1464, il était à Gorcum. Le 20 du même mois, il s'embarqua à Dordrecht, essuya une forte tempête, dut descendre à Rotterdam et alla le même soir coucher à la Haye. Au mois d'octobre suivant, il était à Gand, où il reçut le duc de Bourbon pendant quarante et un jours.
4. V., sur l'arrestation du bâtard de Rubempré, Chastellain, édit. Kervyn de Lettenhove, liv. VI, ch. cvi, t. V, p. 81, et la *Chronique* manuscrite de la Haye, y citée. Du Clercq assure que Rubempré fit une confession entière, et, d'après d'autres récits, on trouva en sa possession des papiers signés du roi et promettant une récompense pour la capture du comte de Charolais (Kirk, t. I, p. 207, note). Le bâtard de Rubempré ne fut relâché qu'après la mort de Philippe le Bon et l'avènement de Charles le Téméraire. Il demeura près de quatre ans en prison, dit Commines.

partit le duc de Hesdin[1], et s'en revint en ses pays ; dont le Roy de France ne fut pas contant, mais despescha une grosse embassade, dont fut chief le conte d'Eu[2] ; et vindrent trouver le duc de Bourgoingne en sa ville de l'Isle[3], et firent grans proposicions contre luy[4] ; et vouloit le Roy de France que je fusse mis en sa main, pour estre pugny à son desir de ce qu'il me mectoit sus que je avoie esté cause de la prinse du bastard de Rubempré, et aussi que le duc de Bourgoingne s'estoit party de Hesdin sans dire adieu au Roy de France[5] ; mais le bon duc, qui fut amesuré en tous ses faiz, leur respondit que j'estoye son subject et son serviteur, et que se le Roy ou aultre me vouloit riens demander, il en feroit la raison. Touteffois

On le retrouve plus tard dans l'armée de Louis XI (Molinet, édit. Buchon, t. II, p. 14).

1. Le duc partit le 7 octobre 1464 de Hesdin où il faisait continuelle résidence depuis le 23 juin, et où le roi lui rendit plusieurs visites, et il arriva à Lille le 10 du même mois. La duchesse de Bourbon l'y rejoignit le lendemain (Gachard, *Itinéraire*, p. 93 et suiv.).

2. Charles d'Artois, comte d'Eu, accompagné de Pierre de Morvilliers, chancelier de France, et d'Antoine du Bec-Crespin, archevêque de Narbonne.

3. Les ambassadeurs arrivèrent à Lille le 5 novembre 1464 (J. du Clercq, liv. V, ch. xv).

4. V. Chastellain, *loc. cit.*, ch. cxvii ; J. du Clercq, *loc. cit.*, et Commines, *Mémoires*, liv. I, ch. i. Le discours du chancelier de France est rapporté dans le ms. de la Bibl. nat. n° 1278. Celui du comte de Charolais en réponse à Morvilliers se trouve *in extenso* dans Chastellain, ch. cxx. — Le 18 novembre, le duc donna à dîner aux ambassadeurs de France et, le même jour, convia à souper, en l'hôtel de Philippe Fremault, le comte de Charolais, le duc de Bourbon, Adolphe de Clèves, Jacques de Bourbon, Mme de Bourbon et ses filles (Gachard, *Itinéraire*, p. 95).

5. Cfr. J. du Clercq, liv. V, ch. xiii.

ces choses se paciffierent ; et pour guerdon de toute la grande despense qu'avoit fait le Roy de France, luy estant daulphin, à la maison de Bourgoingne, il luy donna, transpourta et acquicta vingt mil escuz que le Roy Charles, son pere, avoit paiés, pour avoir le droit de la duchié de Lucembourg ; et pour icelle somme demoura la duchié de Lucembourg en heritaige paisible au duc de Bourgoingne, pour luy, ses hoirs et posteritez quelxconques[1].

[1]. Après la rapide conquête de 1443, Philippe le Bon gouverna pendant plusieurs années le duché de Luxembourg avec le titre de mainbourg ou gouverneur; il ne prit celui de duc qu'après la mort d'Élisabeth de Gorlitz, arrivée le 3 août 1451, et la reconnaissance de ses droits comme engagiste par les États assemblés au mois d'octobre suivant. Mais il se le vit bientôt disputer par le jeune roi Ladislas qui, prétextant des réserves faites en sa faveur par les traités antérieurs, et profitant des embarras de son adversaire, alors engagé dans la lutte contre les Gantois, parvint à se faire reconnaître par une grande partie du pays (Voy. *supra*, t. II, p. 301 et 332). Toutefois cette lutte dura peu. Elle fut suivie d'une série de négociations entamées sous les auspices de l'archevêque de Trèves et dont on trouve quelques traces aux Archives de la Côte-d'Or et ailleurs. C'est à cette époque que fut dressé le dossier dont on a donné l'analyse aux notes du chapitre x (t. II, p. 5 et suiv.), et plusieurs comptes du temps contiennent l'indication d'assemblées qui se tinrent ou durent se tenir dans ce but à Mayence et à Spire (B 1728, fol. 101, et B 1729, fol. 206). Voy. aussi Mathieu d'Escouchy, édit. Beaucourt, t. II, p. 273, et, dans le *Compte-rendu des séances de la Commission royale d'histoire de Belgique*, 3ᵉ série, t. VI, p. 224, la mention d'un armistice conclu le 8 septembre 1453 entre Ladislas et le duc de Bourgogne, deux fois renouvelé en 1454, et suivi de négociations de paix en date du 14 mai de l'année suivante. Cependant Ladislas ne tarda pas à mourir (23 novembre 1457), léguant ses prétentions sur le Luxembourg à Madeleine de France, fille de Charles VII, dont il avait demandé la main (D. Plancher, t. IV, p. 293 et 302; J. du Clercq, liv. III, ch. xxxi). Ce prince laissait deux héritiers du chef de leurs femmes, Guillaume de Saxe et le roi de Pologne Casimir.

Le bon duc en ce temps là estoit fort caducque et envieilly de sa personne, à cause d'une grant maladie qu'il avoit eue, qui moult l'empira[1]; mais touteffois il estoit prince de si grant cueur, qu'il suppourtoit son mal, et ainsi le porta longuement. Et en ce temps les contes de Charrolois et de Sainct Pol se commencerent à entendre ensemble, pour la grande haine qu'ilz avoient à ceulx de Cry[2]; et croy bien que les mauvais

Guillaume et sa femme Anne chèrchèrent alors à faire valoir leurs droits (D. Plancher, t. IV, p. 294, et aux preuves, p. ccxxvi et ccxxvii), mais, reconnaissant bientôt leur impuissance à lutter contre le duc de Bourgogne, ils ne tardèrent pas à les vendre au même roi Charles VII par un traité en date du 20 mars 1459. De son côté, Casimir céda les siens à Charles le Téméraire en 1467. Dans l'intervalle, le roi Louis XI avait fait don à Philippe le Bon du duché de Luxembourg et des comtés de Chiny et de la Roche en Ardennes, autrement dit de tous les droits provenant de l'acquisition de son père, en lui cédant en outre telle somme que celui-ci pouvait avoir payée sur le principal de cette acquisition, s'élevant à 50,000 écus. On conserve aux Archives de la Côte-d'Or (B 405) le *vidimus* des lettres patentes de cette cession, qui eut lieu à Amboise le 25 novembre 1462, et fut enregistrée à Paris en vertu d'une lettre du roi datée de Bordeaux le 25 janvier suivant; et l'on y trouve en outre la preuve que le duc dut lever une aide sur ses pays de Bourgogne (B 1755, fol. 82), pour parfaire le prix de cette acquisition. Voy. aussi Bertholet, t. VII, *passim*, et Gachard sur Barante, t. II, p. 153, note 1, p. 197, note 3, et l'appendice, p. 702.

1. Mars 1465 (J. du Clercq, liv. V, ch. xx), le duc étant à Bruxelles (Gachard, *Itinéraire,* p. 96). Philippe le Bon fut si malade qu'on craignit sa mort et qu'on fit faire partout des prières publiques pour son rétablissement.

2. V. dans Chastellain, liv. VI, 2ᵉ part., ch. lxxiii, édit. Kervyn, les plaintes que le duc faisait à l'occasion de cette alliance de son fils avec le comte de Saint-Pol. La rupture du duc avec ce dernier remontait à l'année 1457 et avait été occasionnée par la saisie de la seigneurie d'Enghien. Voy. Barante, t. II, p. 152, et J. du Clercq, liv. III, ch. xxix.

rapportz en estoient bien cause ; et visita le conte de Sainct Pol mondit seigneur de Charrolois au Quesnoy et aillieurs, où ilz conclurent partie de leur intencion[1].

En ce temps monseigneur Charles de France, frere du Roy Loys, en esperance d'avoir partaige au royaulme de France, par la main et en la conduicte d'ung noble capitaine nommé Oudet de Rie[2], se partit soudainement de Tours sur ung bon cheval[3] ; et en peu de temps se trouverent en Bretaigne, où le duc François receut la compaignie à grant joye, et prestement le fit sçavoir au conte de Charrolois, son frere d'armes ; et par le moyen du conte de Sainct Pol commencerent à faire alliances de tous costez contre le Roy de France ; et de celle alliance estoit monseigneur de Bourbon, le duc Loys[4] ; et sur luy commença la guerre par le Roy de France. Et fut une journée tenue en Nostre Dame de Paris[5], où furent les seelez envoyez de tous les seigneurs qui voulurent faire alliance avec mondit seigneur le frere du Roy ; et portoient iceulx qui avoient les seelez secrettement, chascung une esguillette de soye à sa saincture ; à quoy ilz congnoissoient les ungs les aultres ; et ainsi fut faicte ceste alliance, et dont le Roy ne peust

1. Ces relations dataient de beaucoup plus loin que ne le laisserait supposer le texte de la Marche ; on en trouve des traces dès l'année 1461 (Barante, t. II, p. 180).

2. Odet ou Oudet d'Aydie, seigneur de Lescun, depuis comte de Comminges.

3. Au commencement de mars 1465 (J. du Clercq, liv. V, ch. XXI). Voy. (id., ch. XXIII) la lettre que ce prince écrivit au duc de Bourgogne, datée de Nantes, le 15 mars, et plusieurs autres lettres relatives au même objet.

4. Jean II, duc de Bourbon ; son frère Louis, ancien prévôt de Saint-Donat, était évêque de Liège depuis 1456.

5. Fin de décembre 1464.

oncques riens sçavoir. Et touteffois il y avoit plus de cinq cens, que princes, que chevalliers, que dames, que damoiselles et escuyers, qui tous estoient acertenez de ceste alliance ; et se faisoit ceste emprinse soubz umbre du bien publicque, et disoit on que le Roy gouvernoit mal le royaulme et qu'il estoit besoing de le refformer.

En ce temps se mirent sus et en armes, de tous coustez, iceulx aliez et aultres du royaulme de France ; et cuydoit le Roy que ce fust pour venir à son ayde ; mais il trouva bien le contraire. Et au regard du conte de Charrolois, il advertit le duc, son pere, de l'aliance qu'il avoit faicte avec monseigneur de Berry[1], frere du roy, où estoient comprins les ducz de Bretaigne[2], de Bourbon[3], et d'Alençon[4], ensemble le conte du Maine[5], le conte d'Armignac[6], le conte de Dunois[7], et moult d'aultres grans personnaiges ; et en ce temps se conduisoit mondit seigneur de Berry par le conseil du duc de Bretaigne et par le conte de Dunois, et requirent leurs alliez de toutes pars ; et quant le bon duc entendit que son filz estoit allié avecques tant de gens de bien, il fut contant qu'il s'acquitast et qu'il tinst promesse aux

1. Charles, duc de Berry.
2. François II.
3. Jean II, dit le Bon, déjà nommé.
4. Jean V, dit le Beau.
5. Charles d'Anjou, premier du nom, comte du Maine. Commines ne croit pas que le comte du Maine fût d'intelligence avec les princes (liv. I, ch. III). Mais Olivier de la Marche paraît avoir été mieux informé, car, d'après les *Mémoires* du sire de Haynin, le comte du Maine, à la tête de cinq cents lances, quitta le roi avant la bataille.
6. Jean V, comte d'Armagnac.
7. Jean, bâtard d'Orléans, comte de Dunois.

aultres princes, et qu'il fist son armée en ses pays telle qu'il la pourroit avoir[1]. Ce qu'il fist, et assembla grans gens d'armes et grant compaignie, et se tira aux champs au jour qui estoit ordonné; et avoit une moult belle et puissante compaignie, où estoyent le seigneur de Ravestain, le conte de Sainct-Pol[2], le bastard de Bourgoingne, et plusieurs aultres seigneurs; et fut pour celle armée, par le commandement du duc, le seigneur de Haulbourdin, lieutenant general du conte de Charrolois; et ainsi se tira celle armée aux

1. On fit en Bourgogne de grands préparatifs pour la levée et l'entretien de cette armée. Le compte de la recette générale pour 1464-65 (Archives de la Côte-d'Or, B 1754, passim) contient de nombreux détails sur l'aide que le duc se fit accorder par les États et sur la finance ou emprunt plus ou moins forcé de 20,000 écus, qu'on leva sur les notables. Jean Chappuis, premier maitre des comptes, et Guillaume de Vandenesse, conseiller du duc et maître de ses requêtes, paraissent avoir été spécialement chargés de cette négociation (Ibid., f° 119). Malgré toutes les diligences, l'armée ne put être prête au jour ordonné par le duc, comme le lui écrivaient le maréchal, le président de Bourgogne et les gens du conseil et des comptes par lettres du mois de mai 1465 (mandement de paiement pour le chevaucheur qui les avait portées, en date du 25 mai, ibid., f° 109). Il est vrai qu'on était allé chercher des recrues au loin; le maréchal notamment avait écrit et fait porter des lettres closes aux habitants de Berne, « affin qu'ilz se meissent sus pour venir servir mondit seigneur soubz monseigneur le conte de Charrolois, son filz, en son armée qu'il faisoit et mectoit sus pour le bien de ce royaulme. » Le maréchal était alors devant Moulins-Engilbert; le chevaucheur envoyé à Berne fut pris au retour par les gens de la garnison de cette ville, et il resta quinze jours entre leurs mains « à ses frais et despens et en dangier de sa personne » (Ibid., f° 127). Enfin on trouve au même compte un chapitre tout entier consacré aux frais de garde des places de Bourgogne et à ceux de la petite armée placée sous les ordres du maréchal.

2. Le comte de Saint-Pol était à l'avant-garde, le duc commandant la seconde bataille et le bâtard Antoine la troisième (Commines, liv. I, ch. III, et J. du Clercq, liv. V, ch. XXXII).

champs¹ où il y avoit plus de dix mil chevaulx, sans les sommiers et l'artillerie, qui estoit une grosse bende².

D'aultre part le duc de Berry et le duc de Bretaigne se tirarent aux champs, en intencion d'eulx joindre ensemble avec le conte au lieu de Sainct Denis, à ung jour qui fut limité. Mais le Roy de France, accompaigné de dix neuf cens lances des ordonnances, print conseil qu'il estoit de faire, et sur laquelle des deux bendes il courroit sus, ou sur les Bretons, ou sur les Bourguignons ; mais ils dirent tous qu'il valoit mieulx courre sur les Bourguignons, pour ce que l'ancienne haine d'entre les François et les Bourguignons estoit plus grande que contre les Bretons, et esperoit le Roy qu'il auroit meilleur advantage et adventure³. Les Bourguignons marcherent jusques à Montlehery⁴ ; et le Roy de France marcha au devant d'eulx⁵, à grosse

1. Le comte de Charolais quitta le Quesnoy le 15 mai, à la tête de son armée, sauf le contingent de Bourgogne, qui n'avait pas encore rejoint (J. du Clercq, liv. V, ch. xxvi et xxxi). Il arriva le 5 juillet à Saint-Denis où les alliés s'étaient donné rendez-vous et où il se trouva seul.

2. D'après Commines (liv. I, ch. ii), l'armée bourguignonne pouvait être de 1,400 hommes d'armes, « très fort bien montez et bien accompagnez, car peu en eussiez vous veu qui n'eussent cinq ou six grands chevaux, » et de 8 ou 9,000 archers. Commines dit ailleurs que l'artillerie était « bonne et belle, » mais que les hommes d'armes étaient mal armés.

3. Commines, *loc. cit.*, en donne la raison : c'est que les Bourguignons étaient depuis longtemps « en paix et depuis le traicté d'Arras avoient peu veu de guerre qui eust duré. » Le roi comptait en conséquence avoir meilleur marché de leur armée.

4. V. Commines, liv. I, ch. iii. Ce fut le comte de Saint-Pol qui fut chargé d'occuper Montlhéry. La bataille fut livrée le 16 juillet 1465.

5. Olivier de la Marche ne fait pas remarquer, comme Commines, que Louis XI cherchait alors à ne point combattre et à éviter la

et fiere compaignie de François. Le conte de Charrolois mit ses batailles en ordre, et là furent faictz chevaliers d'une part et d'aultre ; et en peulz parler, car je fus ce jour chevalier. Le seigneur de Clecy[1], Jehan de Montfort, Hemar Bouton, et pour nostre chef le seigneur de Chasteau Guyon, filz du prince d'Orange[2] et de la seur du conte d'Armignac, et plusieurs aultres, fusmes chevaliers à ce premier rencontre. Et le Roy de France ordonna ses batailles oultre ung foussé[3], et fit partir environ trois cens hommes d'armes, la lance sur la cuisse, sans varlet ou mesquine[4], qui vindrent donner du cousté du conte de Charrolois, mais les archiers de monseigneur le bastard donnerent de leurs flesches par le ventre d'iceulx chevaulx tellement, qu'ilz les firent ressortir et tourner le doz ; et le conte de Charrolois donna dedans, et pourta moult grant dommaige aux François ; et fit ung tour au tour du chasteau, et puis il s'en revint joindre avecques ses gens ; et advint que le conte fut rencontré d'aucungs François, et fort occupé de sa personne, jusques à luy dire qu'il se rendist[5]. Mais couraigeusement soubstint l'assault de ses ennemis. Et avint que le filz de son medecin, nommé Robert Cottereau[6], monté sur ung

bataille, mais seulement à entrer dans Paris, et que la rencontre n'eut lieu que par le fait de Pierre de Brézé.

1. Jean Damas, seigneur de Clessy.

2. Louis de Chalon, seigneur de Châteauguyon. Son père, le prince Louis, était mort depuis plus d'un an.

3. « Au long d'un grand fossé, qui estoit entre les deux lendes, » dit Commines.

4. *Meschine,* fille accompagnant les soldats, à moins qu'il ne faille lire *meschin,* serviteur, ce qui paraît plus probable.

5. V. Commines, liv. I, ch. IV.

6. Une maison anoblie de ce nom (ou Cotrel) existait encore à

fort cheval, vit son maistre en ce dangier, et se vint fourrer au millieu de ce debat, l'espée au poing ; dont le François, qui tenoit le conte moult de près, s'eslongna de ceste place ; et fut le conte garanty pour celle fois. Et prestement le conte fit chevalier ledit messire Robert Cottereau, et le pourveut de l'office d'estre lieutenant des fiefz en Brabant, qui est un bel estat et prouffitable. Ainsi advint de celle journée ; et donnarent les François sur le quartier à la main senextre, dont plusieurs portarent le faiz à grant peine ; et mesmement s'enfuirent aucungs des cappitaines bourguignons, dont la compaignie du conte fut fort amoindrie ; et en demandoit on au seigneur d'Emeries, au seigneur d'Incy[1], et à plusieurs aultres ; et, à la verité dire, je ne les scauroye comment excuser ; car ilz furent prins au Pont Saincte Maixance ; et parut bien qu'ilz estoient prins sans tenir ordre, et comme gens fugitifz de la bataille[2].

Quant au conte de Charrolois, combien qu'il fust blessé en la senextre partie du col, et de poincte d'espée[3], touteffois il ralia ses gens, et se mist en bataille

---

Termonde au XVIe siècle. Commines le nomme *Jean Cadet,* et peut-être avec plus de raison, car le duc avait un chirurgien nommé *Caudet,* mort peu avant 1474.

1. Philippe, seigneur d'Inchy, châtelain de Douai.
2. V. Commines, liv. I, ch. III. Les seigneurs d'Happlaincourt et de Rabodengues sont également cités ailleurs parmi les fuyards ; le dernier revint sur ses pas en apprenant que le comte de Charolais était vainqueur (V. suite de Monstrelet, édit. de 1572, fol. 116 recto, et J. du Clercq, liv. V, ch. XXXIII). Le 18 septembre, le duc écrivit à plusieurs de ses officiers de Flandre et d'Artois, pour la confiscation des biens des fuyards (Gachard sur Barante, t. II, p. 240, note 1).
3. « Le comte eust plusieurs coups, dit Commines, et entre les

devant ses ennemis ; et dura longuement qu'ilz estoient les ungs devant les aultres sans guieres executer du mestier de la guerre ; et tant[1] que la nuyct approucha et se retira chascun pour celle nuyct ; et pour ce que les François firent grans feuz et en plusieurs lieux, parmy le villaige de Montlehery, chascun de nostre parti cuydoit que le Roy de France se fust arresté audit villaige, pour landemain venir combattre les Bourguignons. Mais non fit ; ains toute la nuyct chevaucha, et s'en alla à Corbeil, combien que le chastel de Montlehery tinst pour luy[2]. Et le conte de Charrolois, ainsi blessé qu'il estoit, se tira à une grosse haye sur le champ de la bataille, où il demoura pour la nuyct[3] ; et fusmes ordonnez cinquante hommes d'armes, qui veillasmes celle nuyct à cheval, pour soubstenir le premier. Et sur le poinct du jour fusmes envoyez avecques le seigneur de Moroeil[4], lors maistre de l'artillerie, pour gaigner et recouvrer certainnes pieces d'artillerie au pied du chastel de Montlehery. Ce qui fut faict ; et à celle heure vint ung cordelier du villaige[5], qui nous dit

---

autres, un en la gorge d'une espée, dont l'enseigne luy est demeurée toute sa vie, par deffaut de sa bavière qui luy estoit cheute. »

1. « Tellement. »

2. V. Commines, liv. I, ch. IV, et du Clercq, liv. V, ch. XXXIII.

3: Commines, liv. I, ch. IV, dit que Charles le Téméraire fut pansé là, et y mangea un peu. Il ajoute que « au lieu où il mangea, falut oster quatre ou cinq hommes morts pour luy faire place, et y mit l'on deux boteaux de paille, où il s'assit ; et remuant illec, un de ces pauvres gens nuds commença à demander à boire. » C'était un archer nommé Savarot, qui fut soigné et guéri (Voy. *infra,* p. 23). Pierre Savarot figure en qualité d'archer du corps sur l'*État de la maison de Charles, dernier duc de Bourgogne,* dans le ms. de la Bibl. nat. n° 3867.

4. Walerand de Soissons, déjà nommé précédemment.

5. « Un chartier, » dit Commines, liv. I, ch. IV. Mais plus loin

comme le Roy françois s'en estoit allé à Corbeil, et que toutes manieres de gens d'armes françois avoient habandonné Montlehery, excepté ceulx qui tenoient ledit chastel; et, pour plus grant seureté, furent gens envoyez pour visiter le lieu; et fut trouvé que nulz François n'estoient demourez audit villaige de Montlehery, ne à l'environ. Et fut la fuyte des François longue; car le conte du Maine fut ce jour à giste à Chastelleraulx; et aultres s'en allarent, d'une tire, à Partenay et à Lusignen[1], et firent grant diligence pour eulx saulver. Et celle nuyct le seigneur de Condé fut tellement espouventé qu'il habandonna le conte de Charrolois, et s'enfuit jusques en Bourgoingne; et le conte de Charrolois cuydant que ses ennemis le deussent landemain combatre et assaillir, tint ung conseil au long de ladicte haye, sur une piece de bois abatue; et là se trouvarent les grans, les saiges et les plus gens de bien de son armée. Là ouy je parler le seigneur de Crequy et le seigneur de Haulbourdin, qui ramentevoient comment, estant le duc Philippe à sa premiere

il ajoute que le comte de Charolais « fit venir un cordelier, ordonné de par luy à dire qu'il venoit de l'ost des Bretons, et que ce jour ils devoient estre là, » c'est-à-dire que les Bretons arrivaient à son secours.

1. « Un homme d'estat, dit Commines, s'enfuit jusques à Lusignan, sans repaistre; et, du costé du comte (de Charolais), un autre homme de bien jusques au Quesnoy-le-Comte. Ces deux n'avoient garde de se mordre l'un l'autre. » Parmi les fuyards du parti du roi, Jean de Créquy et le bâtard de Saint-Pol citent encore « M. l'amiral (Jean de Montauban), M. de la Barde, Sallasaert (Jean de Sallazart) et autres » (Lettre adressée à Philippe le Bon, et datée d'Étampes le 19 juillet 1465, dans les *Lettres et négociations de Philippe de Commines*, publiées par M. Kervyn de Lettenhove, t. I, p. 50).

bataille, qui fut à Sainct Riquier, ladicte bataille fut ce jour perdue pour le duc et puis recouvrée ; et que plusieurs s'enfuyrent, qui deppuis revindrent à icelle bataille ; et fut cause du recouvrement d'icelle le conte de Ligny, qui amena une bande de gens d'armes, qui moult de bien firent au duc et à sa compaignie ; et le duc s'esprouva si bien de sa personne, qu'il print trois prisonniers françois de sa main, comme il est escript en aultres croniques. Et mesmes le duc print de sa main Poton de Sainctrailles, qui pour lors estoit nommé et tenu l'ung des expers et des gentilzhommes d'armes du royaulme de France. Ainsi se ramentevoient les beaulx faiz du pere pour honnorer le filz ; et devez sçavoir que les aucungs du conseil doubtoient la journée de landemain, et mettoient avant que le bon seroit de tirer en Bourgoingne toute la nuyct, et que là se pourroit recouvrer gens d'armes et bonnes places, pour garentir et saulver ledit conte de ce dangier[1]. Mais quant vint à l'oppinion du seigneur de Contay[2], premier maistre d'hostel du conte, il dit que Dieu n'avoit pas saulvé le conte de ce dangier, s'il ne le vouloit mectre oultre ; et qu'il demouroit d'oppinion que le conte attendist la fortune, et gardast le champ et Montlehery à l'encontre de ceux qui luy vouldroient calenger. Et sur ceste oppinion le jour commença à poindre, et demoura la conclusion que l'on attendroit la fortune.

1. Ceux qui conseillaient de se retirer en Bourgogne étaient, d'après Commines, le comte de Saint-Pol et le seigneur de Hautbourdin. Cependant, selon le même auteur, ce dernier opinait peu avant pour qu'on recommençât à combattre.
2. Guillaume Le Jeune, seigneur de Contay, gouverneur d'Arras.

Or est temps que je devise de monseigneur de Berry et du duc de Bretaigne, qui s'estoient retirez, eulx et leur armée, à Chasteaudun. Ils eurent pour les premieres nouvelles, que le conte de Charrolois estoit desconfit, et que le Roy de France avoit gaigné la bataille ; mais tantost après leur vindrent certaines nouvelles que le conte de Charrolois avoit gaigné la bataille et tenoit le champ, et que le Roy de France s'estoit retiré à Corbeil. Si conclurent les Bretons de venir joindre avec mondit seigneur de Charrolois ; et mondit seigneur de Charrolois garda ce jour le champ de la bataille, que l'on nommoit enciennement le champ de Plours, et le lendemain se logea à Montlehery[1], où nous avions esté envoyez, Jaques de Montmartin et moy, pour faire le logis ; et là trouvasmes sur de la paille le corps mort du seneschal de la Varenne[2], qui fut grant dommaige, et plusieurs aultres nobles et bons personnaiges françois, les ungs mors[3], les aultres blessez, et les aultres prisonniers en diverses mains[4] ; et ainsi, pour ce second jour, se logea le conte à Montlehery, et le fit pour medeciner les navrez, dont il avoit grant nombre. Et moururent à ceste bataille, du cousté du conte Charles, messire Philippe de

1. A midi, d'après la lettre de Jean de Créquy et du bâtard de Saint-Pol, du 19 juillet 1465. V. plus haut.
2. Pierre de Brézé, seigneur de la Varenne, comte de Maulevrier, grand sénéchal de Normandie. Son corps était à peine inhumé, que plusieurs gens, venus de Paris, le réclamèrent au comte de Charolais, qui le leur fit délivrer (J. du Clercq, liv. V, ch. xxxv).
3. Parmi eux, Commines cite Geoffroy de Saint-Belin, seigneur de Sexfontaines, bailli de Chaumont en Bassigny, et Jacques Floquet, bailli d'Évreux.
4. Entre autres, le fils du comte de Vendôme (Lettre de Jean de Créquy, du 19 juillet 1465).

Lalain, le seigneur de Hames[1], Jehan de Pourlant, Jaques du Chasteller[2], et plusieurs aultres gens de bien[3]. Et, le lendemain du logis de Montlehery, le conte fit marcher à Chartres[4], où il n'y a que une petite lieue, et ce en intencion de rencontrer le duc de Berry, le duc de Bretaigne et leur armée, qui estoit très belle et puissante et plaine de noblesse[5].

Or ay je devisé de la bataille de Montlehery, qui fut le seiziesme jour de juillet l'an mil quatre cens soixante cinq[6], et comment elle fut conduicte d'une part et d'aultre. Et ne deplaise à messieurs les historiographes françois, qui ont mis la bataille gaignée pour le Roy de France, car il n'est pas ainsi; mais garda le champ, comme sa victoire, le conte de Charrolois par

1. Hue, seigneur de Hames.
2. Jean, d'après M. de Beaucourt, sur d'Escouchy, t. II, p. 491.
3. Selon Commines, la perte totale, des deux côtés, fut d'au moins deux mille hommes. — Jean de Créquy et le bâtard de Saint-Pol citent parmi les nobles Bourguignons tués sur le champ de bataille « vostre bailly de Courtray, qui portoit le puingon de monseigneur vostre fils (le comte de Charolais), et le frère de M. de Hallewin. »
4. Lisez : Etampes.
5. D'après Commines (liv. I, ch. v), cette armée comprenait 800 hommes d'armes, beaucoup d'archers et autres hommes de guerre, « armez de bonnes brigandines », en tout 6,000 cavaliers environ.
6. 27 juillet 1465, dit Commines. Mais la date du 16 juillet, donnée par Olivier de la Marche et J. du Clercq, est la seule exacte. V. la lettre de Jean de Créquy et du bâtard de Saint-Pol plus haut citée. « Il est vray, disent-ils, que mardi passé xvie jour de che mois fumes présent du commencement jusques en fin de la bataille que monseigneur vostre fils a eult contre le roi et sa puissance qui estoit de xxii^c lances ou environ. » V. aussi le traité d'alliance conclu le 24 juillet 1465, à Étampes, entre le duc de Bretagne et le comte de Charolais; Haynin, t. I, p. 27 et suiv.; Kirk, t. I, p. 25 et suiv., etc.

trois jours, sans eslongner en tout plus d'une lieue, et pour les causes que j'ay dictes cy dessus[1]. Et quant au Roy de France, qui s'estoit retiré à Corbeil pour sa plus grant seurté, aussi pour estre seur de sa cité, il se tira à Paris[2], et fit bonne chiere à chascun, aussi bien à ceux qui s'en estoient fuys comme aux aultres ; car il avoit, à celle heure, faute de gens et d'amis. Et ainsi se passa ceste bataille.

Et reviendrons à parler en celluy temps des Bourguignons, que menoit et conduisoit le mareschal de Bourgoingne, messire Thibault de Neufchastel, seigneur de Blancmont. Il avoit avecques luy les deux freres de Thoulongeon, messire Claude et messire Tristan, lesquelx estoyent bien accompaignez. Aussi avoit il le seigneur d'Espiry[3], le seigneur de Ru[4], le seigneur de Soye[5], et les enffans de Vauldrey, que conduisoit Philippe de Vauldrey, gruyer de Bourgoingne[6]. Il avoit Guiot d'Usie, et plusieurs aultres

---

1. « La journée a esté pour vous, et monsigneur vostre filz est nettement demoré en la plache... au grand honneur de vous et de luy, et par conséquent de tous vos pays et seignories » (même lettre). Commines dit aussi que « tout ce jour (le lendemain de la bataille) demoura encores monseigneur de Charolois sur le champ, fort joyeux, estimant la gloire estre sienne. »

2. « Il tira en Normandie, dit Commines, liv. I, ch. v, pour assembler ses gens..., et il mit partie de ses gens d'armes ès environs de Paris, là où il voyoit qu'il estoit nécessaire. » C'est une erreur de Commines. Le roi se rendit en effet à Paris le 18 juillet, et y resta près d'un mois jusqu'à son départ pour Rouen (J. du Clercq, liv. V, ch. xxxvi et xxxviii, et Kirk, t. I, p. 272).

3. Amé de Rabutin.

4. Jean, seigneur de Rupt et d'Autricourt.

5. Jean de Bauffremont, seigneur de Soye.

6. Philippe et Pierre de Vaudrey, qui accompagnaient leur père Philippe, gruyer de Bourgogne.

bons personnaiges ; et d'aultre part se joindit avecques
eulx le duc Jehan de Calabre, ung moult noble prince ;
et certes quant les Bourguignons et les Lorrains furent
assemblez ensemble, c'estoit une moult belle armée,
et puissante d'hommes d'armes ; et au milieu de la
Beause leur vindrent nouvelles que le Roy de France
avoit gaigné celle bataille de Montlehery, et que le
conte de Charrolois estoit ou mort ou prins[1] ; dont de
plain sault la compaignie fut moult effroyée. Mais ce
noble prince monseigneur de Calabre reconfortoit toute
la compaignie, et disoit qu'il ne creoit point que celle
noblesse et puissance fust deconfite pour ung jour ; et
pria qu'on eust patience d'ouyr les secondes nouvelles,
et que les premieres nouvelles de la guerre ne sont
jamais seures ne vrayes ; et que quant il seroit vray de
la desconfiture, que Dieu ne veuille, il s'ouffrit en sa
personne de demourer avec les Bourguignons ; et conseilloit d'eulx tirer devers le bon duc Philippe, pour
prendre vengeance de ce grant meschief à luy advenu ;
et se monstroit le duc de Calabre vray et loyal prince
en ceste partie ; et combien qu'il y eust des picques
et des parcialitez entre luy et le mareschal de Bourgoingne, touteffois il mist tout arriere doz, et besoin-
gnoit de conseil et d'aide avec ledit mareschal familia-
rement, et le mareschal avecques luy ; et en devisant
de ces matieres, et regardant qu'il estoit de faire, il
vint ung certain messaigier, qui le certiffia sur sa vie
que le conte de Charrolois avoit obtenu la journée et
gaigné la bataille. Si fut ce grant duel mis en toute
joye, et marcherent pour venir devers le conte, et

1. Cette nouvelle se répandit rapidement dans tous les états du
duc (Voy. du Clercq, liv. V, ch. xl).

estoient tous en escadres, qui estoit moult belle chose à veoir. Et quant les ducs de Berry et de Bretaigne sceurent la venue des Bourguignons, et mesmes du duc Jehan de Calabre, leur cousin, ilz partirent de Moret en Gastinois, pour aler au devant; et d'aultre part se partit le conte de Charrolois, et se joindit avecques monseigneur de Berry, pour aller au devant du duc Jehan de Calabre[1]. Et povez croyre qu'ilz se firent grant honneur et grant feste à l'assembler[2], et pendant ce temps le conte de Charrolois fit tendre ses tentes et ses pavillons sur la riviere de Saine[3], et sembloit que ce fust Remondin qui eust fait une nouvelle ville.

Là tindrent les seigneurs ung conseil comment ils soubstiendroient la bataille, si les seigneurs de France revenoient encoires une fois. Mais monseigneur de Bueil[4], qui moult sçavoit de la guerre, affermoit tous-

1. Jean de Calabre arrivait avec plus de 2,000 hommes d'armes bourguignons, italiens et autres, 400 cranequiniers et 500 Suisses à pied (Commines, liv. I, ch. vi).

2. Les ducs de Berry et de Bretaigne rencontrèrent Charles le Téméraire le 21 juillet à Étampes; ils « tirèrent » de là à Saint-Mathurin de Larchamp et à Moret, où ils restèrent quelque temps, et arrivèrent vers le 25 août au pont de Charenton, avec le duc de Calabre qui les avait rejoints dans l'intervalle. Voy. Commines, *loc. cit.*; J. du Clercq, liv. V, ch. xxxvii et xxxviii, et la lettre précitée de Jean de Créquy, qui ajoute en *post-scriptum* : « Depuis ces lettres escriptes est tout à ceste heure arrivé M. de Berry et M. de Bretaigne et sa compaignie, et sommes logiet les ungs avec les aultres. » Les princes étaient sans doute très joyeux de la défaite de Louis XI; mais ils l'eussent été encore plus de sa mort, dont la nouvelle courut un instant, et ils projetaient déjà, en ce cas, de « chasser et depescher » les Bourguignons (Commines, *op. cit.*).

3. V. Commines, liv. I, ch. vi, et J. du Clercq, *loc. cit.* — L'armée des alliés comportait un effectif d'environ 50,000 hommes, et non 100,000 chevaux, comme le dit Commines (Voy. Kirk, t. I, p. 262).

4. Jean V de Bueil, comte de Sancerre.

jours qu'ilz ne reviendroient plus à la bataille, et que le Roy de France en avoit assez pour ceste fois ; et fut pour conclusion de tirer à Sainct Mathurin de Larchamp, et que là se prendroient conclusions de ce qu'il seroit de faire ; et fut celle grosse armée separée pour celle fois. Le duc de Calabre, et le conte de Charrolois, et le conte de Sainct Pol demourerent à Sainct Mathurin. Les ducz de Berry et de Bretaigne, et grant partie de la seigneurie[1], à Nemours, et le seigneur de Haulbourdin se logea en une ville qu'il avoit gaignée[2], avecques grant partie des seigneurs et de l'armée ; et en ce temps fut tenu ung conseil à Sainct Mathurin, où estoit Tanneguy du Chastel, grant escuyer de France ; et vouloient les aucungs que celle noble armée se tirast sur les marches de Bourgoingne, pour eulx fortiffier de gens et de vivres ; mais le conte de Charrolois, à qui estoit ceste premiere victoire, tenoit la main qu'on retournast devant Paris, et que l'on fist bonne et forte guerre au Roy de France ; et fuz envoyé, avecques six archiers, toute la nuyct, devers mondit seigneur de Haulbourdin, pour l'advertir de la voulenté du conte, et qu'il tinst la main à monseigneur de Dunois et aux aultres seigneurs d'ainsi le faire ; et fit celle nuyct le seigneur de Haulbourdin si bonne diligence, qu'il gaigna les seigneurs qui estoient en icelle ville ; et landemain, au plus matin, se tirarent à Nemours. Et fut la chose conclute que l'on tireroit devant Paris, à l'appetit du conte de Charrolois. Et ne demoura guieres que toute l'armée tira

1. « Se logèrent. »
2. Probablement Pont-Sainte-Maxence, dont il s'était emparé pendant le siège de Beaulieu, avant le 24 juin (J. du Clercq, liv. V, ch. xxviii, et D. Plancher, t. IV, p. 329).

devant Paris ; et se logearent monseigneur de Berry et le duc de Bretaigne au chasteau de Beaulté et là environ ; et le duc de Calabre et le conte de Charrolois se logearent à Conflans, au pont de Charenton et à l'entour[1] ; et tous les jours se faisoient de grandes escarmouches devant Paris, du cousté de la porte Sainct Anthoine.

Le Roy de France avoit assemblé à Paris grosse armée et grans gens d'armes, et les estoit allé querir jusques en Normandie[2] ; et par une noyre nuyct envoya les francz archiers normans faire ung tranchis garny d'artillerie tellement, qu'il batoit du long de la riviere et du travers, et se pouvoit on tenir à grant paine à Conflans[3]. Mais le duc de Calabre et le conte de Charrolois visitarent en leurs personnes ledit tranchiz, et prestement firent apporter grans cuves à vendanger, car ligierement povoit on recouvrer desdictes cuves, pour ce que grans vignobles sont en ce quartier, et de ce firent gros boulovars, garnis de bonne artillerie[4] ; et tellement batoient du travers de la riviere, que les Normans qui estoyent ès tranchiz n'osoient lever la teste ; et firent iceulx princes faire ung pont sur la riviere[5], par lequel les Bourguignons passoient, et tous les jours y avoit grant escarmouche de là l'eaue ; et quant François se venoient monstrer, le duc de Calabre avoit une petite compaignie de Suysses, qui

---

1. Conf. Commines, liv. I, ch. vi, et J. du Clercq, liv. V, ch. xxxviii.

2. Le roi rentra à Paris le 28 août (J. du Clercq, liv. V, ch. xxxix).

3. Commines, liv. I, ch. ix. — Un coup de canon tua sur l'escalier de la chambre du comte de Charolais un trompette qui apportait un plat de viande.

4. *Id.*, ch. ix.

5. *Id.*, ch. ix.

prestement passoient l'eaue; et ne doubtoient point les gens de chevaulx, car ilz estoient communement trois Suisses ensemble, ung picquenaire, ung colevrinier et ung arbalestrier; et estoient si duictz de ce mestier, qu'ilz secouroient l'ung l'aultre au besoing; et se bouta avecques eulx ung archier de corps du conte de Charrolois, nommé Savarot, qui se monstra moult bien avecques lesdits Suisses. Et ainsi se continuoit la guerre du costé de Conflans, et quasi tous les jours se tenoit conseil à Beaulté devant monseigneur de Berry et les aultres princes. Et tous les jours y alloient le duc de Calabre et le conte de Charrolois, armez et l'espée saincte; et estoient habillez de journades pareilles, et sembloient bien deux princes et deux cappitaines qui desiroient plus le debat que la paix; et toujours estoient ces deux princes d'oppinion de mener la guerre oultre, pour ce qu'ilz trouvoient le Roy de France variable en ses promesses. A ce conseil venoient les depputez de Paris, et nommement l'evesque de Paris, un moult notable clerc, frere de maistre Alain Chartier[1]; mais à nulle fois ne se peust trouver nulle bonne conclusion.

D'aultre part le Roy de France, qui moult estoit soubtil en ses affaires, mist sus, de son cousté, ung parlement qui se tenoit à la Grange aux Marciers, assise assez près de Conflans[2], et dont[3] estoit chief

1. Guillaume Chartier, évêque de Paris de 1447 à 1472. Lors de son premier séjour à Paris, le roi l'avait dépêché sans résultat vers le comte de Charolais, et il le chargea de nouvelles négociations trois jours après son retour de Normandie (J. du Clercq, liv. V, ch. xxxvi et xl).

2. Conf. Commines, liv. I, ch. ix. — Elle était située au lieu qui se nomme aujourd'hui Bercy.

3. « Et duquel parlement. »

monseigneur Charles, duc d'Anjou[1]. Et monseigneur de Berry et les princes y envoyerent leurs depputez. Et tendoit icelluy parlement affin de trouver un expedient sur la reformacion du royaulme et sur le bien publicque, dont les princes faisoyent plaincte. Et en ce temps mourust madame Ysabel de Bourbon, contesse de Charrolois; et mourut à Anvers, et fut enterrée en l'abbaye de Sainct Michel, où elle gist moult notablement ensepulturée; et fut le vingt sixiesme de septembre l'an mil quatre cens soixante cinq[2]. Et en ce temps furent prinses plusieurs treves d'une part et d'aultre[3]; et durant lesdictes treves nous allions à Paris faire grant chiere, pour nostre argent, où nous etions les très bien venuz. Et qui me demanderoit comment se trouvoient les vivres pour si grande et puissante armée qu'il y avoit à Paris et dehors, tant de gens d'armes comme de chevaulx, je respons certes que la cité de Paris estoit lors fort pleine de bledz et de vins, et fit grandement son prouffit de l'armée[4]. D'aultre part le conte de Roussi, filz du conte de Sainct Pol[5], avoit trouvé maniere de soy bouter et tenir main forte dedans la ville de Laigny sur Marne, dont moult de biens et de pourveances vindrent aux princes, et à l'armée qui

1. Charles d'Anjou, comte du Maine.
2. Du Clercq (liv. V, ch. xlviii) donne aussi cette date, et de même M. Gachard d'après le *Registre de la Collace* de Gand (Édit. Barante, t. II, p. 250, note 1).
3. Du Clercq, liv. V, ch. xl.
4. Commines (liv. I, ch. viii) fait la même réflexion. « Jamais, dit-il, nous n'eusmes faute de vivres, et dedans Paris à grand'-peine s'appercevoient-ils qu'il y eust jamais bien enchéri que le pain, seulement d'un denier sur le pain. »
5. Antoine de Luxembourg, comte de Roussy.

estoit hors Paris. Et en ce temps[1] fut le conte Loys de Sainct Pol faict connestable de France par le Roy. Et deppuis changerent les entendemens et bonnes amytiés qui estoient entre le conte de Charrolois et ledit connestable, pour ce que de là en avant ledit connestable se declaira François, et habandonna la hantise dudit conte ; et fut audit temps envoyé, par le saulf conduict du Roy de France, devers le duc de Bourgoingne, pour praticquer cent mil escuz que le filz demandoit au pere pour payer ses gens d'armes.

Or ne fault pas oblier que quant les Liegeois, anciens ennemis de la maison de Bourgoingne, veirent que le duc Philippe estoit denué de ses gens d'armes, et leur sembla que plus à leur advantaige ne pouvoient prendre le noble prince, ilz commencerent la guerre de feu et de sang[2]. Mais le bon duc, qui jamais ne s'effroya de chose qui luy advint, manda le seigneur de Gasbecque, messire Philippe de Hornes[3], le senes-

---

1. Le 5 octobre 1465. Commines dit que Louis XI offrit l'office de connétable au comte de Saint-Pol « en faveur du comte de Charolois. » Saint-Pol prêta serment, le 12 du même mois, à Vincennes, en qualité de connétable.

2. Sur cette guerre contre les Liégeois, voir les *Révolutions de Liège sous Louis de Bourbon,* par M. de Gerlache. Cette révolte avait été excitée par Louis XI qui, au début de la guerre du Bien public, contracta avec les gens de Liège une nouvelle alliance en leur promettant du secours. Cette alliance fut conclue le 17 juin 1465 et ratifiée par Louis XI le mois suivant (Gachard sur Barante, t. II, p. 253, note 4, et *Collection de documents inédits,* t. II, p. 197-205). Le 28 août suivant, le marquis de Bade, régent du pays de Liège, envoya défier solennellement le duc de Bourgogne et le comte de Charolais.

3. Philippe de Hornes, seigneur de Gaesbecque et de Baussignies, occupait Namur.

chal de Haynnault, messire Anthoine, bastard de Brabant[1], et le filz du seigneur d'Arcy[2]; et de ces quatre fit cappitaines[3], et leur bailla gens d'armes pour les accompaigner[4]; et les envoya au devant desditz Liegeois, qui desjà estoient approuchez de Montenak[5]. Mais lesditz gens d'armes, soubz la conduicte dudit messire Philippe de Hornes, seigneur de Gasbecque, leur coururent sus moult asprement, car il estoit ung très vaillant chevalier et asseuré, et desconfirent lesditz Liegeois, et en firent grant murdre. Et fut nommée icelle journée le rencrostre de Montenak. Et ainsi la puissance du bon duc Philippe soubstint la guerre et en France et en Liege; et en vint à son dessus et à son honneur, par l'execution de son filz.

En ce dit temps, pour ce que madame de Charrolois estoit trespassée, entremetteurs se misrent sus pour

1. Antoine, bâtard de Brabant, occupait Léau et Landen.
2. Philippe de Poitiers, fils de Jean, seigneur d'Arcis-sur-Aube, et d'Isabeau de Souza.
3. M. Gachard (édit. Barante, t. II, p. 253, note 8) a donné la liste des principaux seigneurs qui prirent part à cette première guerre de Liège, d'après un compte de la Recette générale des finances de 1464-1465.
4. Au mois de mai 1465, le comte de Hornes et le duc de Clèves furent invités à lever le plus d'hommes d'armes qu'ils pourraient et, dans les premiers jours de juin, des officiers du duc furent envoyés pour mettre en défense les villes et forteresses du Brabant, voisines du pays de Liège (Archives du Nord, Recette générale des finances, compte 1er de Guilbert de Ruple, B 2054, fol. 145, 155).
5. La campagne commença le 3 septembre. Le 17 du même mois, Jean de Loesboch, qui commandait à Herck pour les Liégeois, fut battu par le duc de Clèves, et, le 22 octobre suivant, eut lieu le combat de Montenacken, dans lequel Raes de Heers fut battu par les Bourguignons commandés par le comte Jean de Nassau et

faire le mariaige de monseigneur de Charrolois et de madame Jehanne de France[1], fille du Roy, qui de present est duchesse de Bourbon; et en espoir de faire celle alliance, le conte de Charrolois, se fiant au Roy de France, passa l'eaue, et alla soupper en la bastille Sainct Anthoine avecques le Roy, où ilz parlerent de plusieurs choses. Et une autre fois, le Roy de France, luy sixiesme de chevaulx, vint au millieu de toutes les gens d'armes du conte[2]; et sembloit d'eulx toute privauté et bienvuillance. Et en ce temps nous emmenasmes, du tresor du duc, trois sommiers chargez d'or, où il povoit avoir quatre vingtz mil escuz[3]. Et le lendemain furent reveues criées, et tous gens d'armes sur les champs, pour recevoir argent; et là fut ce que le Roy de France vint, à six chevaulx, visiter l'armée. Et le conte de Charrolois se partit de Conflans sur ung petit cheval, à tout son grant manteau de deuil, qu'il avoit fait pour la mort de sa femme. Et sous les enseignes, et entre les batailles, se conjoingnirent et

---

Jean de Rubempré (V. Jacques du Clercq, liv. V, ch. XLIX; *Analecta Leodiensia*, p. 363).

1. Il s'agit de Anne de France, mariée plus tard au sire de Beaujeu; elle n'avait alors que quatre ans, tandis que le comte de Charolais en avait trente-deux.

2. V., sur les visites échangées entre Louis XI et Charles le Téméraire pendant cette lutte sous Paris, Commines, liv. I, ch. XII et XIII.

3. Commines (liv. I, ch. XIII) parle de six vingt mille écus comptant portés par dix sommiers. Philippe de Saveuses commandait l'escorte de ce convoi. Par mandements des 2 et 28 novembre 1465, Jean de Pierrevillers, receveur de Château-Chinon, reçoit 250 fr. pour avoir été d'Auxerre à Provins et à Brie-Comte-Robert porter 27,500 fr. que le duc envoyait à son fils pour « l'entretenement » de son armée (Archives de la Côte-d'Or, B 1757, fol. 115 et suiv.).

embrasserent le Roy et le conte moult amoureusement, comme il sembloit. Le Roy s'en retourna à Paris, et le conte veit ses reveues ; et le lendemain furent payez toutes manieres de gens d'armes.

Grans parlemens furent tenuz entre le conte et le Roy touchant icelluy mariaige, et offroit le Roy de donner en mariaige à sa fille les contez de Brie et de Champaigne[1]. Et pour ceste matiere fut envoyé maistre Jehan Carondelet, qui depuis a esté chancelier de Bourgoingne, avec charge d'aller à Paris, et de visiter les tiltres[2], pour sçavoir si ung Roy de France povoit donner en mariaige à sa fille lesdictes contez de Brie et de Champaigne, et les oster de la couronne. Et combien que le conte de Charrolois fust en la guerre, il eust toujours avecques luy deux notables clercs bourguignons pour conduyre ses matieres ; dont l'ung fut maistre Guillaume Hugonet, qui depuis fut chancelier de Bourgoingne, et l'autre fut maistre Jehan Carondelet, que j'ay nommé dessus. Et toujours se continuoit le mariaige dessusdit ; et durant ce temps fut praticqué en ladicte Grange aux Marciers une paix qui fut telle que trente six hommes du royaulme de France debvoient avoir le regard pour augmenter le bien publicque[3], et en estoit le Roy contant : et, à la

1. Projet dressé à Villiers-le-Bel, le 3 novembre 1465. V. Thomas Basin, édit. Quicherat, t. II, p. 168, et Commines, édit. Lenglet, t. II, p. 543.

2. V. Thomas Basin, *loc. cit.*, qui fixe l'époque de cette vérification à l'année 1466, ce qui semble plus exact, car Basin était alors à la cour de Bourgogne.

3. Le traité de Conflans est daté à Paris du 5 octobre 1465. V. son texte dans les preuves à la suite des *Mémoires* de Commines, édit. Lenglet, 1706, t. IV, p. 29. Il fut publié au parlement de Paris

verité, ce fut soubtivement faict[1] au Roy pour estre quicte de celle charge, et venir à paix avec les princes de son royaulme; car j'en ay assez enquis, et ne sceu onques qui estoient les trente six, ne qui estoit le premier ne le derrenier, et, en mon jugement, le Roy se monstra le plus subtil de tous les aultres princes, et entretenoit le conte de Charrolois du mariaige dessusdit; et ne sçay s'il y avoit grant voulenté.

Ainsy fut la paix cryée de tous costez; et debvoit le Roy, par ce traicté, bailler à monseigneur de Berry la duchié de Normandie pour son partaige[2]; mais quant

le 12 octobre suivant. — Ce n'est pas dans ce traité que se trouve la désignation de trente-six hommes du royaume de France, chargés de veiller au bien public, comme le dit Olivier de la Marche, mais dans un autre accord, fait le 29 octobre 1465, à Saint-Maur-les-Fossés, entre les ducs de Normandie, de Bretagne, de Calabre et de Lorraine, du Bourbonnais et d'Auvergne, et de Nemours, les comtes de Charolais, d'Armagnac, de Saint-Pol et autres seigneurs d'une part, et le roi Louis XI de l'autre. (V. cet accord, *loc. cit.*, p. 45.) Ces trente-six hommes devaient être douze prélats et notables hommes d'église, douze notables chevaliers et écuyers et douze notables gens de conseil et de justice, auxquels le roi donnait plein pouvoir de s'enquérir et informer des désordres commis dans le royaume et des choses touchant le bien public, et d'aviser aux remèdes convenables, tant dans l'intérêt du roi et de ses sujets que des seigneurs compris au traité, s'engageant à ratifier et à faire exécuter les ordres qu'ils donneraient à cet effet dans l'espace de deux mois, fixé pour leurs délibérations. Il existe aux Archives de la Côte-d'Or une copie du traité de Saint-Maur (B 11910). V. aussi du Clercq qui donne (liv. V, ch. L) l'analyse du traité de Conflans et la copie des lettres de transport en faveur du comte de Charolais des villes de la Somme, de Péronne, Montdidier, des prévôtés de Vimeu, Beauvoisis et autres (5 et 13 octobre 1465).

1. « Ce fut soubtiveté au Roy. »
2. V. *De l'apanage de monsieur Charles de France de la duché de Normandie*, en 1465, dans le ms. de la Bibl. nat., fonds fr., n° 4502,

vint au fort de besoingner, le Roy de France en ouvra tout aultrement[1], comme vous orrez cy après. Ainsi se destendit celle armée. Monseigneur de Berry et le duc de Bretaigne tirarent en Normandie, et le duc de Calabre et le conte de Charrolois prindrent le chemin de Villiers le Bel[2], qui est ung gros villaige assez près de Sainct Denis; et là se visitoient privement le Roy et le conte de Charrolois, soubz umbre dudit mariaige, et tindrent la Toussainctz audit Villiers le Bel ensemble moult famillierement; et puis se partit chascun, et se retira le Roy à Paris; et le conte de Charrolois print son chemin contre Nostre Dame de Lyesse, auquel lieu il fit ses offrandes devotement; et puis se tira contre Liege[3], en intencion de venger l'outraige et injure que pretendoient faire les Liegeois au duc, en absence de son filz[4]; et quant il vint au pays du Liege, il les espouvanta tellement que les Liegeois vindrent

---

fol. 228 et 234. V. aussi Commines, liv. I, ch. xiv, et les preuves.

1. V. la protestation faite par Louis XI au parlement de Paris contre le traité de Conflans (Commines, édit. de 1706, preuves, t. IV, p. 56).

2. 31 octobre. Voy. Commines, liv. I, ch. xiv, et du Clercq, liv. V, ch. li.

3. Charles le Téméraire partit de Conflans le 31 octobre 1465, et, après trois ou quatre jours passés avec le roi à Villiers-le-Bel, se dirigea vers la Belgique, par Senlis, Compiègne et Noyon; il arriva le 21 novembre à Mézières où s'étaient rassemblés les contingents de troupes qu'il avait convoqués, et s'arrêta avec son armée le 9 décembre à Tirlemont, en passant par Chimay et Beaumont (Haynin, t. I, p. 58, et J. du Clercq, liv. V, ch. li et lii).

4. Dans les premiers jours de novembre, le comte de Charolais fit publier que tous ceux qui avaient servi sous ses ordres en France eussent à le suivre dans son expédition contre les Liégeois, ce qui provoqua de nombreux murmures parmi les hommes d'armes (Barante, édit. Gachard, t. II, p. 254, note 4).

à genoulx crier mercy au conte pour et au nom de son pere, et promirent de non plus venir à armée à l'encontre de luy[1]. Mais Liegeois ne sont pas bien coustumiers de tenir ce qu'ils promectent[2], et aussi ne firent ilz celle fois. Et quant le conte eust mis à mercy lesditz Liegeois, il s'en retourna en ses pays, et nommement à Brucelles[3], où il fut grandement festoyé et receu, tant du pere, de la mere comme de ses subgectz; et tousjours se continuoit le parlement d'icelluy mariaige; et estoient les principaulx, du cousté du conte, le seigneur des Cordes[4], et Guiot d'Usie, qui deppuis fut chevalier, et messire Guillaume Bische, et principalement le seigneur des Cordes et Guiot d'Usie;

---

1. Un acte préliminaire, rédigé par les négociateurs bourguignons, fut approuvé le 19 décembre au nom du comte de Charolais par Guillaume de Dinteville, Jean de Montfort et Olivier de la Marche, et devint, le 22 décembre, le traité de paix définitif, sauf ratification des communes flamandes et du duc de Bourgogne. Ce traité signé à Saint-Trond portait que les Liégeois se soumettaient à l'autorité de leur évêque et reconnaissaient pour avoués héréditaires de leur pays le duc Philippe le Bon et ses successeurs, contre lesquels ils s'engageaient à ne jamais s'armer. Ils promettaient en outre de payer en quatre ans 340,000 florins au duc, pour les dommages soufferts par lui et ses sujets, outre une pension annuelle de 2,000 florins du Rhin (Gachard, *Collection de documents inédits*, t. II, p. 304). Par une convention particulière de même date, le pays de Liège s'obligea à payer au comte de Charolais 190,000 florins (*Id.*, p. 305-311).

2. « Ils ont été, dit le chancelier de l'Hôpital en parlant des Liégeois, plus souvent que tous les ans domptez et ont néanmoins toujours relevé leurs crestes » (*Collect. univ. des Mémoires part. relatifs à l'histoire de France*, t. XLV, p. 230).

3. Il décampa pour revenir en Brabant le 24 janvier 1466 (Gachard, *loc. cit.*, p. 321).

4. Philippe de Crèvecœur, seigneur d'Esquerdes.

et ainsi se couloit le temps, et vivoit le Roy de France avecques le conte et le conte avecques le Roy.

Or avons nous devisé de la guerre et de la paix, et est temps que je devise comment exploicta monseigneur de Berry à prandre sa possession de la duchié de Normandie, à quoy le Roy avoit saigement pourveu, comme dit est; car prestement que le duc de Bretaigne fut entré à Rouan, plusieurs grans personnaiges, comme Jehan, monseigneur de Lorraine[1], et aultres, entrerent en debat pour les grans offices; et d'aultre part le duc de Bretaigne esloingna de luy Tanneguy du Chastel; et disoit on que c'estoit à l'appetit du seigneur de Lescut, Oudet de Rye[2]. Par ces bruillis, le duc de Berry n'entra point à Rouen, mais fut logé à Saincte Katerine du mont de Rouen[3], et quant le Roy sceut et entendit les brouillis qui estoyent à Rouen, il s'aproucha à grosse armée, pour veoir et entendre à quoy celle chose prendroit fin; et rappela en sa bonne grace le duc de Bourbon, et le traicta bien, pour aux aultres donner à entendre que ceulx qui se rendroient à luy seroient amiablement traictez et receuz. Il entretenoit le conte de Charrolois du mariaige dessusdit, et

---

1. Jean de Lorraine, comte d'Harcourt, père du comte Ferry II de Vaudemont, et « le principal gouverneur du nouveau duc de Normandie » (J. du Clercq, liv. V, ch. LIII).

2. Odet d'Aydie, seigneur de Lescun.

3. Erreur de La Marche. A la suite de discordes survenues entre le duc de Bretagne et le nouveau duc de Normandie, ces deux princes, au lieu de faire leur entrée à Rouen, comme il était convenu, le 25 novembre, s'allèrent loger à Sainte-Catherine, où ils passèrent cinq jours. C'est là que les gens de Rouen vinrent chercher leur nouveau prince et l'emmenèrent presque de force dans sa capitale, « où il feut moult festoyé » (J. du Clercq, loc. cit.; Barante, t. II, p. 256).

se vengeoit à l'espée du surplus de ses ennemis ; et le duc de Bretaigne print conclusion de s'en retourner en ses pays, et monseigneur de Berry fut conseillé de s'en aller avecques le duc. Ainsi s'en retournarent en Bretaigne[1], et le Roy de France entra à Rouen, où il fit grant chiere. Et en ce temps, je fuz envoyé par monseigneur de Charrolois, pour sçavoir comment il exploictoit à ceste possession de Rouen et de Normandie[2] ; mais je fuz tantost adverti que les seigneurs que je queroye estoyent desjà en Bretaigne. Si passay parmy Rouen, et parlay au Roy, qui me demanda où je alloye ; et je luy respondiz que monseigneur mon maistre m'envoioit devers monseigneur de Berry, son frere, pour sçavoir son estat, et aussi pour soy affranchir et acquicter du serement qui estoit entre eulx deux ; et sur ce me laissa

1. Nouvelle erreur. Charles de Berry resta à Rouen après le départ du duc de Bretagne ; il ne quitta cette ville qu'à l'approche du roi, pour se réfugier à Honfleur, et ne se décida à passer en Bretagne que quelque temps après (Barante, t. II, p. 257). Sur ces événements de Normandie le récit de Commines (liv. I, ch. XV et XVI) n'est pas plus exact que celui de La Marche. — Le 8 août 1466, Louis XI envoya en Bretagne le duc Jean de Calabre avec mission de « mettre et faire venir en ses mains » son frère Charles, duc de Normandie, auquel il promettait « sûreté et somme de deniers qu'il verra estre à faire pour sa provision de vivre » (Lettre datée de Montargis, le 8 août 1466, aux preuves de Commines, t. IV, p. 63).

2. V. la notice biographique sur Olivier de la Marche. Notre chroniqueur ne fut pas seul envoyé en Normandie par le duc de Bourgogne. Antoine de Lameth, écuyer d'écurie, Jean Carondelet, maître des requêtes, et Nicolas Bouesseau, secrétaire de Philippe le Bon, firent également à la même époque, soit avec lui, soit sans lui, plusieurs ambassades près des ducs de Normandie et de Bretagne, ainsi que vers le roi « pour affaires secrètes » (V. la notice biographique précitée et *Bulletin de la Société de l'Histoire de France*, année 1858, p. 297 et suiv.). Antoine de Lameth alla aussi en Angleterre (*Ibid.*).

le Roy passer, et se contenta de mon voiaige. Tant allay que je vinz en Bretaigne, et trouvay le duc et son estat à Renes, et le duc de Berry avoit passé l'eaue, et estoit logié au chasteau de Vennes, que l'on dit l'Ermine, où le duc me traicta honnorablement. Il estoit accompagné de monseigneur de Beaujeu[1], frère du duc de Bourbon, de l'evesque de Verdun, qui estoit de ceulx de Heraucourt[2], de maistre Pierre d'Oriole, du nepveur du conte de Dampmartin[3], de messire Jehan de Blosset[4], du seigneur de Malicorne[5], de Joachin de Velours, et de moult d'aultres gens de bien. Et, à la verité, quant le duc de Berry et le duc de Bretaigne sceurent que j'estoye envoyé pour sçavoir de leur estat et comment ils se portoient, ilz en furent moult joyeulx; et me fut faicte bonne chiere de toutes pars, et me baillerent certainnes bonnes charges à dire à mon maistre, toutes tendans à non rompre les premieres aliances. Et ainsi m'en retournay en la compaignie de monseigneur de Beaujeu, auquel monseigneur de Berry avoit donné congié de s'en retourner en France; et le Roy sceut que j'estoye à Tours, et me manda pour parler à luy à Jargueaux. Ce que je feiz, et si les bonnes parolles dont il me donna charge pour les dire à mon maistre de par luy eussent esté vrayes, nous n'eussions jamais eu guerre en France. Ainsy me partiz du Roy, et prins

1. Pierre, depuis duc de Bourbon.
2. Guillaume II de Haraucourt, évêque de Verdun de 1456 à 1500.
3. Geoffroy de Chabannes, fils de Jacques, seigneur de la Palisse, frère du comte de Dammartin.
4. Ne pas confondre avec Étienne Blosset, évêque de Lisieux.
5. Jean Aubin, seigneur de Malicorne en Puysaie, premier chambellan du duc de Berry.

mon chemin pour aller à Paris, et de là ès pays de monseigneur de Bourgoingne; et ne demoura guieres, après que monseigneur de Beaujeu fut arrivé devers le Roy, que le Roy luy donna sa fille en mariaige [1], celle mesme dont il estoit parolle de monseigneur de Charrolois; et dit aux ambassadeurs du conte qu'il avoit marié sa fille à meilleur marchié que de luy donner les contez de Brie et de Champaigne; et quant les embassadeurs et mesmes maistre Jehan Carondelet, qui avoit visité à Paris les lettres de par le Roy, comme dit est, furent revenuz [2] devers le conte, et qu'il eust ouy les habilletez du Roy de France, il dit que les heureulx y faillent; et ainsi dissimulerent le Roy et le conte, l'ung contre l'aultre, ce qu'ilz avoient sur le cueur.

CHAPITRE XXXVI.

Comment le bon duc Philippe envoya son fils naturel, Anthoine, sur les Sarrasins de Barbarie; et comment le comte de Charolois destruisit la vile de Dinand, et fit venir les autres Liegeois à mercy.

En ce temps [3] le duc de Bourgoingne, qui avoit

1. Anne de France épousa Pierre de Bourbon, seigneur de Beaujeu, par contrat du 3 novembre 1471 (Anselme, t. I, p. 122).
2. « Retournés. »
3. Encore une erreur de chronologie à signaler. L'expédition du bâtard de Bourgogne, dont le duc prit la résolution devant les États assemblés à Lille le 8 mars 1464 (J. du Clercq, liv. V, ch. VIII), et interrompue par la mort du pape Pie II (août 1464), est antérieure à la guerre du Bien public (1465) et à la révolte des Liégeois qui en fut une suite. Les hommes d'armes qui en firent partie ne se piquaient pas d'une exacte discipline. On

accoustumé de recongnoistre envers Nostre Seigneur les biens et les graces qu'il luy faisoit, et mesmement par estre requis par nostre sainct pere le Pape pour donner confort à la foy chrestienne, esleva ses deux filz bastardz[1] et grant noblesse de ses pays, pour s'aller joindre avecques le Pape, et servir la chrestienté[2]; et

trouve aux Archives de la Côte-d'Or (B 11940), à la date de 1464, un avis donné au conseil des maux causés par les gens de guerre qui traversaient la Bourgogne pour aller contre le Turc.

1. Antoine et Baudouin, ce dernier âgé de dix-huit ans.
2. Les projets de croisade, constamment ajournés depuis environ dix ans, semblaient enfin près d'aboutir. Vers le milieu de l'année 1463, le duc fit annoncer partout en Bourgogne que les représentants du pays eussent à s'assembler par-devant l'évêque de Tournay, chef de son grand conseil, et autres seigneurs pour ce commis et ordonnés. Les trois États du duché devaient se réunir à Dijon le 15 juillet; ceux des terres d'Outre-Saône le 18, les deux États du comté (église et tiers) à Dole le 20 et les nobles le lendemain. On devait adresser à tous ces gens de très grandes remontrances et requêtes touchant les affaires de monseigneur le duc et le saint voyage de Turquie qu'il entendait « brief mectre sus pour la deffense de la foy chrestienne » (Archives de la Côte-d'Or, B 1751, fol. 285). En même temps, l'un des plus glorieux vétérans des vieilles luttes contre les infidèles, Jeoffroy de Thoisy, chevalier, conseiller, chambellan du duc et son bailli d'Auxois, était envoyé en cour de Rome pour la négociation de cette importante affaire (Ibid., fol. 89). Le duc manda de plus à Bruges au 25 décembre 1463 tous les chevaliers qui avaient fait vœu avec lui, les seigneurs, prélats et députés des bonnes villes, auxquels il déclara son intention de s'aller embarquer à Aigues-Mortes au mois de mai prochain. Tout cela aboutit à la courte et stérile expédition dont il est question au chapitre XXXVI de notre chroniqueur. — M. Gachard (édit. Barante, t. II, p. 215, note 1) a donné l'analyse d'une lettre adressée le 6 juin 1464 par l'évêque de Tournay, Guillaume Fillastre, chancelier de la Toison d'or (et non chancelier du duc, comme le dit M. Gachard), au président de Bourgogne pour le charger de faire prêcher partout la croisade et de faire placer dans les églises des troncs pour les offrandes des

fit freter et avitailler douze gallées, et les armer d'envi-

fidèles destinées à en couvrir les frais. Cette lettre est conservée aux Archives de la Côte-d'Or, B 11942 (Correspondance, t. I, n° 261), et l'on y trouve aussi (n° 262) une sorte de questionnaire rédigé conformément aux instructions du prélat et qui nous a paru assez intéressant pour être reproduit en entier :

« Les poins et articles declairés ès lettres de monseigneur de Tournay touchant le fait du voiaige de Turquie où y chiet d'avoir advis pour l'execucion de la maniere d'un chacun desdis poins.

« Premierement : De la predicacion des bulles apostoliques de nostre saint pere le Pape; par cui et en quelz lieux se fera ladicte predicacion.

« Des throncz et blotz pour mectre les deniers, en quelles eglises ilz seront mis et establis et par cui la chose se pourra faire et estre executée, et esquelz throncz ait m clefz.

« De advisier ceulx qui auront les clefz desdis throncz et bloz, dont ledit monseigneur de Tournay advertit et escript que l'une des clefz soit en garde ès mains de l'officier de l'evesque ou du curié, l'autre clef ès mains d'un commis de par mondit seigneur, et la tierce clef ès mains du marriglier de l'eglise ou de la justice des lieux.

« Item de avoir advis de conserver et bien garder le droit qui appartient à mondit seigneur tant ès decimes comme ès oblacions et autres emolumens qui ystront à cause de ladicte croisie et du voiaige dessusdit.

« Item que à la predicacion de ladicte croisie et desdictes bulles on ait advis sur ce que nostredit saint pere dit que mondit seigneur le duc yra avec lui et qu'il partira au commencement de juing; il fauldra dire que, comme on dit, nostredit saint pere est party et que mondit seigneur est demouré par le conseil du roy pour traictié la paix ou treves entre France et Engleterre, affin de avoir ayde plus grant desdis deux royaumes, et que desjà mondit seigneur a desjà envoié par monseigneur le bastard partie de son armée, et, lesdictes paix ou treves consenties, que mondit seigneur a intencion de soy en aler oudit voiaige, et mener le residu de sadicte armée, et à ceste fin soy traire en Bourgoigne après la journée qu'il se doit tenir à Saint Omer. Et pour ce que ceulx qui auront devocion de aler oudit voiaige que ilz se exvestent pour aler oultre quant mondit seigneur sera prest ou que il leur fera privoir. Nota : soit contendu que nulz ne se departe jusques lors.

ron dix mil combatans[1] de la plus belle et josne noblesse et gendarmerye qui fust en ses pays ; et fut messire Symon de Lalain, seigneur de Montigny, lieutenant general de monseigneur le bastard en celle armée ; et estoit belle chose de veoir les bannieres et les pennons et chascun bateau ; car chascun cappitaine vouloit monstrer quel homme il estoit en ce hault et sainct voiaige. Les trompettes et clairons sonnoient, à monter les gens d'armes chascun en son naviere et soubz leur cappitaine, qui donnoient moult grant resjouissement ; et d'aultre part tiroit l'artillerie, qui espouventoit et effroyoit toute la compaignie. Et ainsi monterent les nobles hommes et gens d'armes chascun en son naviere[2], par moult belle ordonnance ; et donna le duc Philippe, oultre le ravictaillement et aultres

---

« Sur le fait du dixiesme et de la maniere de le lever convient bien avoir advis et soient veues les lettres de monseigneur de Tournay pour les difficultez que on en a eu par delà, et aussi la requeste que les gens d'eglise en ont faicte à mondit seigneur, et ce qui leur en a esté accordé affin de advisier se il sera semblablement fait par deçà, ou de lever selon la bulle, et dont au regart de ce qui en a esté fait par delà mondit seigneur en a escript au pape.

« Item de advisier et sçavoir qui seront les collecteurs et receveurs à lever ledit dixiesme, ou se il sera bon que les evesques qui ont requis de lever ledit dixiesme pour eviter les fraiz en aront la charge en eulx obligent.

« Item de avoir advisier se on envoiera à chacun curié la copie des bulles translatées de latin en françois affin de mieulx en advertir le peuple.

« Item de la puissance que mondit seigneur a et aussi ledit monseigneur de Tournay de commectre collecteurs pour cuillir et lever les prouffis qui ystront de ladicte croisie, et de sur ce avoir advis touchant le procedé. »

1. 2,000 combattants seulement, d'après du Clercq, liv. V, ch. viii.
2. Au port de l'Écluse, le 24 mai (J. du Clercq, liv. V, ch. ix).

fraiz qu'il fault faire à freter telz navieres, à mondit seigneur le bastard, son filz naturel, cent mil escuz d'or contant, que lui delivra Jaquot Bregilles, des deniers de l'epargne[1]. Et ainsi se partit le bastard de Bourgoingne et celle très belle armée ; et prinrent la mer le plus tost qu'ilz peurent, costoyerent les dunes d'Angleterre, passerent les Raz Sainct Mathieu, entrerent en la mer d'Espaigne, et tant vaucrerent, à l'aide de Dieu, du bon vent et de la bonne fortune, qu'ilz aborderent devant Ceulte, qui est une ville en Barbarie que le Roy de Portugal a conquise, et la tient en ses mains comme chrestienne ; et avoient les Mores et les Barbares fait une grosse armée, et avoient assiegé ladicte ville de Ceulte, et la tenoient fort à destroit. Mais Dieu y admena monseigneur le bastard et son armée, qui prestement prindrent terre, et se prepareront de combatre iceulx Sarrasins, qui avoient mis ledit siege. Mais les Sarrasins, veans le couraige des chrestiens, se leverent, et habandonnerent leur siege, et n'y eust aultre chose faicte ; car les chrestiens n'avoient nulz chevaulx ; parquoy se saulverent ligierement les Sarrasins et leur puissance. Monseigneur le bastard alla visiter ceulx de Ceulte et les bons chrestiens qui dedans estoient, qui moult le merciarent de son bon secours ; et retourna chascun en son naviere ; et reprindrent la mer en intencion de venir à Austie, et eulx joindre avecques Pape Æneas ; mais ilz trouvarent que le Pape Æneas estoit mort[2], et son armée

1. Chastellain parle aussi de 100,000 écus délivrés au bâtard de Bourgogne « au chastel de Lille » (liv. VI, 2ᵉ partie, ch. xcviii, t. V, p. 58). — 100,000 couronnes (J. du Clercq, loc. cit.).

2. Pie II mourut à Ancône le 14 août 1464. — La mort du pape

toute rompue ; parquoy ilz prindrent le chemin de Marseilles, auquel lieu semblablement se rompit l'armée des Bourguignons ; et fut celle belle assemblée rompue à petit exploit[1].

En ce temps le duc Philippe de Bourgoingne print une maladie dont il fut moult affoibly et agrevé de sa personne[2]; mais deppuis ne fit pas grant travail, se trouva viel et maladif, dont ce fut pitié et dommaige ; car il avoit vescu couraigeusement et en prince vertueulx ; et le bastard de Bourgoingne, adverty de la maladie de son pere, s'en vint à diligence pour le servir et honnorer comme il debvoit. Le duc Philippe donna audit bastard la conté de la Roche en Ardaine ; mais on y trouva des difficultés, parquoy il l'eust à moult grant paine. Grant chiere fut faicte audit bastard par le pere et par le filz ; car ilz estoient bien advertiz que à luy n'avoit tenu l'execution de la guerre. Mais

ne fut pas la seule cause de la « rupture » de l'expédition. La *Chronique* manuscrite de la Haye nous apprend que Charles le Téméraire, averti des projets de *trahison* qui se tramaient contre lui en France, engagea le bâtard à attendre à Marseille de nouvelles instructions, et Chastellain (t. V, p. 59) ajoute que, sur l'avis de son conseil, Philippe le Bon rappela l'armée expéditionnaire, à raison de « la gravité des grans affaires de la maison de Bourgongne. »

1. Dans un compte de la recette générale (Archives de la Côte-d'Or, B 1755, fol. 38), il est fait mention en novembre 1464 de Philippe de Lalaing comme capitaine de plusieurs gens d'armes qu'il avait « prins en la compaignie de monseigneur le bastart de Bourgoingne estant à Marceille, et les ramenoit et conduisoit devers monseigneur le duc. »

2. Juillet 1466 (Barante, t. II, p. 261), à moins qu'il ne s'agisse de la maladie dont il a été question ci-devant, t. III, p. 6, ce qui est plus probable. Le duc n'avait presque plus quitté Bruxelles depuis les premiers jours de décembre 1464 (Gachard, *Itinéraire de Philippe le Bon*, p. 96 et suiv.).

tint à ce que nostre sainct pere le Pape mourut; parquoy toutes manieres de gens d'armes se retirarent. Et dois bien ramentevoir la grant chiere et bon recueil que fit le duc de Calabre à monseigneur le bastard et à ses gens, au lieu de Marseilles; et si fait à ramentevoir que, l'armée toute rompue, messire Pietre Wais[1] et messire Frederich de Witem garnirent leurs bateaulx le mieulx qu'ilz peurent; et firent ung an la guerre aux Sarrasins, vaucreant la mer à leur advantaige, où ils acquirent grant honneur; car ce n'est pas peu de chose, après l'armée rompue, de soubstenir la guerre ung an contre les infidelles et Sarrasins, comme dit est.

En ce temps[2] le seigneur de Salles[3], frere de la Royne d'Angleterre, chargea une emprinse pour faire armes à pied et à cheval; et fit sçavoir à monseigneur le bastard de Bourgoingne que, s'il vouloit lever son emprinse et le descharger de sa charge, il le desiroit devant tous autres. Monseigneur le bastard, qui de pieça avoit quiz de faire armes et de combattre en champ cloz, fut bien joyeulx de ses nouvelles, les porta au duc, son pere, qui liberalement luy accorda d'accomplir lesdictes armes au frere de la Royne d'Angleterre; et ainsi furent icelles armes acceptées, et se prepara chascun de son cousté de ce que besoing luy estoit; et pour accompaigner mondit seigneur le bastard, Philippe Bouton et Jehan de Chassa se preparerent de faire armes en Angleterre; et lors madame de Bourbon, seur dudit duc Philippe, et ses filles, vindrent

1. Pietre Vasque.
2. 1466-1467.
3. Antoine Woodwill, lord Scales, amiral d'Angleterre, dont la sœur Élisabeth avait épousé le roi Edouard IV.

visiter le duc[1]; et fut audit temps fait le mariaige du josne duc de Gueldres et de madamoiselle de Bourbon, niepce du duc[2]; et ainsi se passoit la saison.

En icelluy temps[3], les Liegeois de Dinant, ennuyez de

1. Agnès de Bourgogne, sœur de Philippe le Bon et veuve du duc Charles de Bourbon, séjournait presque constamment à la cour de son frère, depuis la grave maladie qu'avait eue ce prince en 1462 (D. Plancher, t. IV, p. 313; Gachard, *Itinéraire, loc. cit.*). Elle n'avait plus alors que trois filles à marier : Catherine, qui ne tarda pas à épouser Adolphe, duc de Gueldres, Jeanne et Marguerite, mariées depuis, la première à Jean de Chalon, prince d'Orange, la seconde à Philippe II, duc de Savoie.

2. L'ordre des faits est encore ici complètement brouillé. Après avoir parlé de l'expédition du bâtard Antoine (1464), Olivier de la Marche revient au mariage de Catherine de Bourbon, dont le contrat porte la date du 18 décembre 1463 (Voy. Archives nationales, K n° 558, et Chastellain, 2e part., liv. VI, ch. LVIII, t. IV, p. 446). Le duc, étant à Bruges le 30 décembre suivant, donna une caution de 14,000 fl. pour parfaire le mariage (*Titres de la maison de Bourbon*, t. II, p. 340).

3. Trois ans plus tard. — Lors de la dernière révolte de Liège, à laquelle ils prirent une part active, les habitants de Dinant s'étaient répandus en grossières injures contre le duc Philippe et son fils, le comte de Charolais. Quand on en vint aux négociations de paix, le duc, exaspéré contre eux, voulut leur imposer des conditions tellement humiliantes que la partie la plus influente de la population refusa d'y souscrire; aussi leur ville ne fut-elle pas comprise dans le pardon accordé aux Liégeois à Saint-Trond en décembre 1465. Ceux-ci, après s'être un instant séparés de leurs anciens alliés, finirent par déclarer qu'ils n'exécuteraient point le traité, si Dinant n'y était comprise. De là, la nouvelle insurrection dont il est question dans ce chapitre. Voy. au surplus Gachard, *Collection de documents inédits*, t. II, *passim*; le même, édit. Barante, t. II, p. 260, note 3, et à l'appendice, p. 702, où se trouve l'indication sommaire de toutes les pièces publiées par lui dans la *Collection de documents inédits*, sur la part que prit la ville de Dinant à la guerre contre le duc de Bourgogne; et Henrard, *Annales de l'Académie d'archéologie de Belgique*, année 1867, p. 607.

leur bonne fortune et desirans reveiller leur malheur, s'eslevarent et prindrent Jehan le Charpentier[1], ung moult notable homme de Dinant, et le firent piteusement mourir, pour ce qu'il avoit communicqué avec le duc Philippe, et fait traicté avecques luy, au bien et utillité de ladicte vile de Dinant[2]. Mais ilz le tournarent en aultre usaige; et, comme dit est, firent mourir piteusement ledit Jehan le Charpentier[3]; et, qui plus est, disoient du duc de Bourgoingne toutes les injurieuses parolles dont ilz se pouvoient adviser[4]; et mesmement boutarent le feu en la comté de Namur[5]; et fut conseillé le duc, en ses vielz jours, de prendre les armes et d'assembler gens d'armes de toutes pars, pour soy venger d'iceulx de Dinant; et se tira luy, et le conte son filz, à Namur[6]; et fut conseillé ledit duc de demeu-

1. Jean Carpentier, ancien bourgmestre de Dinant, alors réfugié dans le comté de Namur.
2. Olivier de la Marche fait ici une confusion et commet une erreur. Le supplice de Carpentier fut postérieur à la destruction de Dinant. Il avait probablement prêté les mains aux négociations dont il est question dans la note 3 de la page précédente, ce qui expliquerait l'animosité de ses concitoyens contre lui.
3. Jean Carpentier fut décapité à Liège en septembre 1467 et son cadavre fut mis en quatre. Les gens qui l'avaient livré reçurent 100 couronnes.
4. Allusion probable aux événements de 1465 qu'Olivier de la Marche parait avoir confondus avec ceux de l'année suivante.
5. Dans les derniers jours du mois de mai 1466, les Dinantais sortirent de leur ville au nombre de deux à trois mille et dévastèrent plusieurs villages du comté de Namur (Gachard sur Barante, t. II, p. 261).
6. Le comte de Charolais était sur les marches d'Artois et de Picardie lorsque la révolte de Dinant éclata. Il partit bientôt après et arriva à Mons le 23 juillet. Le conseil de cette ville lui accorda non sans peine, en vue de l'expédition contre Dinant, son scel et son crédit pour la constitution d'une pension de 600 fr. par an,

rer audit Namur[1] ; et envoya son filz à Bouvines[2] ; et l'accompaigna le conte de Sainct Pol, connestable de France, le mareschal de Bourgoingne et plusieurs seigneurs de Brabant et de Hainnault ; et se conclurent d'aller mectre le siege devant Dinant, et se departirent en trois parties. L'ung des sieges tenoit le conte de Charrolois[3] ; le second, le mareschal de Bourgoingne ; et le tiers siege tenoit le bastard de Bourgoingne ; et la quarte partie estoit la riviere, où il ne falloit point de siege ; et ainsi fut Dinant assicgé de tous coustez ; et combien que j'eusse veu plusieurs sieges de prince, touteffois fut il là faicte une chose que je n'avoye oncques veue ; car messire Pierre de Hacquembac, lors maistre de l'artillerie, enmena les bombardes devant les portes de Dinant à heure de plain midi ; et vous declaireray comment. Il avoit afusté sa menue artillerie, dont il y avoit grant planté, devant les portes et la

---

sans qu'il fût tenu de rembourser le capital (Gachard sur Barante, t. II, p. 261). Les hommes d'armes étaient convoqués à Namur pour le 28 juillet (J. du Clercq, liv. V, ch. LVII).

1. Le duc fut transporté à Namur, où s'assemblait l'armée du comte de Charolais, sur un chariot branlant et une litière ; il y arriva le 13 août (Archives du Nord, compte de la recette générale des finances de 1466-1467, B 2061 : somme payée à Hervé de Mériadec, pour les frais de la garniture de ces voitures ; voy. aussi J. du Clercq, liv. V, ch. LVIII).

2. Lisez : *Bouvigne*. La ville de Bouvigne, dont les habitants se livraient au même genre d'industrie que ceux de Dinant, était très hostile à celle-ci, bien que M. de Barante ait prétendu qu'elle ait cherché à la sauver (V. Commines, liv. II, ch. I).

3. Le comte de Charolais était logé dans l'abbaye des Frères mineurs de Leffele (V. sa lettre du 25 août 1466 aux commune-maitres et échevins de Malines, dans Gachard, *Collection de documents inédits*, t. II, p. 373-375).

muraille de Dinant[1]; et quant il approucha à tous ses bombardes, le traict à pouldre voloit si drud, que ceulx de la ville n'osoient mectre la teste hors des portes ne des murailles; et ainsi approucha ses bombardes, et mena le premier cheval par la bride; et, les bombardes assises, la ville de Dinant ne dura pas longuement et se rendit à voulenté[2]. Et les Liegeois qui leur estoient venuz à secours, s'enfuirent et s'eslongerent de ce lieu; et le conte de Charrolois et ses gens entrarent dedans la ville, comme maistres et seigneurs; et fut la ville pillée de toutes pars[3], et puis fut mis le feu dedans; fut bruslé Dinant par telle façon qu'il sembloit qu'il y eust cent ans que la ville estoit en ruyne[4]; et le conte, qui moult estoit grant justicier, fut adverti que trois archiers de sa compaignie avoient derobé une femme, et l'emmenoient derriere les mon-

1. Sur la colline, du côté de la porte Saint-Hubert. Le roc étant là à fleur de sol, il n'y avait pas possibilité de creuser des tranchées.
2. Les Dinantais se rendirent le 25 août, entre cinq et six heures du soir (Gachard, *Collection de documents inédits*, t. II, p. 373).
3. Parmi les objets pillés, figura l'horloge de Dinant, qui fut envoyée à Beaune par Charles le Téméraire. La chàsse de saint Perpète fut emportée à Bouvigne, dont le parlement de Malines condamna plus tard, en 1476, les habitants à la restituer au chapitre de Notre-Dame de Dinant (Gachard, *Analectes belgiques*, p. 318).
4. Par lettres du 31 août 1466, Philippe le Bon établit un commissaire pour la démolition des portes, tours, murs, ponts et autres fortifications de Dinant (Gachard, *Collection citée*, p. 392); « le duc voulut qu'au nom de cette ville fameuse, qui avait osé braver sa puissance, on se demandàt : où fut Dinant ? » (Gerlache, *Révolutions de Liège sous Louis de Bourbon*, p. 77). — Sur la prise et la destruction de Dinant, voir encore le récit très détaillé de du Clercq, liv. V, ch. LVIII à LX; Haynin, t. I, p. 66 et suivantes; Adrianus de Veteri-Bosco, dans l'*Ampliss. Coll.*, t. IV; les comptes de la destruction de la ville, dans Gachard, *Coll. de documents inédits*, t. II, p. 395 et suiv.; Kirk, t. II, p. 85 et suiv., etc., etc.

taignes, affin qu'elle ne feust ouye ès crys qu'elle feroit à son efforcement; mais le noble conte tira celle part, et print les malefaicteurs, et prestement les fit pendre et estrangler au premier arbre qu'il trouva; et à la femme il fit des biens, comme il appertenoit; et signiffia à son pere, par le seigneur d'Imbercourt, la victoire qu'il avoit de ses ennemis, et l'execution qu'il avoit faicte, luy priant qu'il se voulsist contanter, car il estoit bien vengé de ceulx de Dinant; et aussi demandoit congié de poursuyre ses ennemis liegeois, car il les avoit fait chevaucher, et sçavoit où ilz estoient arrestez. De son execution se contenta le duc Philippe, et luy donna congié de poursuire ses ennemis; et s'en retourna le duc à Brucelles le plus tost qu'il le peust faire.

Et le conte et sa compagnie tirarent après leurs ennemis; et les trouvarent qu'ilz se reposoient de l'aultre costé de la riviere de Haubsvain[1]; et les eust le conte deffaicts sans nulle faulte, mais ung chevalier liegeois, nommé messire Regnault du Rouveray[2],

1. La Hesbaye. — Le comte de Charolais rencontra les Liégeois à Oleye-sur-Geer, le 6 septembre. Le 9 du même mois, il se trouvait encore dans ce lieu, d'où il date « en son ost » la commission donnée à Guy de Brimeu, seigneur d'Humbercourt, et à Simon de le Kerrest, secrétaire du duc, son père, pour traiter avec les maitres jurés, conseil, métiers et communauté de Liège, tant pour eux que pour les autres villes du pays, et recevoir leur serment de reconnaître le duc comme leur avoué et gardien, ainsi que leur promesse de payer la rente fixée par le traité conclu avec le duc (Gachard sur Barante, t. II, p. 726. V. aussi Chronique de Jean de Los, dans les *Documents relatifs aux troubles du pays de Liège*, p. 46 et suiv.). Le traité fut signé à Liège le 13 septembre 1465; il n'exigeait que l'exécution du traité du 22 décembre précédent, sous les garanties dont il sera parlé plus loin.

2. Renaud de Rouveroy.

moult vaillant et saige chevalier, eust grant pitié de veoir le peuple de sa nacion en ce dangier ; car il congnoissoit bien que les gens d'armes les defferoient. Si print ung asseuré couraige, et dist aux Liegeois : « Mes « amys, ne vous bougez ; mais attendez que j'aye parlé « au conte de Charrolois ; et peult estre que je trouveray « le moyen que vous ne vous combatrez point ligie- « rement. » Et sur ce se partit ledit messire Regnault, et dit à monseigneur le conte : « Monseigneur, ce povre « peuple ne vous demande riens ; ils entendent d'avoir « traictié avecques vous, et vous prient que les veuil- « lez tenir paisibles. » Et le conte, qui moult estoit fier, lui respondit qu'il ne sçavoit nulle cause de leur venue en ce lieu, si non pour luy pourter dommaige, et qu'il n'avoit pas intencion de les laisser partir sans bataille. Messire Regnault print congié et s'en retourna devers les Liegeois, et leur dit qu'il avoit bien parlé au conte à l'advantaige des Liegeois, et luy avoit remonstré qu'ilz ne luy demandoient riens, mais ilz se deffendroient s'il estoit besoing. Et ainsi parloit saigement messire Regnault de Rouveray ; et par ses alées et venues practiqua tellement, que le jour faillit ; et convint chascun soy retirer de part et d'aultre, sans bataille, pour ce jour ; et se logea chascun qui mieulx mieulx, comme il est coustume loger devant ses enne- mis ; furent grans feuz faiz d'une part et d'aultre ; mais la riviere du Haubsvain estoit entre deux, qui garda la vie ce jour à maint Liegeois ; et quant le jour fut venu, et que le conte et son armée perceurent que les Liegeois s'estoient retirez, le conte fit chascun tirer aux champs à la poursuite desdits Liegeois ; mais pour celle fois il ne peust attaindre leur puissance ; car ilz s'estoient jà retirez ès bonnes villes. Touteffois il marcha avant, et espouvanta tellement iceulx Liegeois, qu'ilz furent contrainctz de luy venir cryer mercy, voyre eulx mesmes abatirent les murailles et les portes de leur ville[1]. Et ainsi se deppartit celle armée ; et s'en retourna le conte de Charrolois et le bastard de Bourgoingne, devers le duc, leur pere, qui les recueillit à grant joye[2].

CHAPITRE XXXVII.

Comment le bastard Anthoine de Bourgongne ala faire armes en Angleterre ; et comment le bon duc Philippe, son pere, mourut ce pendant.

Ces choses faictes, le duc envoya son filz naturel en Engleterre, moult bien fourny de toutes choses[3] ; et y

[1]. Le pays de Liège dut livrer au duc cinquante otages, trente-deux de la cité de Liège, et six de chacune des villes de Tongres, Saint-Trond et Hasselt, pour garantie de l'exécution du traité du 22 décembre 1465 ; il s'engagea en outre à réparer tous les dommages causés aux sujets du duc depuis ce traité et à le reconnaître, lui et ses successeurs, comme gardiens et avoués souverains du pays de Liège (Gachard, *Collection* citée, t. II, p. 399-413 ; du Clercq, liv. V, ch. LXII).

2. Le comte de Charolais arriva le 19 septembre à Louvain, où se trouvait son père. Il venait de Thuin, à laquelle il avait imposé de dures conditions à raison de sa participation à la révolte, et se rendit ensuite à Gand, où, le 9 novembre 1466, on lui donna une fête brillante sur le marché du Vendredi (Gachard sur Barante, t. II, p. 265, notes 1 et 2, et *Collection* citée, t. II, p. 414 et suiv.).

3. Antoine de Bourgogne reçut de son père, le 5 avril 1467, 3,000 écus pour supporter la dépense de son « emprinse d'armes » (Archives du Nord, compte de la recette générale des finances pour l'année 1467). Il arriva à Londres le 2 juin 1467 et entra en lice le 11 du même mois (*Excerpta historica*, 199).

fut messire Symon de Lalain pour son principal conduiseur, messire Claude de Thoulongeon, seigneur de la Bastie, messire Philippe, bastard de Brabant, messire Jehan de Montferrant, Gerard de Roussillon, le seigneur de Thiebaville et plusieurs autres[1]; et en ce temps je me trouvay en Angleterre[2], et me arrestay pour veoir icelles armes; et certes le bastard de Bourgoingne tenoit tel estat et tel triumphe que peust faire le filz aisné legitime de Bourgoingne. Et nous nous tairons de toutes ces choses pour le present, pour parler de l'execution d'icelles armes[3].

Le Roy Edouart d'Angleterre avoit fait preparer les lices grandes et pompeuses; et pour sa personne fut fait une maison moult grande et moult spacieuse, et estoit icelle maison faicte en telle maniere que l'on y montoit par degrez au dessus où estoit le Roy. Il estoit vestu de pourpre, la jarretiere en la jambe, et ung gros baston en sa main, et certes il sembloit bien personnaige digne d'estre Roy, car il estoit ung beau prince, et grant et bien amanieré. Ung conte tenoit

---

1. Gollut (col. 1219) cite encore Jean de Chaffaut et Philippe Bouton.
2. V. la notice biographique sur Olivier de la Marche et le *Bulletin de la Société de l'Histoire de France,* année 1858, p. 297 et suiv.
3. Les Archives de la province d'Utrecht possèdent une description manuscrite de cette joute faite par un témoin oculaire en 79 feuillets. On en trouve une autre dans les *Excerpta historica, or Illustrations of English history,* p. 171-212. Ce dernier recueil donne les noms des seigneurs qui présidèrent au conseil du bâtard de Bourgogne, quand il s'agit de régler les conditions de la lutte. Ce furent Simon de Lalaing, Claude de Toulongeon, Pietre Vasque, Philippe de Coham, Philippe, bâtard de Brabant, le sire de Montferrant, le seigneur du Forestel et Toison d'or.

l'espée devant luy, ung peu sur costiere, et autour de son siege estoient vingt ou vingt cinq anciens[1] conseilliers, tous blancz de chevelures, et ressembloient senateurs qui fussent là commis pour conseiller leur maistre. Le conte de Volsestre[2] tint lieu de connestable, et estoit accompaigné du mareschal d'Angleterre, et sçavoit moult bien faire son office. En descendant du hourt avoit trois hourtz deçà et delà desdits degrez. Au premier estoient chevaliers, au second estoient escuyers, et au troisieme les archiers de la couronne, chascun ung voulge[3] en la main; et au pied desdits degrez avoit deux chaieres, l'une pour le connestable et l'aultre pour le mareschal. Et, à l'opposite, de l'aultre cousté de la lice, estoit ung hourt, non pas si hault que la maison du Roy, pour logier le maire de Londres et les hondremans[4] servans pour celle année. Et tantost après que le Roy fut assis en son trosne et en sa chaiere, qui faisoit moult beau veoir, le maire de Londres, accompaigné des hondremans et de ceulx de la loy, entrarent en la lice, l'espée devant luy, et tira contre son hourt; et en passant par devant le Roy, n'y eust aultre diferance si non que celluy qui portoit l'espée devant le maire, en se mectant à genoulx le maire et tous les aultres, mist la pointe en bas en signe d'humilité, et puis se releva prestement; et s'en alla le maire de Londres mectre au hourt pour luy ordonné, et là

---

1. Un mot omis dans les précédentes éditions.
2. Jean Tiptoft, lord trésorier et lord connétable du royaume d'Angleterre, créé comte de Worcester en 1449.
3. Dard.
4. Aldermans.

demoura pour veoir faire les armes, et tousjours l'espée devant luy ; et ne demoura guyeres que les gardes de la lice, à sçavoir huict hommes d'armes bien montez et bien armez, firent leur entrée en ladicte lice par le congié du connestable, qui leur ordonna ce qu'ilz devoient faire. Tantost après monseigneur d'Escalles vint à l'entrée de la lice, et le connestable alla au devant de luy et luy demanda qu'il queroit ; il respondit qu'il se venoit presenter devant le Roy d'Angleterre, son souverain seigneur, pour faire et accomplir les armes qu'il avoit emprinses à l'encontre du bastard de Bourgoingne, et sur ce luy fut fait ouverture ; et certes il estoit monté et armé richement, et avoit dix ou douze chevaulx de parure bien richement couvers ; et, après sa presentacion faicte devant le Roy, il se tira de sa personne en une petite tente qui luy estoit ordonnée ; et tantost après vint le bastard de Bourgoingne, qui pareillement demanda entrée, ce que l'admiral luy accorda. Et se presenta ledit bastard devant le Roy pour fournir ses armes ; et devez sçavoir qu'il estoit moult pompeusement accoustré, et avoit douze chevaulx couvers, les ungs de drap d'or, les aultres d'orfavrerye, les aultres de velours chargez de campannes, et les aultres couvers de martres, que l'on dit saibles[1], si belles et si noyres qu'il estoit possible de trouver. Les aultres estoient couvers de brodures faictes moult richement. Les paiges estoient vestuz de mesmes, comme il appertenoit ; et certes ce fut une riche suyte, et que le Roy veit voulentiers. Sa presentacion faicte, il se retira en une petite tente faicte pour

1. Martes zibelines.

luy, et prestement se firent les crys et les deffences accoustumées; et furent portez au Roy, par deux contes, deux lances et deux espées d'une façon et d'une grandeur, car le seigneur d'Escalles, par les chappitres, debvoit livrer les bastons au choix de sa partie adverse; et envoya lesdits bastons le Roy au bastard de Bourgoingne pour choisir ce qui luy seroit pour le meilleur. Le bastard de Bourgoingne choisist assez ligierement, et furent mis les deux bastons qu'il retint ès mains de deux officiers d'armes, qui les tindrent dehors le pavillon jusques il fust prest pour saillir; et, après crys et serimonies faictes, les champions furent saisis des lances et espées pour eux ordonnées. Si mirent les lances aux arrests et coururent celle course sans attaindre ou consuyr l'ung l'aultre; mais au retour qu'ilz firent, et qu'ilz eurent mis les espées en leurs mains, le cheval de monseigneur le bastard donna de la teste contre la have de la selle du seigneur d'Escalles, et de ce cop ledit cheval se tua tout roide, et tomba mondit seigneur le bastard soubz son cheval, l'espée au point; et tantost le fict le Roy d'Angleterre relever, et se monstra moult courouçé à l'encontre de monseigneur d'Escalles pour ce qu'il cuydoit qu'il eust faulseté en la parure de son cheval; mais non avoit, ains advint ce cop et ce chocq par mesadventure, comme je l'ay devisé. Et le Roy leur donna congié pour celle fois, et s'en retourna mondit seigneur le bastard en son logis, et me dit, en rentrant en sa chambre : « Ne vous « souciez. Il a aujourd'huy combatu une beste, et « demain il combatra ung homme. » Et à celle heure vint le connestable, de par le Roy, pour sçavoir s'il estoit aucunement blessié ; mais monseigneur le bastard respondit qu'il marcioit le Roy, et que nulle blessure n'avoit, mais qu'il estoit prest landemain de faire ses armes de pied, priant que ainsi le voulsit le Roy accorder. Et le landemain, à heure ordonnée, comparurent au camp monseigneur le bastard et monseigneur d'Escalles, et fut tousjours accompaigné mondit seigneur le bastard du duc de Suffort[1], qui moult cordialement l'accompaigna. Et, après crys et serimonies faictes, monseigneur d'Escalles envoya trois mannieres de bastons presenter au Roy pour icelles armes de pied fournir et achever, et d'iceulx bastons devoit avoir le bastard de Bourgoingne le choix. Les deux premiers bastons estoyent deux lances à gecter et les portoient deux chevaliers. Les secondz bastons estoient deux haches et les portoient deux barons. Et les troiziesmes bastons estoient deux dagues et les portoient deux contes ; et quant iceulx bastons furent presentez au Roy, le Roy retint en ses mains les deux lances à gecter, et les autres quatre bastons envoya à monseigneur le bastard pour en prandre le choix selon le contenu des chappitres. Monseigneur le bastard retint une hache et une dague, et le surplus fut apporté par le connestable à monseigneur d'Escalles, et vindrent les escouttes de pied, à sçavoir six hommes d'armes de pied, bien en point, chascun ung baston de bois en la main.

Le bastard de Bourgoingne estoit paré de sa cotte d'armes de Bourgoingne, à une barre de travers, pour monstrer qu'il estoit bastard ; et le seigneur d'Escalles

---

1. Jean de la Pole, duc de Suffolk.

avoit sa cotte d'armes au doz et portoit sa hache sur son col, à guise d'ung espieu, et venoit criant : « Sainct George ! » par trois fois. Les champions se joindirent fierement et s'assaillirent l'ung l'aultre de grant couraige ; et fut moult belle ceste bataille, ne je ne veiz oncques combattre de haches si fierement ; et certes monseigneur le bastard monstra bien à celle bataille qu'il estoit ung homme, voir ung chevalier duict aux armes et au mestier ; et furent tous deux prins et deppartiz sans grant foule l'ung d'avec l'aultre, et ainsi furent icelles armes faictes et accomplies ; et, à la verité, je veiz deppuis le harnois de monseigneur d'Escalles, où monseigneur le bastard avoit fait de grans faulcées de la dague de dessoubz de sa hache, et au regard des dagues qui leur furent baillées, ilz ne s'en aiderent point en celle bataille. Et ainsi prindrent les champions congié du Roy et se partirent tous à une fois de la lice, leurs haches sur leurs colz, pour monstrer qu'ilz n'avoient esté desembastonnés ; et se retira chascun en son logis. Et au regard du Roy d'Angleterre et de la Royne, ilz avoient faict preparer le soupper en la Grange des Merciers, et là vindrent les dames, et vous certiffie que j'y veiz soixante ou quatre vingtz dames de si noble maison, que la moindre estoit fille de baron ; et fut le soupper grant et planteureux, et monseigneur le bastard et ses gens festoyez grandement et honnestement.

Et le lendemain firent armes à pied messire Jehan de Chassa et ung escuyer gascon nommé Loys de Bretelles, serviteur de monseigneur d'Escalles, et accomplirent icelles armes sans grant foule l'ung sur l'aultre ; et le lendemain firent armes à cheval, esquelles messire Jehan de Chassa eust grant honneur et fut tenu pour ung bon coureur de lance ; et le lendemain fit armes messire Philippe Bouton à l'encontre d'ung escuyer du Roy. Icelluy escuyer estoit gascon et se nommoit Thomas de la Lande, et estoit icelluy Thomas beau compaignon et homme de bien ; et entre eulx sourdit une question, car ceulx qui servoient messire Philippe Bouton disoient que l'arrest de Thomas de la Lande estoit trop advantaigeux. Si fut visité par les gens du Roy et trouvarent qu'il estoit vray, dont le Roy ne fut pas content. Touteffois ilz conclurent de parfaire leurs armes et fit chascun le mieulx qu'il peust, comme il est coustume en tel cas ; et ainsi furent les armes achevées d'une part et d'aultre ; et monseigneur le bastard pria les dames le dimanche au disné, et nommement la Royne et ses seurs, et fit ung grant desroy et une grant preparation. Et nous partismes, Thomas de Loreille[1], bailly de Caen et moy[2] pour aller en Bretaigne fournir nostre embassade, et vinsmes à Pleume, attendant le vent et navieres pour nous passer en Bretaigne. Et en ce temps vindrent les nouvelles à monseigneur le bastard en Angleterre, que le duc de Bourgoingne estoit trespassé[3], et devez croyre que grant dueil eust ledit

1. Thomas de Loreille, « escuier, bailly du Can, » reçut 240 l. pour rendre compte de ce voyage « quant yl est venu en ambassade devers le duc ès villes de Bruges et de Gand, de par le duc de Normendie, et il, pour soy aidier à desfrayer desdis lieux et autrement » (*Bulletin de la Société de l'Histoire de France*, 1858, p. 298).
2. Voy. *ibid.*, p. 297 et 298.
3. Philippe le Bon, tombé malade à Bruges le 12 juin 1467, y mourut le lundi 15 du même mois, « environ neuf heures après

bastard quant il ouyt la mort de son pere, et toute la noblesse qui estoit avecques luy. [Si] changerent leurs plaisances passées à plours et à larmes, car il estoit mort comme prince de toute vertu ; et fit en sa vie deux choses à l'extremité : dont l'une fut qu'il mourut le plus riche prince de son temps, car il laissa quatre cens mil escuz d'or contant, soixante douze mil marcs d'argent en vaisselle courant, sans les riches tappisseries, les riches bagues, la vaisselle d'or garnie de pierreries, librairie moult grande et moult bien estoffée, et, pour conclusion, il mourut riche de deux millions d'or en meubles seullement; et, pour la seconde extremité[1], il mourut le plus large et le plus liberal duc de son temps. Il maria ses niepces à ses despens ; il soubstint grans guerres et longuement ; il refit par plusieurs fois, à ses despens, l'eglise et la chappelle de Jerusalem; il donna dix mil escuz pour faire la tour de Bourgoingne qui est en Rhodes ; il donna dix mil escuz au Roy d'Albanye. Nul ne s'en alloit de luy qu'il ne fust bien recompensé. Il tenoit grant estat, approchant à estat de Roy. Il entretint cinq ans monseigneur le daulphin en son estat, et fut prince si renommé que tout le monde en disoit bien. Ainsi fit le duc Philippe de Bourgoingne deux choses à l'extremité, comme dit

midi, » à l'âge de soixante-onze ans (V. Chastellain, ch. LXXXIX, et du Clercq, liv. V, ch. LXIV), entre 9 et 10 heures du soir, d'après M. Gachard, qui a publié sur cette mort et sur ce qui se passa les jours suivants une note fort intéressante, tirée du *Registre de la Collace de Gand* (Edit. Barante, appendice au t. II, p. 703). Antoine de Bourgogne, aussitôt averti, quitta la cour d'Angleterre le 24 juin avec les seigneurs qui l'y avaient accompagné (Wavrin, t. II, p. 343).

1. « Extime. »

est, car il mourut tout liberal et tout riche, et trespassa de ce siecle le quinziesme jour de juing de l'an mil quatre cens soixante sept.

Et le bastard de Bourgoingne print congié du Roy d'Angleterre, de la Royne et des dames moult piteusement. Et furent ses provisions perdues; et rompit le propoz du festiement et s'en revint à Bruges, où il trouva le conte de Charrolois, que l'on appeloit duc de Bourgoingne, lequel luy fit grant chiere. Et d'ores en avant quant je parleray dudit conte, je l'appelleray duc de Bourgoingne, comme c'est raison.

Et fut le corps de ce noble prince porté solempnellement à grand dueil, souspirs et larmes en l'eglise de Sainct Donat, audit Bruges[1], où il reposa et fut

1. Jacques du Clercq et Paradin, d'après lui, ont décrit les funérailles du duc Philippe, ainsi que Chastellain. Mais la description la plus complète de ces obsèques à Bruges, les 21 et 22 juin 1467, se trouve dans un ms. des Archives de la Côte-d'Or, B 310, qui est sans doute l'œuvre d'un des secrétaires de la maison ducale, et a été écrit peu après la cérémonie. Il a été publié par M. Ernest Lory dans les *Mémoires de la Commission des antiquités de la Côte-d'Or,* t. VII, p. 215 et suiv. — La dépense faite pour ces funérailles à Bruges s'éleva à 13,032 liv. 6 sous, y compris le deuil de Mlles de Bourgogne et de Bourbon et des personnes attachées à l'hôtel de Marie de Bourgogne (Archives du Nord, compte de la recette générale pour 1467). — A la fin du mois de juin, la ville de Bruges fit célébrer pour le repos de l'âme du défunt un service qui coûta 21 liv. 12 sols de gros de Flandres (Compte de la ville, de 1467, fol. 55 v°).

D'après le ms. précité, le cœur de Philippe le Bon avait été séparé du corps et déposé à Saint-Donat « en une fosse emprès le grant autel du cousté de l'Evangile pour y demourer perpétuellement. » Il ne fut pas, comme on l'a dit, porté à Paris en 1473 et enseveli au couvent des Célestins, mais resta à Saint-Donat, où il était encore en 1784, ainsi que le constate le procès-verbal du dépôt du cœur de Marguerite d'Autriche dans cette

gardé jusques on le mena en Bourgoingne[1] pour estre sepulturé ès Chartreux de Dijon avec ses predecesseurs[2].

Les preparations furent faictes pour mener le corps du duc Philippe en Bourgoingne[3] et aussi le corps de madame Ysabel de Portugal, duchesse de Bourgoingne, laquelle, après son trespas[4], gisoit à Gormault[5]. Et fut la preparation du duc[6] moult bien ordonnée et faicte, les chevaulx du chariot couverts de velours, et pennons, bannieres et cottes d'armes estoient bien ordonnez. Le corps gisoit en son chariot, et par dessus avoit ung pasle eslevé, et après venoit le corps de madame de Bourgoingne en son chariot, les chevaulx couverts de velours, et sembloit bien que leans gisoit le corps d'une grant dame et de noble recommandacion. Le duc, leur filz, estoit desjà en Bourgoingne et en sa ville de Dijon, et conduysoient les corps dessusditz le seigneur de Ravestain et messire Jaques de Sainct Pol[7], et ne me puis pas-

église. Malheureusement, on ignore ce qu'il est devenu lors de la démolition de la cathédrale Saint-Donat en 1791.

1. En 1474.
2. Dix mots omis dans les éditions précédentes.
3. Treize mots également omis dans ces éditions.
4. Morte le 17 décembre 1472.
5. « Gonnaut. »
6. Charles le Téméraire, qui avait déjà déterminé lui-même le cérémonial des obsèques à Bruges et pris à sa charge les frais de tous les vêtements de deuil de ses officiers et de ceux de la duchesse, ordonna aussi lui-même la pompe du transport des deux cercueils en Bourgogne (V. ses instructions à cet égard dans le ms. n° 3392 de la Bibl. impériale de Vienne).
7. Jacques de Luxembourg, seigneur de Richebourg, frère du connétable de Saint-Pol.

ser de deviser comment iceulx deux nobles corps entrarent à Dijon, et la maniere¹.

Et pour monstrer et donner à entendre les serimonies et les pompes qui furent tenues à icelluy enterrement, et mesme à celle entrée de Dijon, mondit seigneur voulut que l'on fit honneur à la nacion de Bourgoingne; et premierement marchoit le seigneur d'Irelain², qui portoit le penon armoyé des armes du duc, et puis venoient les deux freres de Thoulongeon, qui menoient le cheval, couvert des plaines armes du duc, et puis venoit le seigneur de Ray³, qui portoit l'espée du duc; et après venoit à costiere l'ung de l'aultre le seigneur de Givry, qui estoit de Vienne⁴, portant l'escu des armes du duc; et emprès luy marchoit messire Guillaume, seigneur de Vergy, et portoit le heaulme et le timbre du duc; et puis venoient messire Charles de Challon, nepveur du prince d'Oranges⁵, qui portoit la banniere; et après venoit le roy d'armes de la Thoison d'or, vestu de sa cotte

1. Le mardi 8 février 1473 (v. st.), plusieurs jours après la solennelle entrée du duc dans sa capitale et sa prise de possession du duché (Voy. Courtépée, *Description du duché de Bourgogne,* 2ᵉ édit., t. I, p. 195); la date du 28 donnée dans D. Plancher (t. IV, preuves, p. cccxxxii) est erronée.
2. Guillaume de la Baume, seigneur d'Irlains.
3. Antoine, seigneur de Ray, Seveux, etc., etc.
4. Girard de Longvy, seigneur de Givry-sur-le-Doubs, fils de Jean de Longvy et de Jeanne de Vienne, dernière héritière de la branche des seigneurs de Pagny.
5. Charles de Chalon, seigneur de Vitteaux et de Pierre-Pertuis, puis comte de Joigny à la mort de Louis de la Trémouille, son oncle maternel. Il était cousin-germain de Guillaume VII, alors prince d'Orange, Louis, père de ce dernier et propre oncle de Charles, étant mort en décembre 1463.

d'armes, et portoit la cotte d'armes du duc desployée entre ses deux mains. Et puis venoit le duc Charles[1] à tout son habillement de dueil, et le suyvoient les grans de son sang qui estoient ordonnez pour faire le dueil avecques luy; et puis si grant nombre de chevaliers, escuyers et nobles hommes, que c'estoit belle chose à les veoir. Les eglises alloient devant par ordre. Les chevalliers de l'ordre, qui ne portarent point le dueil, estoient tous à pied, adextrans le chariot et tenans le palle[2] couchant, et le palle eslevé fut soubstenu par quatre des plus grans du pays de Bourgoingne, et n'ay point de souvenance pour les nommer; et après venoit le corps de madame en son chariot, et estoit adextré de huit ou de dix personnaiges des plus nobles du pays. Et ainsi et en telle maniere furent ces deux nobles corps menez à Dijon, et reposarent celle nuyt en la chappelle de l'ordre, et toute nuyt y eust grant luminaire, grans prieres et grans oraisons. Et le lendemain[3], en le mesme estat et triumphe, furent les deux nobles corps menez ès Chartreux de Dijon et logez en leur sepulture[4]; et là fut fait grant et notable

1. Charles le Téméraire, dont M. de Barante a contesté la présence aux funérailles de son père à Bruges, au moins lors du transport du corps à Saint-Donat, assistait réellement à cette première partie des obsèques, ainsi que l'établit le ms. précité des Archives de la Côte-d'Or. Il assista également à l'entrée des deux cercueils à Dijon, et les accompagna jusqu'à la maison des Chartreux.

2. « Poisle. »

3. Le 14 février, d'après Courtépée, p. 196.

4. La sépulture de Philippe le Bon et d'Isabelle de Portugal devait être placée dans l'église des Chartreux de Dijon, fondée en 1383 par Philippe le Hardi, et où se trouvaient déjà les tombeaux de ce prince et de Jean sans Peur, son fils. — D'après

service, et, après le service faict, s'en retourna le duc en sa maison ainsi qu'il estoit venu, excepté des deux corps qui demourarent en leur sepulture[1], et je prie Dieu qu'il en vuille avoir les ames en son sainct paradis.

André Favyn (*Théâtre d'honneur et de chevalerie*, p. 938), Philippe y fut déposé, avec ses trois femmes, « en un grand sépulcre de marbre noir, sans effigie dessus, et deuil à l'entour, n'estant parachevé; de sorte qu'aux festes solennelles les Chartreux couvrent ledit tombeau d'un grand poile de drap d'or frigé, aux armes du duc. » C'était probablement le *poile couchant* dont parle Olivier de la Marche. Ph. de la Mare prétend avoir vu ce drap, dont les Chartreux firent plus tard un parement d'autel. — Quant au mausolée lui-même, Philippe le Bon, qui avait déclaré vouloir être inhumé en ce lieu auprès de son père et de son aïeul, avait acheté le marbre destiné à construire le sarcophage et remis au prieur des Chartreux une grosse somme d'argent pour la façon. Mais Charles le Téméraire le laissa inachevé.

1. Ils y demeurèrent jusqu'à la Révolution qui en dispersa la poussière. Des recherches faites par la Commission des antiquités de la Côte-d'Or en 1841 ont établi qu'il ne subsistait aucun vestige des dépouilles mortelles de Philippe le Bon ni d'Isabelle.

LIVRE SECOND

CHAPITRE PREMIER.

Comment le duc Charles de Bourgongne, par avant comte de Charolois, ayant succedé au bon duc Philippe de Bourgongne, son pere, ala de rechef contre les Liegeois; et comment nouvelle querelle s'emeut entre le Roy Louis et luy, tant pour les partialités d'Angleterre que pour les viles de la riviere de Somme.

Vous avez bien entendu comment je me partiz de monseigneur le bastard de Bourgoingne, pour aller faire ce qu'il m'estoit commandé, et comment en[1] chemin je fus adverty de la mort de monseigneur le duc Philippe, mon seigneur et mon prince, qui me furent piteuses nouvelles. Touteffois je passay en Bretaigne, pour ce que ma charge estoit et du pere et du filz; et quant je vins en Bretaigne je trouvay que le duc se trouvoit[2] moult troublé de la mort du duc Philippe, et avoit fait preparer ung service et ung obseque, le plus beau que je veiz oncques; car il y avoit quatorze prelatz revestuz, et toute la nef de l'eglise estoit toute parée de soye et de boucran aux armes de monsei-

---

1. « Commandé en Bretaigne. Sur mon..... »
2. « Monstroit. »

gneur de Bourgoingne, et non pas armes actaichées à espingles, mais couchées et moslées, comme l'on fait les cottes d'armes. Les cierges et les luminaires furent grans et plantureux ; cinquante povres y eust, qui portoient cinquante torches ; et ne voulut souffrir le duc que nulz des seigneurs de Bretaigne, combien qu'il y en avoit assez qui estoient partiz de Flandres, portassent le deuil avecques luy ; et disoit qu'il ne sçavoit nul en sa duchié qui fust souffisant pour porter le deuil de si hault prince. Et ainsi porta le deuil tout seul ; et, au partir du service, je l'alay marcier de l'honneur qu'il avoit fait à la maison de Bourgoingne ; et il me respondit qu'il le debvoit bien faire. Et ainsi se passa icelluy service ; et exploictay ma charge le plus tost que je peuz, et puis repassay la mer, et m'en revins devers mon maistre.

Quant les Liegeois, ennemis de leur bonne fortune, entendirent que ceste seignorie estoit changée de pere en filz, et que le duc qui si bien les avoit chastiez estoit mort, ils voulurent esprouver et assayer se leur fortune ne seroit pas meilleure à l'encontre du filz que du père ; et, pour commancer leur malheur, ilz reprindrent la ville de Saintron[1] sur le duc de Bourgoingne, laquelle ville, par les traictez passez, le duc de Bourgoingne avoit retenu en ses mains, pour faire barriere entre Liege et ses pays. Et disoient iceulx Liegeois : « Pourquoy ne reprandrons nous Saintron, « qui est une des filles de Liege ? » Et le duc Charles de Bourgoingne ne se voulut point contenter d'icelle prinse[2], mais à son commancement voulut bien

---

1. Lisez : *Saint-Trond*, et de même plus loin.
2. Ce furent le meurtre de Jean Carpentier, la prise de la ville

monstrer aux Liegeois qu'il estoit homme pour garder le sien; et fit prestement une grosse armée[1], et manda par le mareschal de Bourgoingne les Bourguignons; et prestement se mist aux champs, à grant puissance d'archiers et hommes d'armes; et, par une advant veille de Toussainctz[2], se vint loger devant Saintron, du cousté de Habsvaing, et trouva dedans Saintron, pour cappitaine, messire Regnault de Rouveray, dont j'ay parlé cy dessus, lequel messire Regnault se conduisit, en ce qu'il avoit de charge, saigement et honnorablement, gardant sa leaulté et son party. Le duc de Bourgoingne se logea celle nuict devant Saintron, comme dit est; et, en verité, son logis estoit si profond et si mol, qu'à peine pouvoit on aller de logis à aultre; et celle nuict le noble duc ne dormit pas tousjours, mais mist par escript les ordon-

---

d'Huy par les Liégeois et la fuite de leur évêque qui déterminèrent Charles le Téméraire à porter la guerre dans le pays de Liège.

1. M. Gachard a publié (édit. Barante, t. II, appendice, p. 704 et suiv.) la liste des chevaliers, écuyers et autres, qui commandaient les gens d'armes dans cette expédition et dans celle de l'année suivante. En 1467, l'armée bourguignonne comptait 2,350 lances et le total des payes était de 9,830; il fut de 12,403 en 1468. Voy. aussi dans D. Plancher, t. IV, preuves, p. ccliii et ccliv, deux mandements adressés par Charles le Téméraire pour la levée des troupes destinées à la guerre de Liège et pour la mise en état de défense des places fortes, en date à Bruxelles des 18 (Archives de la Côte-d'Or, B 11721) et 29 septembre 1467.
— Le duc n'avait pas non plus négligé la pompe militaire. V. Archives du Nord, compte de la recette générale des finances pour l'année 1467.

2. L'armée bourguignonne prit position devant Saint-Trond le 27 octobre, et la bataille fut livrée le lendemain (Gachard sur Barante, t. II, p. 293, note 2).

nances de ses batailles et fit faire bon guet et bonnes escouttes ; car les Liegeois ont une maniere de parler, qu'ilz tiennent que nul ne passe le Habsvaing[1] qu'il ne soit combatu le lendemain ; et bien le monstrerent, car le lendemain assez matin ilz vindrent gaigner le villaige de Brustan[2], au plus près du duc de Bourgoingne, à grosse compaignie et[3] puissance de Liegeois ; et les conduisoit ung chevalier de Liege nommé messire Bare[4] ; et tantost les compaignies du duc de Bourgoingne se misrent aux champs ; et me souvient que le duc de Bourgoingne monta sur ung courtault et s'en alla devant ses compaignies, et portoit son ordonnance par escript en ses mains, et mist ses gens d'armes en ordre et en bataille[5], ainsi qu'il avoit consulté la nuyt devant ; et monseigneur de Roussi, filz du connestable de France, et le mareschal de Bourgoingne admenerent les Bourguignons à moult bel ordre, pour donner et ferir à leur bout et à leur endroit de la bataille des Liegeois. Le duc de Bourgoingne se arma et furent ordonnez vingt chevaliers, dont je fus l'ung, pour avoir le regard sur sa personne ; et maintenant

1. La Hesbaye.
2. Brusthem ou Brunstein.
3. Deux mots omis dans les éditions précédentes.
4. Barre ou Baré de Surlet, bourgmestre de la cité de Liége et capitaine des Liégeois, qui fut tué au combat du 28 octobre. (Voy. *infra* et aussi Wavrin, t. II, p. 359.) Il n'était pas seul à la tête de l'armée liégeoise qui comptait 25,000 combattants. Raes de Heers, Jean de Wildt, Jean del Bouverie et Eustache de Streel la commandaient avec lui.
5. Le duc affectait d'être seul « capitaine de ses gens. » V. *supra* l'Introduction aux *Mémoires*. Commines (*Mémoires*, t. I, p. 127, édit. Dupont) dit que ce fut la seule fois qu'il vit Charles « donner bon ordre de soi. »

commença la bataille fiere et bien combatue ; et furent envoyez pour renfort, en ladicte bataille, les archiers du seigneur d'Escordes et du seigneur d'Emeryes, où il avoit une grosse bende d'archiers, et vous certifie, à combatre icelle bataille. Le duc de Bourgoingne eust tousjours douze cens hommes d'armes qui ne se bougarent, mais regardoient la bataille combatre devant eulx ; car le duc de Bourgoingne estoit adverti que le Roy de France envoyoit une grosse bande d'hommes d'armes pour rompre l'emprinse du duc ; mais le duc y avoit bien pourveu. La bataille ne dura pas longuement, car les archiers bourguignons estoient embastonnez de grandes espées, par l'ordonnance que leur avoit fait le duc de Bourgoingne ; et, après le trait passé, ils donnoient si grans coupz de celles espées qu'ilz coppoient ung homme par le faulx du corps, et ung bras et une cuisse, selon que le cop donnoit ; et se misrent les Liegeois, qui ne peurent la puissance des archiers soubstenir, à fuyr et à eulx saulver qui mieulx mieulx ; et ne trouvarent garand sinon en la nuiyt[1], qui fut tantost obscure ; et le duc de Bourgoingne vouloit aller après passer la nuyt et poursuyr la chasse ; mais ceulx qui l'avoient en charge ne le souffrirent pas, pour les dangiers qui en pouvoient advenir. Là fut occis messire Barr, liegeois, et maintz aultres chevaliers[2] liegeois[3] ; et eust le duc de Bourgoingne une belle adven-

1. « En la noire nuict. »
2. Un mot omis dans les éditions précédentes.
3. Eustache de Streel, un bâtard de l'évêque Heinsberg et trois des chanoines qui accompagnaient l'étendard de saint Lambert restèrent sur le champ de bataille avec Barré, 2,000 Liégeois et 106 bouches à feu. Les Bourguignons ne perdirent que 20 à 25 hommes (Voy. la lettre du duc aux magistrats d'Ypres et celles

ture pour son premier avancement et avenement d'estre
duc; et avoit laissé le duc le conte de Marle [1] et sa
compaignie devant Saintron, pour garder la saillye des
ennemis, et se logea chascun qui mieulx mieulx, en
grant joye de la bonne adventure; et furent gens
envoyez celle mesme nuyt parlementer à messire
Regnault; mais ledit messire Regnault ne respondit
oncques mot, et ne fit point de semblant d'avoir veu
la bataille perdue pour eulx. Plusieurs Liegeois furent
tuez devant Saintron, les ungs de cop à pouldre et les
aultres autrement; mais leurs parens boutoient les
corps par pieces et les boutoient en thonneaulx de
chaulx, en intencion de les mener prendre sepulture
avecque leurs ancesseurs; et certes ilz monstroient un
merveilleux couraige; et, fin de compte, messire Regnault
de Rouveray tint le duc et son armée trois jours avant
qu'il voulust parlementer; et durant ce temps tua des
gens au duc par traict à pouldre et aultrement; et
mesmes y fut tué ung de ceulx de Velu, moult honneste gentilhomme. A fin de compte, messire Regnault
parlemanta et fit ung traictié honneste pour lui et ses
compaignons liegeois [2]; et par ce moyen fut la ville de
Saintron remise ès mains du duc de Bourgoingne [3], et

de Louis van den Rive et de Jean de Hallewyn, dans Gachard,
Collection de documents inédits, t. II, p. 168-172).

1. Jean de Luxembourg, comte de Marle et de Soissons.

2. V. Theodorici Pauli, *De cladibus Leodiensium*, dans les *Documents relatifs aux troubles du pays de Liège*, publiés par Mgr de
Ram, p. 197.

3. Voyez les conditions du traité (1er novembre 1467) dans
Barante, édit. Gachard, t. II, p. 294, note 2, et, p. 296, note 3,
celles de la sentence rendue par le duc contre les Liégeois
le lendemain de son entrée dans leur ville. Voy. aussi *Collection
de documents inédits*, t. II, p. 420-488.

s'en alla messire Regnault à Liege, à son grant honneur ; et monstra bien qu'il estoit chevalier de grant sens et de grant vertu ; et le duc de Bourgoingne marcha avant et son armée ; et vint devant Liege et tellement y exploicta que les Liegeois luy criarent mercy de rechief et abatirent leurs portes et leurs murailles ; et ainsi furent les murailles de Liege abatues et rasées, et le duc s'en retourna en son pays après celle victoire [1]. Et nous tairons à present des guerres de Liege pour deviser de ce qui advint despuis.

En ce temps [2], vint aucung discord entre le Roy Edouart d'Angleterre et le duc de Clairance [3], son frere ; et se doubtoit le Roy d'Angleterre de luy, pour ce qu'il estoit beau prince, fort aymé du royaulme, porté et soubstenu du conte de Warwich, dont il avoit espousé la fille [4] ; et en estoit le Roy d'Angleterre en grant deffidence, et si grande que la guerre se meust entre eulx. Mais le Roy d'Angleterre se trouva le plus fort, et fut force au duc de Clairence et au conte de Warvich de vuyder le royaulme d'Angleterre ; et par

1. Le duc entra dans la ville le 17 novembre 1467. V. son mandement pour faire retirer les troupes levées en Bourgogne, et les ordonnances prescrivant des prières et des réjouissances publiques après la soumission de Liège en date des 14 et 24 novembre 1467 (Dom Plancher, t. IV, preuves, p. CCLVI et CCLVII, et Archives de la Côte-d'Or, B 11942, n°s 264 et 265). Charles quitta Liège le 28 novembre, alla à Huy, puis le 9 décembre fit un pèlerinage à Saint-Hubert et gagna ensuite Bruxelles où il rentra la veille de Noël.

2. Trois ans plus tard. La Marche anticipe beaucoup ici sur l'ordre des faits.

3. Georges d'Yorck, duc de Clarence.

4. Isabelle de Nevil, fille de Richard, comte de Warwick, mariée en 1469.

une nuict traversarent la mer et tirarent en France devers le Roy Loys, qui les receut amyablement, bien joyeulx de ce qu'ilz estoient venuz à gairand devers luy et en son royaulme[1]. Cestuy conte de Warvich fut homme saige et subtil en ses affaires, et entretint la cité de Londres et le royaulme d'Angleterre par trois voyes. La premiere par capperonnées[2] et par humilité fainte au peuple de Londres, dont il estoit moult aymé. Secondement il estoit maistre des cinq portz d'Angleterre, où il souffroit grans pillaiges[3] faire; et jamais de son temps on ne fit droit en Angleterre à aucung estrangier de perte qu'il lui fust faicte; parquoy il estoit aymé par les pillars d'Angleterre qu'il vouloit bien entretenir. Et tiercement il entretint la ville de Londres par tousjours y debvoir trois ou quatre cens mil escuz à diverses gens et à diverses parties; et ceulx à qui il debvoit desiroient sa vie et sa prosperité, affin d'estre une fois payés de leur deu. Et en ce temps firent le Roy d'Angleterre et le duc de Bourgoingne une grosse armée par mer, dont fut chief pour les Angloix le seigneur d'Escailles[4], et pour le duc de Bourgoingne le seigneur de la Vere, conte de Grand Prel[5], lequel estoit moult experimenté en la mer. Et certes le duc de Bourgoingne fit son armée par mer sy grande et sy puissante de gens et de navieres, que c'estoit moult fiere chose à veoir. Et tira ceste armée à la Hogue Sainct Vas en Normandie, pour ce que les navieres du

1. Avril 1470.
2. Flatteries.
3. « Grand dommage. »
4. Antoine Woodwill, déjà nommé.
5. Henri de Borselle, seigneur de la Vère et comte de Grand-pré, qui mourut l'année suivante.

duc de Clairance et du conte de Warvich s'y estoient retirez¹; et estoit l'intencion du duc de Bourgoingne de leur destourber leur retour en Angleterre. Le Roy Edouart et le duc de Bourgoingne se conclurent ensemble de retirer celle armée ; et ainsi fut icelle armée rompue pour celle saison, et deppuis le Roy d'Angleterre trouva maniere de r'avoir son frere, et le fit mourir en ung baing, comme l'on disoit ; et au regard du conte de Warvich, il demoura en France assez longuement², et jusques ad ce qu'il descendit avecques la Royne Marguerite, fille du Roy de Cecile, et avecques son filz, qui se disoit prince de Galles. Mais le Roy Edouart les desconfit en bataille³, et là mourut le conte de Warvich, le prince de Galles et le duc de Sombresset⁴, et plusieurs aultres grans personnaiges ; et ainsi fut celle guerre achevée et le Roy Edouart asseuré tant du prince de Galles que du duc de Clairence, et de ses aultres principaulx ennemis.

En ce temps le Roy de France, par moyen, et principalement par le moyen du connestable de France⁵,

---

1. Le 24 avril 1470, Charles le Téméraire écrivait au bailli de Lombardzyde que le comte de Warwick, se voyant refuser l'entrée du port de Calais par Wenloch, son lieutenant, s'était retiré dans les Dunes d'où il menaçait les navires flamands (Archives générales de Belgique; Kirk, t. II, p. 303).

2. Il quitta la France le 13 septembre 1470.

3. Bataille de Barnet, livrée le jour de Pâques 1471 (V. Wavrin, appendice, t. III, p. 289, et, aux Pièces justificatives du même ouvrage, t. III, p. 210, la lettre adressée par Marguerite d'York, duchesse de Bourgogne, à Isabelle de Portugal, duchesse douairière, en avril 1471, sur la défaite du comte de Warwick).

4. Ces deux derniers après la bataille de Tewksbury (4 mai 1471).

5. Le connétable de Saint-Pol et le grand maître Antoine de Chabannes, comte de Dammartin.

fit tant que les villes d'Amyens et de Sainct Quantin se misrent en l'obeissance du Roy[1], et habandonnarent le duc de Bourgoingne, combien qu'elles fussent des terres enclavées soubz le traicté d'Arras ; et prestement que le duc de Bourgoingne en fut adverty, luy, comme prince couraigeux et de vertu, fit une grosse armée[2] et se vint loger devant Amiens ; et se logea de sa personne à Sainct Acheu, et fortiffia son camp tellement qu'il estoit perilleux à y entrer[3] ; et le connestable de France, à tout quinze cens hommes d'armes des ordonnances, se bouta à Amiens. Et ainsi se commença la guerre de tous costez et de toutes pars. Le duc de Bourgoingne, qui faisoit tirer son artillerie contre

1. Louis XI fit sommer le sire de Crèvecœur, bailli d'Amiens, de lui rendre cette ville ; mais Crèvecœur refusa. Le 6 janvier 1471 (n. st.), les Français entrèrent sans coup férir dans Saint-Quentin, dont les habitants crièrent : « Noël! » et, le 2 février, ceux d'Amiens chassèrent Crèvecœur pour offrir leurs clefs à Dammartin (Wavrin, t. III, p. 52 et suiv., 61 et suiv.).

2. Le duc avait réuni 4,000 lances garnies, 1,400 chariots d'artillerie et de munitions, et attendait encore 1,400 lances de Bourgogne et 400 du Brabant. Il était à Doullens au moment où il apprit la reddition des deux places ; il se rendit aussitôt à Bapaume, puis à Arras, et quitta, le 13 février 1471, son parc d'artillerie formé près de Wailly, à une lieue et demie de cette ville, pour gagner les bords de la Somme, afin de se loger à Contay, distant d'environ quatre lieues d'Amiens, où son armée, grossie de différents renforts, atteignit le chiffre de plus de 50,000 hommes (Wavrin, t. III, p. 65).

3. V. dans Dom Plancher (t. IV, preuves, p. cccIII) la lettre de Mazilles à Pierre Bonféal, du 19 avril 1471, sur le siège d'Amiens. V. aussi Commines (*Mémoires,* liv. III, ch. III), et la lettre de Jean de Molesmes à la Chambre des comptes de Dijon, datée du camp devant Amiens le 25 mars 1471 (Barante, édit. Gachard, t. II, p. 371, note 2). L'original de cette lettre est aux Archives de la Côte-d'Or, B 11942, n° 267.

Amiens[1], deffendit expressement que l'on ne tirast point contre l'eglise, ce qui fut bien gardé ; et tint tout une quaresme le duc de Bourgoingne iceluy logis ; et là furent faictes plusieurs armes de nobles hommes d'ung costé et d'aultre. Le seigneur de Molembais, messire Baudouyn de Lannoy, fit armes à l'encontre du seigneur de Sainct Symon[2], de certaing nombre de courses de lances à fers esmoluz, lesquelles armes furent bien accomplies. Messire Claude de Vauldrey fit armes à l'encontre du Cadat de Bueil, et estoient d'une course de lance, et puis combatre d'espées tranchantes et aiguës ; et advint, en icelles armes faisant, que, la course de la lance passée, ilz misrent les mains aux espées et se coururent sus fierement et vigoureusement ; mais, ainsi que la fortune maine les choses, messire Claude de Vauldrey attaindit de la pointe de l'espée ledit Cadat et luy persa le bras ; et ainsi furent icelles armes accomplies. Et tousjours se continuoit le siege, et advint ung jour que les François estoient allés jouer dehors Amiens en intencion de revenir le soir, et ce jour le duc de Bourgoingne faisoit ses reveues ; et les François, cuydans rentrer paisiblement en la ville d'Amiens, rencontrarent des gens du duc, et en y eust des prins et des tuez ; et cuydarent les gens du duc gaigner une porte sur les François, mais elle leur fut bien deffendue, et là fut blessé d'une flesche au visaige messire Philippe de Crouy, seigneur de

---

1. Le duc écrivait le 22 mars aux échevins de Malines qu'il était devant Amiens, *non par forme de siège*, mais seulement dans l'espoir de combattre le roi de France (Gachard sur Barante, t. II, p. 371, note 1 ; v. aussi Wavrin, *op. cit.*, t. III, p. 80).

2. Jean II de Rouvroy, seigneur de Saint-Simon.

Sainct Py[1], et filz du conte de Chimay, qui moult bien se porta à l'assault d'icelle porte. Et ainsi se passa icelle journée, et retournarent chascun en son logis; et le Roy de France faisoit practicquer unes tresves pour celle saison, et quant le duc de Bourgoingne entendit l'intencion du Roy, il envoya devers luy ung sien grant paige nommé Symon de Quinjay, lequel alla tant et vint d'une part et d'aultre, que icelles tresves furent accordées, publiées et cryées tant en l'ost du duc de Bourgoingne comme à Amyens[2]. Et ainsi se rompit celle armée pour celle fois, et le duc de Bourgoingne vint faire ses pasques à Corbie[3]; et là luy vindrent nouvelles de la mort du conte de Warvich, dont les François furent troublez et les Bourguignons resjouys[4], car il nous estoit grant ennemy. Et en ce temps[5] fut

1. Sempy. La Marche fait ici confusion entre Philippe de Croy, fils aîné de Jean, premier comte de Chimay, lequel ne prit jamais d'autre titre, du vivant de son père, que celui de baron de Quiévrain, et son frère Michel, dit *à la Grande Barbe,* seigneur de Sempy, chevalier de la Toison d'or en 1501.

2. Une trêve de trois mois fut conclue le 4 avril 1471 entre Charles le Téméraire et Louis XI. Elle fut publiée le 10 du même mois par Charles dans son camp devant Amiens (Dom Plancher, t. IV, preuves, p. cccii). V. aussi les *Mémoires* de Commines, liv. III, ch. III, et les *Cronicques d'Engleterre,* t. III, p. 81 et suiv.

3. Le 14 avril 1471, jour de Pâques, le duc assista à l'office célébré par l'abbé de Corbie qu'il fit dîner avec lui. Il séjourna à Corbie jusqu'au 18 du même mois et alla ce jour coucher à Doullens.

4. Le 12 juin, la duchesse de Bourgogne, Marguerite d'York, qui était à Gand avec sa belle-fille Marie, y fit faire un grand feu de réjouissance pour célébrer la victoire du roi d'Angleterre, son frère. Le duc était alors à Doullens.

5. Olivier de la Marche ne suit pas ici rigoureusement l'ordre chronologique. Édouard IV ne fit une descente en France qu'en 1475. Débarqué à Calais le 5 juillet, il y fut rejoint par le duc le

practicqué la descente du Roy d'Angleterre en France;
et passa la mer le Roy d'Angleterre, bien accompaigné;
et descendit en France et marcha jusques oultre la
riviere de Somme; mais il n'y aresta guieres, car le
Roy de France practicqua les Angloix si soubtivement
et par telle maniere que, moyennant trante six mil
escuz que debvoit payer chascun an le Roy de France
au Roy d'Angleterre, il fut contant de s'en retourner;
et ainsi fut celle descente abolie et mise à neant.

En ce temps le duc de Bourgoingne mit sus douze
cens lances[1]; et fusmes envoyez, messire Jaques de
Montmartin, le bastard de la Viesville, cappitaine des
archiers, et moy, pour passer les reveues des hommes
d'armes et archiers qui se presenteroient en icelles
ordonnances; et en trouvasmes assez et largement, et
de gens de bien, qui furent retenuz et passez; et me
fit le duc cest honneur qu'il me fit cappitaine de la
premiere compaignie d'icelles ordonnances; et pour
la seurté de la ville d'Abbeville, que le seigneur d'Escordes avoit nouvellement conquise, il ordonna trois
cens hommes d'armes, et entrarent en celle ville à sçavoir le bailli de Sainct Quentin, messire Jaques, seigneur de Harchies, et moy; et pour vous donner à

---

14 du même mois (Barante, t. II, p. 470 et 471; Lenglet, édit.
Commines, t. II, p. 217), conclut un traité avec lui le 27 (Rymer,
t. V, part. III, p. 43), l'accompagna à Péronne (Commines, liv. IV,
ch. VI; Thomas Basin, liv. IV, ch. XVI, édit. Quicherat, p. 357)
et établit son camp sur la Somme, près de Saint-Christ (Rymer,
t. XII, p. 14). Il conclut avec Louis XI une trêve de sept ans
(Thomas Basin, loc. cit., p. 359; Commines, liv. IV, ch. VIII;
Rymer, t. V, part. III, p. 65-68) et s'engagea à se retirer quand
le roi de France lui aurait payé 75,000 écus.

1. 1470. V. *supra*, t. Ier, p. 131, à la note.

entendre, chascung homme d'armes et chascune lance d'ycelles ordonnances estoient huit combatans ; à sçavoir l'homme d'armes, le coustillier à cheval, deux archiers, deux couleuvriniers et deux picquenaires à pied ; et faisoit les compaignies moult beau veoir. Et ainsi fusmes nous logiez en Abbeville où nous entretinsmes noz gens en si bonne ordre et en telle discipline de guerre que nous eusmes plus d'honneur que de honte ; et en ce temps nous courusmes le pays de Vimeu et rammenasmes grant butin en la ville ; et mesmement nous courusmes Gamaches et Loupy et prinsmes le seigneur de Loupy et ses enffans prisonniers. Et au regard de Gamaches, elle fut pillée et bruslée[1], pour ce que le mareschal Joachin Rouault s'estoit bouté à Beauvais contre monseigneur de Bourgoingne, qui mist le siege devant Beauvais, comme vous orrez.

En ce temps[2] se traictoit le mariaige de monseigneur de Bourgoingne et de madame Marguerite d'Yorc ; et pour ce faire furent longuement à Bruges, et devers le duc, ung evesque d'Angleterre nommé l'evesque de Salsbery[3], et Thomas Vagant[4], ung gentilhomme serviteur du Roy d'Angleterre, né de la nacion de Galles,

1. V. les *Cronicques d'Engleterre,* appendice, t. III, p. 294. Olivier de la Marche y est cité comme l'auteur de la prise et de l'incendie de Gamaches. Commines fait remarquer à cet égard que, « pour le tems de lors, on n'avoit point accoustumé de mettre feu, ne d'un costé ne d'autre. » Mais les Bourguignons voulurent, en incendiant les villes qu'ils prenaient, se venger de ce que le connétable de France avait brûlé le château de Solre, appartenant à Baudouin de Lannoy.

2. Ces négociations remontaient à l'année 1464.

3. Richard Beauchamp, évêque de Salisbury, chancelier de l'ordre de la Jarretière.

4. Vaughan.

et très homme de bien; et tant traictarent iceulx embassadeurs que le mariaige fut faict et conclud, et se partirent pour retourner en Angleterre devers le Roy, pour faire leur rapport.

CHAPITRE II.

Comment le duc Charles de Bourgongne, ayant couru par Vermandois, assiegea Beauvais ; et comment le Roy, s'estant trop fié en luy à Peronne, fut contraint de l'acompaigner en armes contre les Liegeois, par avant ses aliés.

Et le duc de Bourgoingne, qui avoit faict douze cens lances[1], ordonna ses cappitaines et se mist aux champs[2]

---

1. Nouvelle allusion aux ordonnances des 29 juin et 31 juillet 1471, ou à celle du 13 novembre 1472, qui prescrivirent, les deux premières une levée de 1,250, la troisième une autre levée de 1,200 hommes d'armes, à l'instar des compagnies d'ordonnance du royaume. (Voy. La Barre, II, p. 285; Gollut, édit. de 1846, col. 1246 et suiv., et Gachard sur Barante, t. II, p. 367, note 3.) Le duc entendait suppléer par là au service ordinaire de l'arrière-ban qui laissait beaucoup à désirer. Au cours de cette même campagne de 1472, on trouve mention de lettres adressées aux baillis de Bourgogne et portant « qu'attendu que par cy devant l'on a fait crier que tous les vassaulx, feaulx et subgetz de monseigneur se meissent sus en armes le mieulx en point qu'ilz pourroient, ce qu'ilz n'ont point fait, que de rechief » ils fissent crier... « que lesdis feaulx, vassaulx et subgetz se meissent sus en point et en armes le plustost que faire se pourroit incontinant et à toute diligence sur penne de confiscacion de leurs terres et fiefz » (Archives de la Côte-d'Or, B 1770 *bis*, fol. 8; voy. aussi Barante, t. II, appendice, p. 707 et suiv.).

2. Le duc partit d'Arras le 4 juin 1472 et vint coucher à son camp près Bapaume.

et vint devant Roye et devant Neelle, où estoit Loïset de Balignen et aultres cappitaines françois ; et au regard de Roye, ledit Loïset et ses compaignons se partirent par traicté[1]. De Neelle, le duc la print legierement[2], et fit grant discipline de François[3] ; et ainsi fut ce quartier achevé et tourna le duc de Bourgoingne son armée sur Beauvais, et par ung matin vient assieger icelle ville ; mais les François furent diligens, et se boutarent audit Beauvais, à l'aultre cousté de la riviere, bien huit cens hommes d'armes et grant nombre de francz archiers. Et le duc de Bourgoingne par ung lundy[4] matin fit assaillir Beauvais, mais il n'y gaigna riens, et y perdit beaucop de ses gens ; et là mourut ung vaillant chevalier bourguignon, que l'on nommoit le seigneur d'Espiry, dont ce fut grant[5] dommaige ; car il estoit moult vaillant chevalier. Et le lendemain de l'assault, les François firent une emprinse et vindrent, sur un poinct du jour, donner sur l'ost du duc de

1. Roye se rendit au duc le 15 juin. Les capitaines français sortirent avec deux petits chevaux, sans habillement de guerre, et les archers en pourpoint blanc, le bâton à la main.
2. Le 12 juin 1472. Le château et les murailles de la ville furent démolis le lendemain.
3. « Ils furent pendus, dit Commines, sauf aucuns que les gens d'armes laissèrent courir par pitié ; un nombre assez grand eurent les poings coupés. Il me desplaît à dire cette cruauté ; mais j'estois sur le lieu » (Liv. III, ch. ix).
4. Mot omis dans les éditions précédentes. Lenglet, édit. de Commines, auquel nous empruntons toutes ces dates, dit que l'assaut fut donné à Beauvais le jeudi 9 juillet 1472.
5. Mot omis dans les éditions précédentes. — Commines fait aussi un grand éloge d'Amé de Rabutin, seigneur d'Épiry, tué devant Beauvais (V. *Histoire généalogique de la maison de Rabutin*, par le comte de Bussy, publiée par H. Beaune, p. 30, et Paradin, *Annales de Bourgogne*, liv. III).

Bourgoingne ; et là fut tué messire Jaques d'Orsan, maistre de l'artillerie, et plusieurs des Bourguignons et des Picars prins et tuez, avant que les compaignies fussent rassemblées ; et ainsi les François s'en retournarent à Beauvais, et le duc de Bourgoingne fit garder son camp plus près qu'il n'avoit faict par avant.

Et veant que l'on ne prouffiteroit riens devant Beauvais, le duc de Bourgoingne manda les trois cens lances qui estoient à Abbeville, et y mist messire Baudouyn de Lannoy et sa compaignie, lequel gaigna Sainct Wallery[1] ; mais il ne la tint pas longuement et fut conseillé de habandonner sa prinse ; et le duc de Bourgoingne marcha en pays[2] et entra en Normandie, gaigna le Neufchastel[3], et toutes les petites villes qui sont deçà Rouhan, et à diligence se tira devant Rouhan[4], où le connestable de France s'estoit bouté à plus de quatorze cens lances. Vivres estoient courtz au duc de Bourgoingne et tellement qu'ung petit pain y valoit trois patars[5], et ung pot de vin dix patars ; et ne mangeoient les povres gens que prusnes et fruictz, car c'estoit la saison ; dont la courance se print en l'ost et y moururent beaucop de noz gens ; et le duc de Bourgoingne le plus souvent se presentoit à la bataille à l'en-

---

1. V. *Cronicques d'Engleterre*, appendice, t. III, p. 294.

2. D'après Lenglet, le duc leva le siège de Beauvais le mercredi 22 juillet 1472.

3. Qui fut entièrement brûlé par le duc à son départ de Rouen.

4. Sept mots omis dans les éditions précédentes. — Le duc campa près la justice de Rouen le 30 août, et fit le lendemain sommer la ville de se rendre. V. *Cronicques d'Engleterre*, appendice, t. III, p. 296, où la famine de l'*ost* du duc est décrite dans des termes presque identiques à ceux dont se sert Olivier de la Marche.

5. Le patar valait 4 deniers.

constre du connestable de France ; dont les François se tenoient serrez en leur ville et n'estoient pas conseillez d'eulx adventurer. Et[1] ung marchant de Lille, nommé Gantois, envoya à monseigneur de Bourgoingne certain nombre de chariotz chargez de biscuyt et donna en peur don et byscuyt et le charroy, et fit icelluy biscuyt grant confort à l'ost. Et après avoir demouré douze jours devant Rouhan, le duc de Bourgoingne se conseilla, veu qu'il ne povoit finer la bataille, qu'il se retireroit ; ce qu'il fit à moult belle ordonnance, et retira contre Amyens[2]. Mais le connestable faisoit tousjours ses diligences et tellement qu'il se boutoit tousjours ès villes ; dont le duc de Bourgoingne pouvoit peu proffiter ; et, à l'aborder qu'il fit devant Amiens, il y eust une grande escarmouche d'une part et d'aultre et plusieurs gens mors, François et Bourguignons.

En ce temps estoit venu[3] devers le duc, Nicolas, filz du duc Jehan de Calabre[4], en intencion d'avoir madame Marie, fille du duc Charles, en mariaige ; et, pour dire le vray, il y eust des promesses faictes par l'ordonnance du duc Charles ; et certes il avoit une bonne escadre de gens d'armes, et bien en point, et accompaigna le duc de Bourgoingne en toute celle raze,

1. « Cependant. »
2. Selon Lenglet, Charles le Téméraire campa, le 3 septembre 1472, avec le duc de Calabre, à Saint-Martin le Blanc, du côté d'Eu, le 11 près de Blangy, le 14 à Framicourt et le 20 sur la montagne de Coppeguelle, d'où il donna l'ordre de brûler les villages d'en deçà la rivière, qu'il avait passée la veille, depuis son camp jusqu'aux portes d'Amiens.
3. Le duc de Calabre, d'après Lenglet, avait rejoint l'armée du duc de Bourgogne près Roye, le dimanche 21 juin 1472.
4. Le duc Jean était mort en 1470.

et mesmement devant Rouhan. Et après que le duc de Bourgoingne eust livré son escarmouche grosse et fiere devant Amyens, il se retira contre ses pays et fit ung gros logis à Falvy sur Somme[1], où il demeura assez longuement ; et pendant ce temps, par le moyen et enort[2] d'ung nommé Anthoine du Mont[3], qui estoit fort privé dudit filz de monseigneur de Calabre, icelluy deslibera de s'en retourner en ses pays, et demanda congié au duc de Bourgoingne ; et ne fut pas accordé du premier jour ; car le duc de Bourgoingne avoit des ymaginacions et mesmement des promesses faictes entre luy et sa fille ; et tellement practicqua que ledit fils de monseigneur de Calabre quicta toutes promesses à luy faictes par la fille du duc, et renouvellerent aultres alliances ; et ainsi se deppartirent[4], et le duc de Bourgoingne se tira à Peronne[5] et en ses pays, et ordonna

---

1. Le duc Charles campa le 16 octobre à Falvy, mais en partit le lendemain.
2. *Enort,* conseil.
3. « Du Monet. »
4. Le 2 novembre, Nicolas de Calabre partit et revint le 4 au camp de Beaurevoir, qu'il quitta le 5 pour retourner en Lorraine, après avoir renoncé par écrit à la promesse de mariage qui lui avait été faite au nom de Marie de Bourgogne. Celle-ci renonça également par écrit à la même promesse à Gand le jeudi 3 décembre suivant. Il y eut toutefois par la suite de nouvelles négociations à ce sujet, comme on le voit par deux lettres du duc Nicolas en date des 19 et 22 juin 1473, portant pouvoir et procuration pour traiter de son mariage et de ses épousailles avec Marie de Bourgogne. Voy. D. Plancher, t. IV, preuves, n° CCL, et la note à la suite indiquant qu'il fut passé outre jusqu'aux fiançailles, le mariage ayant été empêché par la mort du jeune prince arrivée au mois de juillet de la même année.
5. Charles le Téméraire, d'après Lenglet, était à Péronne le 20 novembre 1472, et en partit le 24.

ses douze cens lances par les frontieres ; et, de ma part, je fuz logiez à Roye et à Mondidier, et avoyt à chascun d'iceulx lieulx cinquante hommes d'armes, lesquelx le duc fit très bien payer et contenter, ensemble tout le seurplus des douze cens lances ; et ainsi se menoit la guerre guerroyable de toutes pars, et le duc de Bourgoingne retourna à Arras et manda ceulx de Hainnault, et assembla ses douze cens lances autour de luy; et puis remarcha en pays, querant tousjours la bataille contre le Roy de France ; mais le Roy ne monstroit voulenté de combatre. Le duc se tira à Lyons en Santais[1], et là fit un gros logis de gens d'armes et ung camp que l'on appella le camp d'honneur, et tousjours se presentoit pour la bataille ; mais il perdoit le temps, car nul n'estoit desliberé de combatre.

En ce temps[2] ung sommelier de corps du duc, nommé Jehan de Boschuse, fut mandé par le Roy de France et par le congié du duc y alla ; et tant parlementarent ensemble et fit ledit de Boschuse tant d'allées et de venues, que le duc asseura le Roy[3] ; et le

1. « Santers. » — Lenglet, *op. cit.*, dit que le duc de Bourgogne campa à Lihons le 25 septembre 1472 et se rendit le surlendemain 27 à Epagny-sur-Somme, où il resta. Les souvenirs d'Olivier de la Marche sur le camp d'honneur formé à Lihons ne sont-ils pas inexacts, et ne se confondent-ils pas ici avec ceux de l'année 1468 ? Au mois de septembre de cette dernière année, en effet, Charles s'arrêta pendant plusieurs jours à Lihons, du 22 septembre au 5 octobre, peu avant l'entrevue de Péronne que va précisément raconter La Marche.

2. En 1468. Olivier de la Marche, qui n'observe pas l'ordre chronologique dans son récit, revient ici sur ses pas. — Une édit. de Commines (Lenglet, 1706) donne le nom de Vobrisset au sommelier de corps envoyé par le duc au roi. Mais voir l'édit. Dupont, t. I, p. 150.

3. V. dans Dom Plancher (t. IV, preuves, p. CCLVIII) la lettre

Roy vint à Péronne[1] avecques le duc ; et en ce temps l'evesque de Liege[2], cousin germain et beau frere du duc, et le seigneur d'Imbercourt, messire Guy de Brimeu, lequel messire Guy estoit lieutenant dudit monseigneur le duc en toute la terre de Liege et comté de Los[3], tindrent ung parlement en la ville de Tongres ; et durant ce parlement aucungs Liegeois s'assemblarent et par nuict entrarent à Tongres[4] et prindrent l'evesque de Liege et le seigneur de Imbercourt ; et fut ledit seigneur de Imbercourt prisonnier au seigneur de Haultepanne[5] ; et ainsi traicta ledit de Imbercourt, que ledit de Haultepanne ne l'amena pas prisonnier ; mais il promit de se rendre prisonnier audit Haultepanne à certain jour qui fut limité entre eulx ; et au regard des Liegeois, ilz traitarent bien leur evesque ; mais ils gouvernoient et conduisoient ses affaires à leur plaisir et voulenté.

Et le Roy estant au chasteau de Peronne[6], le duc de

adressée par Charles le Téméraire à Louis XI, le 8 octobre 1468, pour l'engager à venir à Péronne en lui promettant sûreté.

1. 9 octobre 1468.
2. Louis de Bourbon.
3. Nommé lieutenant général en l'avouerie et gardienneté souveraine des églises, cités, villes et pays de Liège et de Looz, et capitaine des château, terre et seigneurie de Montfort, par lettres du duc, données à Liège le 28 novembre 1467 (Gachard, *Collection de documents inédits*, t. II, p. 473).
4. Dans la nuit du 9 octobre, jour même de l'arrivée du roi à Péronne (Kirk, t. II, p. 240).
5. Jean de Wildt, prévôt de Liège et seigneur de Hautepenne. Commines (liv. II, ch. vii) le nomme Guillaume de Ville, « aultrement dict, ajoute-t-il, en françois, le Sauvaige ; » c'est le mot flamand *vildt*.
6. Sur la célèbre entrevue de Péronne, v. Commines, liv. II, ch. v et suiv.; et preuves, édit. Dupont, t. III, p. 228 et suiv.;

Bourgoingne tint ung parlement avecques son chancellier, aucungs des chevaliers de l'ordre et aultres ; et disoit le duc de Bourgoingne que le Roy luy avoit promis d'aller en sa personne avecques luy, pour recouvrer et reconquerir l'evesque de Liege et le seigneur d'Imbercourt, et que sans faulte il ne feroit point de conscience de contraindre le Roy à faire ce qu'il luy avoit promis ; et de ceste matiere fut grant debat et grant question entre eulx, et disoient les anciens et notables chevaliers qu'il avoit fait venir le Roy à sa seurté, et que grant charge seroit à la maison de Bourgoingne si le Roy avoit destourbier sur cest asseurement ; et le duc respondit tousjours : « Il le m'a pro-« mis, et il le me tiendra. » Le chancellier, messire Pierre de Goux, persuadoit tousjours que monseigneur de Bourgoingne jurast la paix qui estoit escripte et qu'il avoit promise une fois de jurer, et le Roy et mondit seigneur. Mais le duc ne voulloit entendre à la paix que prealablement il ne fust seur que le Roy luy tiendroit ce qu'il luy avoit promis ; et fut la conclusion telle que lesdits seigneurs yroient devers le Roy pour sçavoir son intencion ; et ne retint mondit seigneur avecques luy que moy seullement. Et devez sçavoir que le Roy avoit bien ouy les aygres parolles que disoit le duc Charles et n'estoit pas sans peur ne sans effroy ; et quant les chevaliers furent venuz, ilz practicquerent qu'il se declairast pour aller à Liege que[1] il avoit promis. Il practicqua que la paix fut jurée entre eulx, selon qu'elle avoit esté proparlée. Et revindrent querre le

OEuvres de Chastellain, édit. Kervyn de Lettenhove, t. VII, p. 342, etc., etc.

1. « Comme. »

duc les seigneurs de Charny, de Crequy et de la Roche[1] ; et menarent le duc devers le Roy, qui n'estoit pas bien asseuré de ses besoingnes ; et si tost qu'il veit le duc entrer en sa chambre, il ne peust celer sa peur, et dist au duc : « Mon frere, ne suis je pas seur en vostre « maison et en vostre pays ? » Et le duc luy respondit : « Monseigneur, ouy, et si seur que, si je veoie venir « ung traict d'arbaleste sur vous, je me mectroye au « devant pour vous garanctir. » Et le Roy luy dist : « Je vous mercie de vostre bon vouloir et vuilz aller « où je vous ay promis ; mais je vous prie que la paix « soit dès maintenant jurée entre nous. » L'on fit apporter le bras Sainct Leu et jura le Roy de France la paix entre luy et le duc de Bourgoingne, et ne se povoit saouler de se fort obliger en ceste partie ; et le duc de Bourgoingne jura ladicte paix et promist de la tenir et entretenir envers et contre tous[2]. Le Roy et le duc desjeusnarent et puis montarent à cheval pour tirer contre Liege[3] ; et passarent par le Quesnoy[4], où

1. Pierre de Bauffremont, Jean de Créquy, et probablement Philippe Pot, seigneur de la Roche.
2. V. le traité de Péronne, du 14 octobre 1468, aux preuves des *Mémoires* de Commines, édit. Lenglet (Expédition authentique aux Archives de la Côte-d'Or, B 11910), et la ratification de ce traité par Louis XI, du 14 mars 1469 (n. st.), *ibid.* V. aussi la lettre du 16 octobre 1468, sans nom d'auteur, publiée dans les *Cronicques d'Engleterre,* t. II, p. 381, et plusieurs notes de Gachard sur Barante, t. II, p. 320. — Des lettres patentes de Louis XI, données à Cressy-sur-Cère, le 10 novembre 1468, défendirent à tous ses sujets de proférer des menaces ou des injures contre Charles le Téméraire et la maison de Bourgogne (Bibl. nat., ms. n° 3887, f. fr., ancien 8448[4], fol. 199. V. aussi Wavrin, t. II, p. 390).
3. Le 15 octobre 1468.
4. Le 17 octobre, le duc écrit du Quesnoy au sieur de Raves-

le duc festoya le Roy moult grandement ; et tirarent contre Namur, et, eulx là venuz, firent marcher leurs gens d'armes contre le pays de Liege et contre la cité que les Liegeois avoient renforcée à leur povoir[1]. Et le duc manda Philippe monseigneur de Savoye, le mareschal de Bourgoingne[2], le seigneur d'Imbercourt et aultres ; mais ledit seigneur d'Imbercourt n'y peust venir, car il estoit blessé en ung pied d'une coleuvrine ; et là fut conclusion prinse que le dimenche suyvant, au son d'une bombarde, chascun tireroit à l'assault ; ce qui fut fait et bien entretenu. Et celluy dimenche au point du jour la bombarde tira et chascun courut à l'assault de son cousté ; et mesmes le seigneur de Imbercourt, tout ainsi blessé qu'il estoit, se fist porter par hommes en une biere de bois, armé de toutes pieces et l'espée nue au poing ; et voulloit bien monstrer qu'il estoit lieutenant du duc de Bourgoingne en tout le pays de Liege. Le Roy et le duc marcherent de leur cousté pour venir à l'assault[3] ; mais le duc de Bour-

tein pour qu'il « exploite contre ceux de Liège » (Compte de G. de Ruple pour 1468).

1. V. sur la campagne de Liège Commines, liv. II, ch. xi, xii, xiii. Quant au poème de *La Bataille du Liège,* imprimé en 1729 dans les *Mémoires pour servir à l'histoire de France et de Bourgogne,* I, p. 373, avec *Les Sentences du Liège* (*ibid.,* p. 377), sur un ms. provenant de la reine Christine de Suède et qui se trouve à la bibl. du Vatican, n° 813769, il n'est pas relatif au siège de Liège, comme l'ont dit La Barre et Buchon, mais à la bataille d'Othée, du 23 septembre 1408 (V. *Analecta Leodiensia,* p. 304).

2. Thibaut de Neufchâtel, qui mourut l'année suivante.

3. Olivier de la Marche ne fait aucune allusion à la tentative des six cents Franchimontois qui firent pendant la nuit une audacieuse sortie et fondirent sur les logements de Charles le Téméraire et de Louis XI. Mais elle est racontée en détail par Commines, Haynin et Wavrin (t. II, p. 387). Theodoricus

goingne ne voulut souffrir que le Roy se mist en ce dangier, et luy pria de demourer jusques il le manderoit ; et j'ouys que le Roy luy dist : « Mon frere, mar« chez avant, car vous estes le plus heureux prince « qui vive. » Et prestement le duc entra dedans la ville, et gens d'armes de tous coustez. Et reviendray au seigneur de Imbercourt, et ad ce qui luy advint celluy jour.

Vous estes bien recors que le seigneur de Imbercourt estoit prisonnier du seigneur de Haultepanne, et avoit promis de se rendre à Haultepanne, dont il n'y avoit plus que trois jours à venir. Ainsi luy en print et Dieu le voulut qu'à celluy assault ledit de Haultepanne fut tué[1] ; et ne trouva plus le seigneur de Imbercourt qui luy canlangeast[2] sa foy, et par ce moyen fut quicte et acquicté de sa foy et de sa prison. Les Liegeois s'enfuyrent par le pont de Meuse, et demeura la ville de Liege en la main du duc de Bourgoingne[3]. Et le Roy de France, qui portoit à son chappeau la croix Sainct Andrieu, entra en Liege tout asseurement et crioit : « Vive Bourgoingne ! » Et commença le pillaige de toutes pars, qui fut grant ; et le duc de Bourgoingne se bouta en l'eglise pour saulver les relicques,

Paulus n'estime cette troupe qu'à 40 ou 50, sous la conduite de Gossum de Strailles et de Vincent de Bures. C'est la version la plus vraisemblable.

1. Blessé mortellement dans une sortie faite contre les troupes du maréchal de Bourgogne, pendant la nuit du 26 octobre (Kirk, t. II, p. 260).

2. *Calenger,* réclamer.

3. V. *Liégeois et Bourguignons en* 1468, par le Dr Esdrup, traduction du danois publiée par S. Bormans. Liège, 1881 ; *Cronicques d'Engleterre,* de Wavrin, édit. Dupont, t. II, p. 361, et Commines, *loc. cit.*

et trouva aucungs archiers qui faisoient le pillaige et en tua deux ou trois de sa main. Et le Roy se tira en l'hostel du duc et chascun se logea pour garder son butin. Et ainsi fut la cité de Liege prinse d'assault et pillée de tous coustez [1].

Et quant la chose fut refroidie, le duc se tira devers le Roy et firent grant chiere l'ung à l'aultre; et le duc de Bourgoingne fit faire justice de plusieurs maulvais garsons [2], et nommement de ceulx qui avoient estez cause de la mort de Jehan le Charpentier. Et après avoir demeuré cinq ou six jours en la ville de Liege, le Roy parla à monseigneur de Bourgoingne pour soy retirer en son royaulme, ce que le duc luy accorda liberallement, et le fit conduyre jusques à Nostre Dame de Liesse par le seigneur des Cordes et par le seigneur d'Emeries [3], et le landemain après la messe il appella iceulx, et en leur presence fit le Roy nouveau serrement sur l'imaige de Nostre Dame qu'il tiendroit la paix, ne jamais n'entreprendroit aucune chose contre

---

1. Charles le Téméraire et Louis XI entrèrent dans Liège sans résistance le 30 octobre 1468 (Gachard sur Barante, t. II, p. 324, note 1). Une des grosses cloches de cette ville fut transportée à Lons-le-Saulnier et déposée en l'église Saint-Désiré; on croit qu'un magnifique retable qui orne l'église Notre-Dame de Beaune fut pris à l'église Saint-Lambert de Liège. Le seigneur de Clémencey rapporta du butin une statue d'argent de la Madeleine et un Nouveau Testament couvert de lames d'argent, qu'il donna à l'église Saint-Thomas de Cuiseaux (V. Commines, liv. II, ch. xiii; Wavrin, loc. cit., et le poème d'Angelus de Curribus dans les Analecta Leodiensia, p. 257).

2. Notamment d'un nommé Madoulet, dit Commines (liv. II, ch. xiii), ou Madoublet. « Aucuns de ce peuple, ajoute-t-il, moururent de faim, de froid et de sommeil. »

3. Conf. Commines, liv. II, ch. xiv.

la maison de Bourgoingne ; et s'en retourna le Roy en son royaulme[1], et les seigneurs des Cordes et d'Emeries s'en revindrent à Liege devers leur maistre. Le duc depescha à Liege ses embassadeurs pour aller en Bretaigne, pour signiffier à monseigneur de Berry et au duc ce qui avoit esté faict[2]; car par celle paix le duc de Berry devoit estre conte de Champaigne et de Brye, et sembloit qu'on luy avoit bien asseuré son fait, veu qu'il estoit en Champaigne, et au plus près du duc de Bourgoingne, pour en avoir secours et ayde si besoing en avoit. Mais monseigneur de Berry ne voulut point tenir cest appointement ; [ains] marchanda avec le Roy, son frere, pour estre duc de Guyenne ; ce qui luy fut liberallement accordé ; dont deppuis il mourut piteusement[3], par soy trop fier au Roy, son frere. Ainsi fut ceste paix faicte entre le Roy de France et le duc de Bourgoingne, dont tous les pays furent moult resjouys.

CHAPITRE III.

Comment le duc Charles de Bourgongne assiegea la vile de Nuz; et comment il s'en retourna par appoinctement faict avec l'Empereur.

Et tost après se meust dissention et debat entre l'arcevesque de Coulonne et le chappitre de la grant

---

1. Le roi quitta son hôte le mercredi 2 novembre, pour se rendre à Senlis. Charles le Téméraire resta à Liège jusqu'au 9 du même mois. Le 10, il était à Treicht-sur-Meuse.
2. V. Commines, liv. II, ch. xv.
3. 12 mai 1472.

eglise. Cestuy arcevesque estoit frere[1] du conte palatin de la maison de Baviere, et prouchain parent du duc de Bourgoingne, à cause de sa grant mere[2]; et fut requis[3] le duc de Bourgoingne d'aide pour son cousin l'arcevesque de Coulonne; et le duc, qui ne demandoit que d'entretenir et employer ses gens d'armes, luy accorda liberallement; et, pour commencer sa guerre, il mit le siege devant Nuz[4], qui est une ville bonne et forte assise sur le Rin.

En ce temps les Lombars et Ytaliens vindrent au service du duc de Bourgoingne, et estoient conduictz par le conte de Campobasse[5], par Jaques Galiot[6], par Troylus[7], et par les deux freres de Lignane[8]. Et se tira le duc à Pierrefort[9] pour veoir iceulx gens d'armes,

1. Robert de Bavière, archevêque de Cologne depuis 1463, frère du comte palatin Frédéric, dit *le Victorieux*.
2. Charles le Téméraire était, comme on sait, petit-fils d'une princesse de Bavière.
3. En 1474.
4. Neuss, ville de Prusse, sur le canal de l'Erft, province de Clèves-Berg.
5. Nicolas de Montfort, comte de Campobasso.
6. Jacques Galeotto.
7. Troylo de Murs de Rossano, officier italien. Le 29 mai 1474, il donne à Jean Vurry quittance de 11,784 fr. 3 gros 7 engroingnes pour le reste du paiement des gens de guerre de sa compagnie pendant trois mois. Il avait 100 écus pour lui, 20 écus de 24 patars par chaque lance fournie de six chevaux, 6 écus par chaque cranequinier et 4 écus par homme de pied (La Chauvelaye, *Mémoire sur la composition des armées de Charles le Téméraire,* dans les *Mémoires de l'Académie de Dijon,* 1879, p. 327. V. aussi Archives de la Côte-d'Or, B 11741). Le 14 octobre 1474, la compagnie de Troylo comptait 150 lances à 6 chevaux, soit 900 chevaux, 100 cranequiniers à cheval et 200 provisionnaires à pied (*id.*).
8. Antoine et Pierre de Lignane (*de Lignana*), Italiens.
9. Pierfort, à deux lieues de Nancy.

et certes il y avoit une belle puissance d'hommes d'armes, et très bonne infanterie, selon la coustume d'Ytalie[1]. Le duc recuillit ses gens d'armes[2] et se tira contre Nuz, où il mit le siege[3], comme dit est[4]. Et

1. D'après Commines, l'armée bourguignonne comptait mille hommes d'armes italiens. Au compte de la recette générale de Bourgogne pour 1473-1474 (Archives de la Côte-d'Or, B 1773, fol. 445), on trouve mention d'un clerc qui était allé à Lux avec le maréchal et l'un des commis des finances, « pour illec translater de latin en françois et illec exposer à mesdis seigneurs les mareschal et commis, » certains traités faits avec le comte de Saint-Martin, et qui avait également translaté plusieurs autres traités passés avec les capitaines des gens d'armes italiens.

2. Parmi les gentilshommes qui prirent part à la campagne de 1474, on voit figurer notamment, dans le compte ci-dessus cité (B 1773) : Jean de Jaucourt, chevalier, seigneur de Villarnoul, conducteur (*conduitier*) de 100 lances des ordonnances du duc ; Philippe de Chaumergis, écuyer, l'un des chefs d'escadres de la compagnie du seigneur de Villarnoul ; Guillaume Belden, écuyer, de Châtillon-sur-Seine, homme d'armes ; Antoine, seigneur de Salenove, chevalier, et Jacques, seigneur de Lasserra, chefs d'escadres ; Jacques de Visques, comte de Saint-Martin, chef de compagnie ; Troyle de Rossano, capitaine italien, conducteur de compagnie ; Jean de Dommarien, écuyer, capitaine et conducteur de 100 lances et 300 archers ; Jean d'Arbech (*Arberg*), seigneur de Valengin, chef de chambre dans la compagnie de Villarnoul ; Jean de Montfort, chef de chambre ; Jean, seigneur d'Igny, chevalier, conseiller et chambellan du duc, conducteur de 100 lances et 300 archers, etc., etc.

3. Le duc arriva devant Neuss le 30 juillet 1474 (Gachard sur Barante, t. II, p. 442, note 5).

4. Le siège de Neuss a fait l'objet de divers récits contemporains (V. notamment Commines, liv. IV, ch. Ier ; Basin ; Molinet, t. I, p. 27, etc.). Le ms. n° 1278 de la Bibliothèque nationale renferme plusieurs documents relatifs à ce siège et notamment une description du camp de Charles le Téméraire, qui a été publiée par M. Kervyn de Lettenhove (*OEuvres de Chastellain*, t. VIII, p. 261), au-dessous d'une lettre du chroniqueur au comte de Chimay et de la réponse de celui-ci, qui parle des travaux d'attaque de la place.

entre le Rin et la ville avoit ung isle qui ne se povoit lors passer que par le Rin ; et là je veiz une espreuve que firent les Ytaliens ; car ilz emprindrent[1], montez, armez et bardez, la lance sur la cuisse, de passer le Rin, et d'entrer en icelle isle et la conquerir par icelle espreuve ; et, en verité, iceulx hommes d'armes firent bien leur devoir ; car ilz se gecterent liberallement, une grosse flotte, en la ryviere du Rin ; mais le Rin estoit si roide et si fort à icelluy endroit, qu'ilz ne peurent leur emprinse fournir, et en y eust de mors et de noyez, dont ce fut dommaige, car il y avoit de gentilz hommes d'armes. Touteffois par commandement du duc, ilz se retirarent au mieulx qu'ilz peurent, et me semble icelle espreuve procedant de grant hardement. Ainsi fut mis le siege devant Nuz ; et ceulx de Coulongne renforcarent Nuz de bons gens d'armes, et passoient le Rin en petitz bateaulx ; et n'y pouvoit on remedier, car le duc et ses gens estoyent nouveaulx là venuz au siege ; parquoy il failloit qu'il endurast ce renforcement. Touteffois à force de bras fit apporter tant de terre qu'il secha le Rin du cousté de l'isle, et entra dans la dicte ysle à puissance ; et prestement furent faiz tranchiz, où se pouvoient couvrir les gens d'armes bourguignons ; et garda ladicte ysle à son prouffit[2]. Le duc fit tourner deux rivieres, et logea ses gens au long des rivieres perdues, enclouant son ost ; et mesmes y logea les Liegeois, que l'evesque de Liege avoit emmenés au service dudit duc ; et ainsi fut Nuz

---

1. « Entreprirent. »

2. Le duc y logea Josse de Lalaing, le vicomte de Soissons et Jacques de Repreuves, seigneur de Montsorel, avec cent lances chacun et 500 hommes de pied (Ms. Bibl. nat., n° 1278).

assiegé de toutes pars¹, et estoit si bien ost² estoffé de toutes choses. Il y avoit hostelleries, jeux de paulmes et de billes, cabaretz, tavernes et toutes choses que l'on sçut demander³. Le siege dura par tous les mois de l'an, et fut le plus beau siege et le mieulx estoffé de toutes choses que l'on veit pieça. Les Lombars du conte de Compobasse⁴ perdirent ung tranchiz que les Allemans gaignerent sur eulx, et en y eust beaucop de mors et de tuez ; et dont⁵ le duc fut moult mal content contre les Lombars, et entreprint de leur faire regaigner ce qu'ilz avoient perduz, mais ilz n'estoient pas conduisables.

Et en ce temps je fuz envoyé pour ravictailler la

---

1. Le comte de Chimay écrit du camp devant Neuss à Chastellain : « Nous avons un duc volant et plus mouvant que une aronde : une heure il est au quartier des Ytaliens, et un moment en celuy des Anglois. Il va aux Hollandois, Haynuiers et Picars. Il commande aux ordonnances et ordonne aux fiévés (servant à raison de leurs fiefs), et nous asseure qu'il ne tient pas en oyseuse ceulx de son hostel ne de sa garde. Il est toujours sus debout et jamais ne repose, et se trouve en tous lieux. Un jour, il perce la terre par mines et trenchis ; un autre, il surmonte par pilotis et diguages ; il mire le cours des eaues et a estanchié et mis au sec rivière de plus de huit cent pieds de large et de si impétueux courant que basteau ne l'eust pu surmonter, en parfont de plus que pique ne lance ne pourroit mesurer. »

2. « Estoit le siège bien. »

3. « Par excès d'argent se tiengnent jeux et brelens par tout le jour, et en autres (lieux) par deffault n'y a que disner. Les uns chantent et jouent des flutes et autres instrumens, les autres, etc. » (Lettre précitée du comte de Chimay à Chastellain.)

4. Campo-Basso était logé avec 400 lances italiennes, leurs piétons et deux bombardes dans un boulevard en face la porte du Rhin, « tirant le long de la rivière en allant à Clèves et Gheldre » (Ms. Bibl. nat., n° 1278).

5. Mot omis dans les précédentes éditions.

ville de Liens¹, qui estoit en grant necessité; et me bailla le duc pour renfort le visconte de Soissons, nepveur de monseigneur de Moreu, qui menoit une bonne bande d'archiers à pied. Il me bailla environ cent hommes d'armes ytaliens; et si me bailla messire Phelippe de Bergues, qui menoit et conduisoit cent lances; et en celluy pays, qui estoit hors de nostre congnoissance, nous feusmes conduictz par messire Euvrard de la Marche², qui nous livra les vivres et les chevaulx pour pourter le ravitaillement de Liens, comme dit est; et une froide matinée nous nous trouvasmes sur la montaigne d'ung vignoble, où nous tinsmes conseil qu'il estoit de faire. Le seigneur de Harembergh, qui nous avoit fait venir, ne nous osoit advanturer, et touteffois nous voulions faire et essayer ce pourquoy nous estions venuz, et sur le point du jour nous mena messire Euvrard sur une haulte montaigne, duquel lieu l'on povoit veoir la ville de Liens, qui siet de l'aultre cousté du Rin; et si pouvoit on veoir la puissance de l'empire là logée, et qui tenoit le siege devant ledit Liens; et d'ung cousté y avoit une ville, et de l'aultre costé³ y avoit un villaige. En ladicte ville estoit logié l'evesque de Tresves⁴ et sa puissance, et en ce gros villaige estoit logié la puissance du duc de Zasse⁵; mais il n'y estoit point logié⁶ en per-

1. « Lintz, » ville située à 6 lieues de Coblentz, sur la rive droite du Rhin.
2. Evrard de la Mark, seigneur d'Arenberg.
3. Mot omis dans les précédentes éditions.
4. Jean II de Bade (1456-1503).
5. Il y avait plusieurs ducs de Saxe. Le duc Ernest, dont il s'agit ici, chef et auteur de la branche Ernestine, était électeur de Saxe et, comme tel, grand maréchal héréditaire du saint-empire.
6. Mot omis dans les précédentes éditions.

sonne. Et pour ce que nous ne veismes nulz assemblez[1] entre la ville et le villaige, nous prinsmes conclusion de descendre; et fut ordonné que le seigneur de Sisbain[2], à tout ung nombre de crannequiniers, descendroit le premier, pour ce qu'il sçavoit le pays; et failloit descendre par une vigne, au plus près d'ung chasteau. Le visconte de Soissons descendit après, à tout les archiers à pied, et selon qu'ilz descendoient ilz se mettoient en bataille. Je descendiz pour le tiers, à tout six vingtz hommes d'armes. Messire Phelippe de Bergues descendit pour le quart, à tout cent hommes d'armes, et puis descendirent les Ytaliens en deux escadres et en moult belle ordonnance. Et puis descendirent les vivres, chascun cheval chargé de bled ou de farine, et ung homme qui menoit chascun cheval par la bride; et ainsi marchasmes contre Liens, où nous trouvasmes des bateaulx qui prestement passarent noz vivres en la ville de Liens, car le passaige est au plus près; et prestement les gens d'armes allemans de la ville et du villaige[3] coururent aux armes, et y eust de grans escarmouches d'une part et d'aultre; et tandis que les escarmoucheurs se combatoient, les vivres passoient la riviere, comme dit est; et deçà l'eaue avoit ung gros boulevart que les Allemans avoient fait pour garder la riviere; et ce jour là estoient dedens les bourgeois d'Andenac[4] et leurs voisins. Noz genz de pied perceurent ledit boulevart, et de premier sault le vindrent assaillir, mais ilz furent reboutez; et ainsi

1. « Nulles assemblées. »
2. « Sistain. »
3. « Ennemis. »
4. « Audrenac. » Andernach, près Lintz.

que nos dits gens de pied se retiroient d'entre iceulx du boulevart, par inconvenient se bouta le feu en la pouldre d'une couleuvrine, qui fit tantost ung grant effroy parmy le boulevart, et cuidarent noz genz que ceulx dudit boulevart eussent bruslez toute leur pouldre. Se retourna chascun celle part, en cryant : « A l'assault ! à l'assault ! » et en peu de heure fut ledit boulevart gaigné d'assault, et tué dedans plus de cent ou six vingtz hommes de deffense. Noz archiers trouvarent audit boulevart bon vin de Rin et largement, et ne les pouvoit on retirer de la mangeoire ; et ainsi fut le boulevart gaigné, et tousjours s'entretenoit l'escarmouche grosse et planiere entre les deux fors ; et, à la plus grant diligence qu'il estoit possible, je retiray ceulx du boulevart et y eust chevaliers faiz, et une très belle besoingne. En la ville de Liens entra messire Lancelot de Barlemont, qui leur pourta argent pour leurs souldées ; il leur mena vivres, comme vous avez ouy, et les renforça de gens et d'artillerie ; et aultre secours ne leur pouvions faire ; et messire Euvrard passa l'eaue pour parler et accouraiger ceulx de la ville ; mais riens n'y valut ; car les gens de l'Empereur entrarent en ladicte ville à demy en parlementant, et fut ladicte ville pillée et mise à saquement, si tost que nous feusmes eslongnés du lieu. Les Allemans du duc de Zasse avoient gaignez la montaigne par où nous estions passé ; mais en nostre retour nous regaignasmes le passaige sur eulx, et y eust de belles armes faictes ; et se retira chascun en son quartier et soubz son enseigne, et remontasmes la montaigne comme nous estions venuz ; et ne perdismes, la grace Dieu, nul homme ; et nous en retournasmes sainctz et saufz celluy soir chascun gesir en son logis, et pour ce que nous ouysmes dire que messire Guillaume d'Aremberch[1] avoit contresiegé les gens du duc de Bourgoingne par l'aultre costé de la riviere du Rin, et bastoient nos gens d'artillerie, nous nous en alasmes le lendemain matin, et retournasmes devers le duc, en bon vouloir de luy faire service. Mais ledit messire Guillaume s'abusoit, car le duc de Bourgoingne avoit meilleure artillerie et meilleurs canonniers que n'avoit ledit messire Guillaume ; et ainsi retourna chascun en son logis ; et ne demeura guieres depuis nostre partement que nous fusmes advertiz que ceulx de Liens avoient perdu leur ville, et que les Allemans y estoient entrez, et y moururent beaucop de noz genz.

Ainsy fut la ville de Liens ravictaillée, et puis prinse ; et nous sceut le duc moult grant grée de la diligence et execution que nous avyons faicte ; et ne demeura guieres que ung debat se meust aux logis entre les Angloix et les Ytaliens, et, à la verité, les Angloix avoient le pire, car toutes les nacions se joindoient avec les Ytaliens. Mais le duc de Bourgoingne chevaleureusement, l'espée au poing, se mist entre deux, et appaisa le debat, qui estoit bien dangereux. Et, pour vous donner à entendre, ce siege de Nuz dura par tous les mois de l'an si planteureulx de tous vivres et de tous biens, que l'on y estoit comme en une bonne ville, et y trouvoit on draps de toutes sortes, espices pour medicines, et toutes choses qu'on peult demander[2].

1. Dit *le Sanglier des Ardennes*, frère d'Évrard de la Mark, ci-dessus nommé.

2. D'après le ms. Bibl. nat., n° 1278, le marché était vers « la closture du camp du costé de Coulongne. » Il y avait « draperies,

L'artillerie bastoit les murailles, et souvent y avoit de grans escarmouches. Les approuches se faisoient si près les ungs des aultres, qu'il n'estoit jour qu'ilz ne combatissent. Les Allemans vindrent loger à Uquerocq, ung chasteau qui est à ung quart de lieue de la ville de Nuz et appartient au bastard de Gueldres; et si prindrent[1] ung tas de paysans, qui portoient[2] chascun deux bissacz, l'ung plain de pouldre et l'aultre de sel, et se vindrent[3] gecter entre les murailles et les doulves, et ceulx de la ville les tirarent dedans, et firent grant joye de leur venue, car ilz avoient necessitez; et fut ce ravictaillement faict par inconvenient et par ung grant froit. Et estoit venu le Roy de Dannemarch[4], accompaigné de quatre ducz[5], pour parler au duc de Bourgoingne, et pour paciffier le debat qui estoit entre l'Empereur et le duc; et luy alla le duc au devant bien une lieue, et fut si tart quant les gens d'armes revindrent en leur logis, que le guect en valut

mercheries, ouvriers mécaniques, bouchers, taverniers, cabarets, ordonnés par rues et ordres comme si ce fust une bonne ville, à si grant largesse de tous biens que ne falloit aller aultre part pour avoir chose qui fust nécessaire. »

1. « Là chargèrent. »
2. « Leur faisant porter. »
3. « Les envoyèrent. »
4. D'après les *Mémoires* de Jean de Haynin, le roi de Danemark, Christian Ier d'Oldenbourg, arriva au siège de Neuss vers la Saint-Adrien (5 mars). La relation insérée dans le ms. n° 1278 de la Bibl. nat. fixe son arrivée au 10 mars 1475 (n. st.). Le roi de Danemark se tint longtemps à Unterbilk, à deux lieues de Neuss (Molinet, t. I, p. 74); il revenait de Rome et était arrivé à Dusseldorf le 17 novembre 1474 (D. Plancher, t. IV, p. 433, et Barante, t. II, p. 452).
5. Les ducs d'Oldenbourg, frère du roi de Danemark, de Saxe-Lawenbourg, de Mecklembourg et de Brunswick (Barante, *loc. cit.*).

beaucop moings ; et entrarent dedans la ville lesdits ravictailleurs, par ung quartier qui n'estoit ny cloz ny fourny de gens d'armes ; et ainsi fut ce ravictaillement qui recula fort les approches que avoit faict le duc de Bourgoingne, car à ce siege furent les rivieres destournées, comme j'ay dit, et faictes grandes baptures de bombardes, grans mines pour approucher la muraille, tranchiz roullans et angins, bastilles et bastillons, et toutes choses dont on se peult deviser ou adviser pour mectre une ville à subgection ; et sans nulle faulte celle ville eust esté prinse par le duc, si ne feust pour trois pointz : le premier pour le ravictaillement dessusdit ; le second par les grandes[1] eaues qui vindrent et noyerent ce dont le duc Charles estoit[2] fortiffié en celle année ; et le tiers fut par la venue de l'Empereur[3], qui descendit le Rin à bien soixante mil hommes[4]. Et certes l'Empereur et tous les princes de l'empire, voyre les commungs et les paysans, estoient tous pour le chappitre de Coulogne et à l'encontre de leur evesque, excepté le duc de Bourgoingne seullement, et le conte palatin[5], qui monstra petit semblant d'ayder son frere.

Ainsi l'Empereur descendit devant Nuz[6], et tousjours cottoyoient la riviere du Rin ; car il fault aux Allemans grant victuaille et grant mangeaille ; et n'eust peu l'ost

1. Mot omis par les éditeurs précédents.
2. « Ce dont le duc avoit. »
3. Frédéric III.
4. Commines (liv. IV, ch. ii) dit que son armée était « merveilleusement grande, et tant qu'il est presqu'incroyable, » de deux tiers plus forte que celles d'Angleterre et de Bourgogne ; plus de 100,000 hommes d'après Barante, t. II, p. 462.
5. Frédéric, dit le Victorieux, ci-dessus nommé.
6. Mars 1475.

de l'Empereur estre fourni, se ne feust¹ que vivres leur venoient par la riviere du Rin, tant de Coulongne comme de Zoux; et se fortiffia l'Empereur en son camp², et tous les princes se logarent avecques luy. Et là estoit le marquis de Brandeborg³, qui estoit le pillier et le grant conseil de l'armée de l'Empereur; et si estoit le duc de Zasse, moult beau josne prince, et recommandé par tous ceulx qui le congnoissoient; et le duc de Bourgoingne par un matin esleva son armée et vint ferir sur l'ost et sur le logis de l'Empereur; et y fut le desroy si grant qu'il faillut mettre la banniere de l'aigle aux champs, laquelle portoit le duc de Zasse, comme mareschal de l'empire⁴. Toutefois le duc⁵ n'entra point au camp de l'Empereur pour celle fois; mais l'artillerie y fit de grans oultraiges, et mesmes persa de part en part les chariotz de l'Empereur, dont il se mescontanta fort. Sur le jour furent de grans armes faictes à la chasse des Allemans, qui furent poursuys par messire Josse de Lalain et par le seigneur de Chanteraine, ung moult vaillant chevalier de l'ordre de Rhodes; et entrarent iceulx pelle mesle dedans le Rin, et fut faict desdits Allemans grant discipline celluy jour, et dura celle escarmouche jusques à la nuiyt, que chascun se tira en son quartier⁶; et

1. « Se n'eust esté. »
2. « Tant approcha qu'il se logea à Zone (Zons); et lendemain fit un parc... à une lieue près du siège » (Molinet, t. I, p. 117).
3. Albert III, électeur et marquis de Brandebourg.
4. Voy. supra, p. 93, note 5.
5. « De Bourgogne. »
6. V. dans La Barre, *Mémoires pour servir à l'histoire de France et de Bourgogne*, I, p. 360, la lettre écrite le 27 mai par le duc Charles au sieur du Fay, gouverneur de Luxembourg, sur cette bataille, qui fut livrée le mardi 23 mai, et non 24, comme La Barre l'a imprimé par erreur. V. un extrait ancien de la lettre

tous les jours estoient les escarmouches entre les deux logis si grandes que souvent l'evesque de Millan, le seigneur de Imbercourt et aultres embassadeurs [1] ne pouvoient passer par le millieu de l'escarmouche ; et failloit souvent parler aux escarmoucheurs d'une part et d'aultre, pour faire cesser les escarmouches jusques iceulx embassadeurs seroient passez. Longuement dura ce parlement, et affin de compte fut conclud que le duc de Bourgoingne s'esleveroit de devant Nuz et que l'Empereur deslogeroit de son camp, et que tous deux à une fois se deslogeroient et partiroient de leurs logis, et se retireroit l'Empereur en l'empire, et le duc de Bourgoingne en ses pays. Et ainsi fut faict d'une part et d'aultre, et fut le deslogement faict de devant Nuz[2]; et se retira l'Empereur contre l'empire, et le duc de Bourgoingne en ses pays [3].

du duc aux Archives de la Côte-d'Or, B 11882. Le 24 tombait le mercredi.

1. Près de l'empereur se trouvait, en qualité de nonce apostolique, Alexandre Nanni, évêque de Forli (Ughelli, II, 584), et non André, comme le dit Thomas Basin.

2. Le siège de Neuss fut levé le 13 juin 1475, mais l'armée bourguignonne campa aux environs jusqu'au 27 du même mois (Lenglet, édit. de Commines, 1706, t. IV, p. 395; *Dépêches des ambassadeurs milanais* publiées par M. de Gingius La Sarra). Charles le Téméraire aurait souffert dans son orgueil de quitter Neuss avant l'empereur; aussi, celui-ci, riant de sa puérile fierté, dit Pontus Heuterus, partit avant lui (V. dans La Barre, I, p. 367, la lettre écrite par Charles le Téméraire au sieur du Fay le 2 juillet, et qui donne aussi la date du mardi 27 juin comme celle de la levée du camp bourguignon).

3. On convint d'une trêve de neuf mois qui fut suivie d'un traité de paix passé au camp de Charles le Téméraire devant Nancy, le 17 novembre 1475 (Voy. Barante, édit. Gachard, t. II, p. 464 et 495; D. Plancher, t. IV, preuves, p. cccl et suiv., et aux Archives de la Côte-d'Or, B 11933, les articles en français du traité, datés du 27 du même mois).

En ce temps¹ l'evesque de Salsbery et Thomas Vagant, qui avoient tousjours mené le mariaige de monseigneur de Bourgoingne et de madame Marguerite d'Yorch, seur du Roy d'Angleterre, retournarent devers le duc, et luy apportarent le traicté de mariaige tel que le duc de Bourgoingne le demandoit ; et ainsi fut jour et temps prins pour faire les nopces en la ville de Bruges, qui furent les plus belles nopces où je me suis trouvé de mon temps ; et ne me puis tenir et passer de mettre par escript et incorporer en ces presentes Memoires les pompes, l'ordre et la maniere de faire desdictes nopces ; et commenceray à la lettre que je escripviz à Gilles du Mas, maistre d'hostel de monseigneur le duc de Bretaigne.

CHAPITRE IV.

S'ensuyt le recit des nopces de monseigneur de Bourgoingne et de madame Marguerite d'Yorch, seur du Roy d'Angleterre².

« Gilles du Mas, maistre d'hostel du très hault et très puissant prince monseigneur le duc de Bretaigne,

1. Olivier de la Marche remonte ici à sept années en arrière, le mariage de Charles le Téméraire et de Marguerite d'York ayant eu lieu en 1468.
2. Ce titre se trouve dans le ms. n° 2869. Sauvage l'a légèrement modifié et allongé en le reportant en tête du paragraphe précédent, où il fait commencer le chapitre IV. Il existe un autre récit de ces noces dû également à la plume d'Olivier de la Marche, et dont le ms. se trouve à la Bibliothèque de l'Université de Turin, *manuscript. gallic. codex* XXI, L, V, I. M. le chanoine de Ram en a publié une troisième description en latin, d'après un ms. de la bibliothèque Van Hulthem, dans le *Compte-rendu des séances de la Commission royale d'histoire de Belgique*, 1ʳᵉ série, t. V, p. 169.

mon très chier sire et frere, à vous je me recommande tant et de si bon cueur comme je puis. Et pour ce que en si haulte et triumphale maison, où vous estes en estat pour avoir charge de conduyre les grans festes et recueillettes des princes et princesses quant elles surviendront, et que je ne sçay si en cette noble feste des nopces de monseigneur[1] de Bourgoingne pourroit avoir aucune chose dont la memoire vous puist servir en temps et en lieu, j'ay recuilly grossement et selon mon lourt entendement, ce que j'ay veu en ceste dicte feste pour le vous envoyer, vous priant, tant comme je puis, que pareillement me vuillez advertir des nobles estatz et haultes œuvres qui surviendront en vostre quartier, et que nous puissions tousjours demourer si bons amys et si familliers ensemble, comme il appertient à deux nobles hommes d'ung estat et office, en deux fraternelles, allieez et amyes nobles maisons, et je prie à Dieu qu'il vous doint jouyr[2] de vostre dame, [et] ce que vous desirez. Et au regard de moy, pour parler en gros, et de ce dont par necessité je ne me puis passer d'escripre, et au regard du grant nombre des navieres, richement estoffées et garnyes de gens d'armes, que le Roy d'Angleterre mist sus et envoya pour admener madame Marguerite, sa seur, par deçà, et de la descente que madicte dame fit à l'Escluse, je m'en passe, pour abreger d'escripture et venir au gros de ma matiere.

« Madicte dame et sa compaignie arriverent à l'Escluse par ung sambedy vingt cinquiesme jour de juing[3],

1. « De monsieur le duc. »
2. « Joye. »
3. Le dernier jour de juin 1468, si l'on en croit Wavrin, t. II,

et, le lendemain, madame la duchesse de Bourgoingne, mere de monseigneur le duc d'à present[1], madamoiselle de Bourgoingne, avecques elle madamoiselle d'Argueil[2] et plusieurs aultres dames et damoiselles, allerent veoir et visiter madicte dame Marguerite[3], et n'y demourarent que la disnée seullement. Et au regard que madicte dame la duchesse fit, elle fut tant joyeuse d'avoir veu celle belle dame et congneu ses meurs et ses vertuz, qu'elle ne se povoit saouler d'en dire les biens qu'elle y avoit veu; et demoura avecques madicte dame Marguerite, de la part de madame la duchesse, monseigneur le conte de Charny et madame la contesse, sa femme, messire Jehan de Rubenpré et messire Claude de Thoulonjon, et plusieurs aultres dames et damoiselles et gentilzhommes pour recuillir les estrangiers et estrangieres d'Angleterre qui estoient venuz en très belle compaignie; et y avoient ledit conte et contesse estez envoyez pour recuillir madicte dame à la descente du bateaul, ce qu'ilz firent bien et notablement, et ne bougerent d'avecques elle jusques ad ce qu'elle vinst à Bruges, comme cy après vous pourrez veoir et entendre.

« Le lendemain[4] que madicte dame la duchesse fut

p. 368. Mais on remarquera que le 25 coïncide bien cette année avec un samedi.

1. « D'alors. »
2. Jeanne de Bourbon, femme de Jean de Chalon, alors seigneur d'Arguel, prince d'Orange après la mort de son père Guillaume en 1475.
3. Il existe un beau portrait de Marguerite d'York dans le ms. n° 9275 de la Bibliothèque de Bourgogne à Bruxelles. — Sur la visite d'Isabelle de Portugal à sa belle-fille, v. les *Cronicques d'Engleterre* de Wavrin, *loc. cit.*
4. Le lundi 27 juin.

revenue de veoir madicte dame Marguerite, monseigneur de Bourgoingne se tira au lieu de l'Escluse à petite compaignie, et entra par derriere dedans le chasteaul; et après qu'il eust souppé, se partit, atout six ou sept chevaliers de l'ordre seullement, et vint assez secrettement à l'hostel de madicte dame Marguerite, combien qu'elle en estoit advertie, et estoit accompaignée des plus gens de bien de sa compaignie, comme du seigneur d'Escalles, frere de la Royne d'Angleterre, et de plusieurs aultres nobles Angloix qui estoient venuz à celle feste. Et à l'arrivée, qu'ilz[1] veirent l'ung l'aultre, ilz se feirent moult grant honneur, et puis s'assirent sur ung banc, où ilz deviserent longuement ensemble. Et après plusieurs devises, monseigneur l'evesque de Salsbery, qui tousjours avoit mené ceste matiere, se vint mectre à genoulx entre eulx deux et les mist en plusieurs gracieulx devis; et assez tost après vint monseigneur le conte de Charny, qui dist telles parolles : « Monseigneur, vous avez « trouvé ce que vous avez tant quis et desiré, et puis- « que Dieu vous a admené ceste noble dame au port « de salut et à vostre desir, il me semble que vous ne « debvez point deppartir sans monstrer la bonne affec- « tion que vous avez à elle, et que à ceste heure vous « la debvez fiancer et luy faire promesse. » Mondit seigneur respondit qu'il ne tiendroit pas à luy, et l'evesque de Salsbery dit à madame Marguerite le propost en quoy ilz estoient et ce que monseigneur desiroit de sa part, luy demandant qu'elle en vouloit faire; laquelle y respondit que pour ceste cause, et

1. « A l'arrivée, et quand ils se. »

non pour aultre, l'avoit envoyée le Roy d'Angleterre, son frere, pardeçà, et que ceste chose, laquelle le Roy luy avoit commandé, elle estoit preste de faire et accomplir. Et sur ce propost les prinst l'evesque par les deux mains et les fiança ; et ainsy se partit pour ceste fois mondit seigneur, et le lendemain s'en retourna à Bruges.

« Madicte dame Marguerite demoura audit lieu de l'Escluse jusques à l'aultre sambedy suyvant[1], et fut encoires visitée par mondit seigneur, et, ledit sambedy, furent les basteaulx richement parez pour conduyre et mener madicte dame au lieu du Dan[2], auquel lieu elle fut receue honnorablement et à grant joye, selon le cas et la faculté d'icelle petite ville.

« Le lendemain, qui fust troiziesme jour de juillet, mondit seigneur le duc de Bourgoingne et de Brabant se partit, à privée compaignie, entre quatre et cinq heures du matin, et se tira au lieu du Dan, où il trouva madicte dame Marguerite et sa compaignie, preparée et advisée de le recepvoir, comme il estoit ordonné ; et là mondit seigneur l'espousa, comme il appertenoit, par la main de l'evesque de Salsbery dessusdit, et, après la messe chantée, mondit seigneur s'en retourna en son hostel à Bruges ; et croys que, tandis que les aultres scrimonies se firent, il feit provision de dormir, comme s'il eust à faire aucung guet ou escoute pour la nuyt advenir.

« Tantost après se rendirent au lieu du Dan monseigneur Adolf de Cleves, seigneur de Ravestain, mon-

1. 2 juillet.
2. Dam, ville de Belgique, à 5 kil., ou « une louette, » dit Wavrin, de Bruges.

seigneur d'Argueil[1], monseigneur de Chasteau Guyon[2], monseigneur Jaques de Sainct Pol, monseigneur de Roussy[3], monseigneur de Fiennes[4], messire Jehan de Lucembourg[5], le conte de Nasso[6], messire Baudouin, bastard de Bourgoingne[7], et d'aultres chevaliers et nobles hommes, qui[8] trop longue chose seroit de les racompter; et après eulx avoir fait la reverence à madicte dame la nouvelle duchesse, madicte dame entra en une littiere richement parée de chevaulx et de couverture de riche drap d'or.

« Et au regard de sa noble personne, elle estoit vestue d'ung drap d'or blanc en habit nupcial, comme il appertient en tel cas, et sur ses cheveulx avoit une riche couronne; et au regard du collier et du fermail, elle en estoit richement et pompeusement parée; et après elle avoit treze hacquenées blanches enharnachées de drap d'or cramoisy, dont les deux estoient en main, au plus près de sa littiere, et sur les aultres estoient montées les dames d'Angleterre qu'elle avoit amenées en sa compaignie. Après icelles hacquenées venoient cinq chariotz richement couvers de drap d'or, dont au premier chariot estoit la duchesse de Norfolck[9],

1. Jean de Chalon, fils unique de Guillaume VII, prince d'Orange.
2. Louis de Chalon, frère consanguin de Guillaume.
3. Antoine de Luxembourg.
4. Jacques Ier de Luxembourg-Fiennes.
5. Seigneur de Sottenghien.
6. Jean II, comte de Nassau-Dillembourg et Vianden, mort en 1475.
7. Fils naturel de Philippe le Bon et de Catherine de Tiesferies.
8. « Et tant d'autres..... que. »
9. Élisabeth Talbot, femme de Jean Mowbray, IIIe du nom, duc de Norfolk.

qui estoit une moult belle dame d'Angleterre, laquelle estoit venue pour accompaigner et admener madicte dame pardeçà ; et avecques elle estoient madame d'Escalles[1], madame la contesse de Charny, madame la vidamesse d'Amiens[2], et non plus. Aux autres chariotz estoient plusieurs dames et damoiselles, tant angloises que aultres, et puisqu'il me vient à point, je nommeray partie desdictes dames angloises qui vindrent pour admener madicte dame. Et premierement madicte dame la duchesse de Norfolck, secondement madame d'Escalles, madame de Willeby[3], une très belle vefve, madame de Cliton[4], madame de Strop[5], madamoiselle Leonor de Roz[6] et plusieurs aultres dames et damoiselles, jusques au nombre de quarante ou cinquante femmes[7]. Et en tel estat marcha madicte dame despuis le Dan jusques à la porte de Bruges, que l'on dit la porte Saincte Croix[8].

« Et au regard du grant nombre des princes,

1. Femme d'Antoine Woodwill.
2. Yolande de Bourgogne, fille naturelle de Philippe le Bon, mariée à Jean d'Ailly, vidame d'Amiens et baron de Picquigny.
3. Veuve de Robert, lord Willoughby.
4. « Clifton. » — Probablement femme de Guillaume de Clifton, *alias* Clinton, maire de Bordeaux, qui reçut Jacques de Lalaing à son passage dans cette ville lorsqu'il se rendait en Navarre (Voy. le *Livre des faits de Jacques de Lalaing*, t. VIII, p. 99).
5. « Scrop. » Il s'agit probablement de la femme de Jean, seigneur de Scrop, l'un des délégués chargés en 1447 par le roi d'Angleterre de traiter avec les ambassadeurs de France (Math. d'Escouchy, édit. Beaucourt, t. III, p. 165).
6. Nom omis dans les éditions précédentes.
7. Trente, d'après Wavrin.
8. Wavrin, dans les *Cronicques d'Engleterre*, t. II, p. 369 et suiv., a aussi donné une description, mais beaucoup plus abrégée, de l'entrée de la nouvelle duchesse à Bruges.

chevaliers et escuyers, nobles hommes et nacions qui icelluy jour rencontrarent madicte dame, richement vestuz et en point, je m'en passe pour abreger, pour ce que je veuil venir à l'ordre, comme ilz entrarent en ladicte ville. Mais touteffois suis je contrainct de ramentevoir ung noble chevalier zeelandois, qui, à celle heure et entrée, avoit six chevaulx couvers de parure de drap d'or, d'orfavrerie, de drap de soye et de campannes très richement aornées[1], nommé Adrian de Borselle, seigneur de Bredam, lequel, pour deux causes, je ramentois en cest article. La premiere pour ce qu'il fut le mieulx en point en ceste entrée. La seconde pour ce que, par la voulenté de Dieu, le mecredy après il trespassa à l'occasion d'une maladie d'une jambe, dont ce fut dommaige, et fut moult regretté de la seignorie.

« A celle porte de Saincte Croix furent les ordonnances faictes; et marcharent par ordonnance ceulx qui accompaignoient la noble espouse en la maniere que s'ensuyt, sans y riens oublier. Premierement tous les gens d'eglise et collieges, accompaignans les evesques, abbez et prelatz, qui furent ordonnez à porter les relicques et conduyre les proucessions, et qui avoient actendu longuement madicte dame à icelle porte, marcherent les premiers et par ordre et à l'ouvert, tellement que entre deux pouvoit marcher l'ordonnance et la compaignie ainsi qu'elle venoit. Les premiers qui marchoient par ordonnance estoient le bailly et escoutette[2] de Bruges; et après eulx venoient

1. Mot omis dans les précédentes éditions.
2. *Escoutète*, magistrat chargé de l'exécution des mesures relatives à l'ordre public et à la répression des délits.

deux à deux les gentilzhommes de l'hostel des princes et seigneurs, qui n'estoient point de la retenue et ordonnance de monseigneur le duc.

« Et après iceulx venoit un gentilhomme cappitaine des archiers de monseigneur le bastard de Bourgoingne, et douze archiers après luy, vestuz de palletoz[1] d'orfavrerie blanche, à ung grant arbre d'or devant et derriere ; qui signiffioit le pas de l'Arbre d'or, que monseigneur le bastard commença celluy jour et maintint celle feste, dont cy après sera faicte mencion.

« Après iceulx archiers marchoient les gentilzhommes, deux à deux, de l'hostel de mondit seigneur, après[2] les chambellans, et après les seigneurs du sang, qui furent à moult grant nombre ; et furent tous vestuz des robes et pareures de mondit seigneur, qui furent telles que les escuyers avoient robes de drap damas noir et pourpoints de satin cramoisy. Les chefz d'office avoient longues robbes de satin noir figuré et pourpointz de satin figuré cramoisy ; et les chevaliers et gens de conseil avoient longues robes de velours noir et pourpointz de velours cramoisy ; et les serviteurs et varletz de la maison tous vestuz de drap noir et violet et pourpointz de camelot. Que vous diroy je ? Tant et si largement donna monseigneur de drap de soye et de layne pour cette pareure, qu'il cousta plus de quarante mil frans. Et certes il faisoit beau veoir marcher en ordonnance les chevaliers et gentilzhommes vestuz de cette pareure.

« Après iceulx du sang marchoient toutes manieres

---

[1]. Hoquetons, saies à manches, descendant à mi-cuisse.
[2]. « Puis. »

d'instrumens par ordre, qui estoient de diverses nacions ; et après iceulx venoyent clairons, menestreulx et trompettes, tant angloix comme bourguignons, qui se faisoient moult efforcement ouyr ; et après venoient officiers d'armes de divers pays, à grant nombre, dont il y en avoit vingt quatre portans cottes d'armes.

« Après iceulx venoient à pied [1] six archiers pourtans la couronne d'or sur l'espaule, qui estoient des archiers de la couronne du Roy d'Angleterre, et avoient chascun une longue flesche en la main ; et en après iceulx venoit madame en sa littiere, comme j'ay dit devant.

« Au cousté deçà et delà de ladicte littiere, tenant la place large, estoient les deux cappitaines des archiers de monseigneur le duc, c'est assavoir monseigneur de Rosimbos [2] et messire Philippe, bastard de la Vieville, accompaignés de vingt archiers de corps seullement et habillez de palletoz d'orfavrerie. Ceulx là furent à pied et avoient leurs voulges [3], et gardoient, comme dit est, la littiere de la presse, et que le peuple n'y approchast.

« Et au regart de la littiere, elle estoit richement addestrée ; car les Bourguignons estoient à pied, les chevaliers de la Thoison d'or richement vestuz et parez, les ungs vestuz de drap d'or, les aultres d'orfavrerie moult richement. Et estoit en chef messire Adolf de Cleves, cousin germain de monseigneur de Bourgoigne,

1. Deux mots omis dans les précédentes éditions.
2. Georges de Rosimbos.
3. Épieux de veneur, à large fer.

après¹ monseigneur le bastard de Bourgoingne², monseigneur le conte de Charny, monseigneur de Crequi, monseigneur de la Vere, monseigneur d'Auxi, messire Symon de Lalain, messire Philippe Pot, seigneur de la Roche, messire Philippe de Crevecueur, seigneur d'Escordes, messire Jaques de Sainct Pol³, seigneur de Richebourg, et generallement tous les chevaliers de l'ordre qui se trouverent là.

« Et du cousté des Angloix avoit beaucop de gens de bien à pied tenans la littiere. Et pour ce qu'ilz me viennent à point, je deviseray les noms des gens de bien envoyez pour conduyre madame pardeçà. Là estoit en chief monseigneur le conte d'Escalles, frere de la Royne d'Angleterre, messire Jehan d'Oudeville⁴, son frere, l'ung des filz de monseigneur de Talbot⁵, frere de la duchesse de Norfolck, messire Thomas de Mongomeri, messire Jehan Hauvart⁶, le seigneur d'Acres, maistre Jehan Don⁷, maistre Thomas Vagan⁸, maistre Sallengier, maistre Jehan Auperre, et moult d'aultres chevaliers et gentilzhommes dont je ne sçay les noms.

---

1. « Puis. »
2. Le bâtard Antoine, seigneur de Beveren.
3. Jacques de Luxembourg, frère du connétable de Saint-Pol.
4. Woodwill.
5. Il s'agit d'un des fils de Jean Talbot, IIe du nom, comte de Shrewsbury et chancelier d'Irlande, qui fut tué au combat de Northampton en 1460 et dont la sœur Élisabeth avait épousé Jean Mowbray, duc de Norfolk (Voy. ci-dessus, p. 106). Ces fils étaient au nombre de cinq : Jean, Jacques, Gilbert, Christophe et Georges.
6. Jean Howard, IVe du nom, depuis duc de Norfolk et comte maréchal d'Angleterre, tué au combat de Bosworth le 22 août 1485.
7. « Jehanston » dans l'édit. Buchon.
8. Thomas Vaughan.

Et povoient estre jusques au nombre de quatre vingtz à cent nobles, qui toute la feste furent très bien en point et richement vestuz; mais tous ceulx cy n'estoient point à pied autour de ladicte littiere, sinon dix ou douze premiers nommez.

« Après ladicte littiere avoit encoires six archiers de la couronne, habillez comme les premiers; et certes c'estoient beaulx hommes et bien en poinct; et après iceulx venoient les haquenées et chariotz, dames et damoiselles, en tel estat et ordonnance que les ay une fois devisées.

« Après la compaignie des dames venoient les embassadeurs, tant prelatz que chevaliers, qui estoyent là, chascun tenant le degré de son maistre; et furent ordonnez, pour les accompaigner, monseigneur le chancelier de Bourgoingne [1], et le conseil de la maison. Là estoient l'evesque de Selisbury [2], l'evesque de Mes [3], l'evesque de Verdun [4], l'evesque de Cambray [5], l'evesque d'Utrech [6], l'evesque de Tornay [7], ung chevalier de par le Roy d'Arragon, trois ou quatre chevaliers, clercs et gentilzhommes de par le conte palatin, et moult d'aultres dont ne me souvient.

« Et après iceulx venoient les nacions par ordre, qui

---

1. Pierre de Goux.
2. Richard Beauchamp, ci-devant nommé.
3. Georges de Bade.
4. Guillaume de Haraucourt.
5. Jean de Bourgogne, fils naturel de Jean sans Peur et d'Agnès de Croy.
6. David, bâtard de Bourgogne.
7. Guillaume Fillastre. — Dix évêques ou prélats assistaient aux noces (V. *Comptes-rendus de la Commission royale d'histoire de Belgique* 1842, p. 170).

marchoyent en la maniere qui s'ensuyt. Les Veniciens marchoient les premiers et estoient eulx et leurs serviteurs tous à cheval, les maistres vestuz de velours cramoisy, les varletz de drap vermeil ; et devant eulx avoient cinquante hommes à pied vestuz de vermeil, chascun tenant une torche en la main.

« Et après venoient les Florentins, lesquelx avoient devant eulx soixante torches, portées par soixante hommes à pied vestuz de bleu ; et après les torches faisoient marcher quatre paiges, l'ung après l'aultre, sur quatre destriers ; lesdits paiges avoient pourpointz de drap d'argent et mantelines de velours cramoisy ; et les chevaulx estoient couvers de satin blanc, bourdez de velours bleu. Devant les marchans florentins marchoit Thomas Portunaire[1], chef de leur nacion, vestu comme les conseillers de monseigneur le duc, car il est[2] de son conseil ; et après luy marchoient dix marchans deux et deux, vestuz de satin noir figuré, et après dix facteurs, vestuz de satin noir simple, et tous avoient pourpointz cramoisy ; et après eulx avoit vingt quatre varletz à cheval, tous habillez et vestuz de bleu.

« Après marchoient les Espaignartz[3], qui estoient trante quatre marchans à cheval, vestuz de damas violet ; et avoit chascun marchand son paige à pied devant luy, tout pareils, vestuz de pourpointz de satin noir et jaquettes de velours cramoisy ; et faisoient lesditz

---

1. Thomas Portinari, banquier des Médicis à Bruges et conseiller du duc de Bourgogne. Bruges était alors un des grands entrepôts du commerce florentin.
2. « Estoit. »
3. Espagnols.

Espaignarts porter devant eulx soixante torches par soixante hommes à pied, vestuz de violet et de vert.

« Après icculx venoient les Genevois [1], qui faisoyent aller devant eulx une belle fille à cheval, representant la pucelle, fille du Roy, que sainct George garantit du dragon ; et sainct George venoit après, armé de toutes armes, son cheval couvert de damas blanc, et une croix de velours cramoisy ; et ladicte pucelle estoit vestue de damas blanc, et son cheval couvert de velours cramoisy ; et, après celle hystoire, suyvoient trois paiges vestuz de damas blanc, et leurs chevaulx de damas violet ; et puis suyvoient les marchans genevois, jusques au nombre de cent et huict, tous vestuz de drap violet.

« Et après venoient les Ostrelins [2], lesquelx estoient cent et huict à cheval, vestuz de robes de violet et plusieurs fourrées de gris ; et avoient six paiges vestuz de pourpointz [3] de satin violet, robes de damas blanc, leurs chevaulx houssez de damas violet ; et faisoient lesdits Ostrelins porter devant eulx soixante torches, les hommes portans icelles vestuz aussi de violet.

« En tel ordre et en telle ordonnance entra madicte dame en sa ville de Bruges. Et fault commencer à reciter les personnaiges qui furent monstrez en sa joyeuse venue. Et au regard des rues, elles furent tendues très richement de drap d'or et de soye, et de tapisserie ; et quant aux histoyres, j'en recuillys dix en

1. Gênois.
2. Habitants du Nord (*auster*) de l'Europe, « qui sont situés tant avant en ce North, » dit Commines (liv. V, chap. XVIII).
3. Deux mots omis dans les éditions précédentes.

ma memoire. La premiere fut comment Dieu accompaigna Adam et Eve en paradis terrestre, selon Genesis[1].

« La seconde, comment Cleopatra fut donnée en mariaige au Roy Alexandre ; et ainsi s'entretenoient les histoires au propoz, jusques l'on vint devant l'hostel de monseigneur.

« Devant ledit hostel avoit ung riche tableau tout paint d'or et d'asur[2], au millieu duquel avoit deux lions eslevez, tenans ung escu armoyé des armes de monseigneur de Bourgoingne ; et à l'entour dudit tableau avoit douze blasons des armes des pays de mondit seigneur, tant des duchiés que des contez ; et au dessus du tabernacle estoit à ung des costez sainct Andrieu, et à l'aultre sainct George, et au dessoubz dudit tableau estoient les fusilz pour devise, et le mot de mondit seigneur, qui dit : « Je l'ay emprins. » Deçà et delà dudit tableau avoit deux archiers richement paints et eslevez. L'ung estoit ung Grec tirant d'un arc turquois, et parmy le bout de son traict saillit vin de Beaulne, autant comme la feste dura ; et de l'aultre costé estoit[3] ung Allemant tirant d'ung crannequin,

1. Deux mots omis dans les éditions précédentes.
2. M. le comte de Laborde a donné, dans ses *Ducs de Bourgogne,* t. III, une nomenclature des nombreux artistes, peintres, sculpteurs, etc., qui furent employés aux préparatifs des fêtes de Bruges en 1468. Nous ne reproduirons pas cette liste, déjà connue, et trop longue pour trouver place ici. Ces artistes venaient en général de Bruxelles, d'Ypres, de Louvain, d'Anvers, de Valenciennes et de Tournai. Leur salaire variait, le plus souvent, de 5 à 12 sols par jour. Cependant, on voit que Franc Stoc, peintre de Bruxelles, et Jacques Daret, peintre de Tournai, touchaient 24 sols. Luc Adrians, peintre d'Anvers, membre de la confrérie de Saint-Luc, de cette ville, avait 12 sols, et Godard d'Anvers, 14 sols. La moyenne était de 10.
3. « Avoit. »

et par le bout de son mattratz sailloit vin de Rin, et tous lesdits vins tumboient en deux grans bacs de pierre, où tout le monde en povoit combler et prendre à son plaisir. Et dedans la court, vers l'espicerie, avoit ung grant pellican qui se donnoit en la poictrine ; et en lieu de sang qui en debvoit partir, en sailloit ypocras, qui tumboit en une mande[1] d'osier si soubtivement faicte que riens ne s'en perdoit ; mais en povoit chascun prandre, à qui il plaisoit.

« Maintenant reviendrons à la descente de ceste belle dame, laquelle entra dedans la court assez près de douze heures ; et madame, la mère de monseigneur de Bourgoingne, l'attendoit à l'entrée de la salle, accompaignée de madamoiselle de Bourgoingne et de madamoiselle d'Argueil, avecques bien cent dames et damoiselles de nom ; et quant ladicte littiere approucha, madicte dame luy alla au devant. Mais tantost les archiers de la couronne, qui estoient à ce ordonnez, prindrent la littiere sur leurs colz et la misrent hors des chevaulx, et l'apporterent plus avant au devant de madicte dame ; et puis mirent ladicte littiere à terre, et là fut ladicte littiere descouverte, et vint madicte dame la duchesse, la mere, prendre madicte dame sa belle fille hors de ladicte littiere, et l'ammena par la main, à sons de trompes et de clairons, jusques en sa chambre ; et pour le present nous tairons des dames et de la chevallerie, et reviendrons à deviser de l'ordonnance de l'hostel.

« Pour commencer aux commungs offices, à la cuisine avoit trois cens hommes, à la saulserie quatre vingtz, à l'echansonnerie et pannetterie avoit

1. Lire probablement : *manne*.

en[1] chascun soixante hommes, en l'espicerie quinze ; et generalement tous les offices furent fort fourniz de gens.

« A l'hostel avoit une petite salle ordonnée devant la chappelle, où mangeoit monseigneur de Bourgoingne seullement ; et auprès d'icelle salle avoit une grant salle, où mangeoient tous les chambellans ; et plus bas avoit une aultre plus grant salle où mangeoient les maistres d'hostels et tout le commung ; et se couvroit celle salle à plusieurs fois, pour le grand nombre de gentilzhommes, archiers, paiges, officiers d'armes, trompettes, menestriers et joueurs d'instrumens qui estoient à icelle feste.

« Et oultre plus avoit en la maison sept chambres ordonnées pour festoyer les estrangiers ; dont de l'une estoit chief monseigneur le bastard, et l'accompaignoit monseigneur de la Roche. Les aultres estoient monseigneur Jaques de Sainct Pol, messeigneurs d'Arcy[2], de Crequy, de la Gruthuse et de Bergues[3], et plusieurs aultres qui les accompaignoient ; et en chascune chambre y avoit maistre d'hostel et gens ordonnez pour y servir.

« Et pour tenir le grant estat, fut faicte une salle en une grande place que l'on dit le jeu de paulme de la court. Ceste salle fut faicte hastivement de charpen-

1. Deux mots omis dans les précédentes éditions qui y ont substitué « pour chacune. »

2. Jean de Poitiers, seigneur d'Arcis-sur-Aube.

3. Probablement Jean de Glimes, seigneur de Berg-op-Zoom, le même que celui qui figure au banquet de Lille, dans la *Chronique* de Mathieu d'Escouchy, sous le nom de Ghines. Voy. ci-devant, t. II, p. 389, note 1.

terie, moult grande, moult haulte et moult spacieuse[1]. Elle estoit enluminée de voirrieres si bien et si à point que tous disoient que c'estoit une des belles salles qu'ilz eussent veu.

« Ladicte salle estoit tendue par hault de drap de layne bleu et blanc, et par les costez tapissée et tendue d'une riche tapisserie faicte de l'istoyre de Jason, où estoit emprins[2] l'advenement du mistaire de la Thoison d'or[3]. Celle tapisserie estoit toute d'or, d'argent et de soye, et ne croys pas que l'on ait veu si grant et si riche tapisserie ensemble.

« Ladicte salle fut aidée de candelabres de bois peinctz de blanc et de bleu, et ès deux boutz de ladicte salle pendoient deux chandeliers moult soubtivement faictz; car dedans l'artifice de chascun povoit estre ung homme non veu. Les dessusdits chandeliers estoient en maniere de chastcaulx, et les piedz desdits chasteaulx estoient haultes roches et montaignes moult soubtivement faiz; et par les chemins qui tournoient autour desdictes roches, veoit on divers personnaiges à pied et à cheval, hommes, femmes et diverses bestes, qui furent moult bien faictz et soubtivement; et le dessoubz desditz chandeliers furent chascun de sept pieces de

---

1. Elle avait été construite par Mikiel Goetgoebeur, maître maçon de Bruges (Laborde, *op. cit.*).

2. « Compris. »

3. En 1448, Philippe le Bon avait fait venir à Bruges le peintre Baudouin pour lui montrer certains patrons de cette tapisserie et lui avait alloué 46 livres pour son voyage (Archives du Nord, compte de Guillaume de Poupet, fol. 145, 1448). Mais il est difficile de conclure de cette circonstance que la tapisserie de la Toison d'or ait été tissée sur les dessins de cet artiste, qui s'était peut-être borné à corriger ou revoir lesdits *patrons*.

mirouer moult grandes et si bien composées, que l'on veoit dedans chascune piece tout ce qui se faisoit dedans ladicte salle. Lesdictes montaignes estoient plaines d'arbres, d'erbes, de feuilles et de fleurs ; et certainement ilz furent fort prisez et regardez d'ung chascun, et furent faiz de la main d'ung moult soubtil homme, nommé maistre Jehan Stalkin, chanoine de Sainct Pierre de l'Isle ; car aucungs jours ledit Stalkin fit personnes mectre dedans lesditz chandeliers, qui faisoient virer la moictié desditz chandeliers aussi dru que ung molin à vent ; et saillirent hors des roches dragons gectans feu et flammes moult estrangement ; et ne veoit on point comment la soubtiveté se conduisoit.

« Au bout de ladicte salle, devant la grant porte, furent faictz deux grans hourtz l'ung sur l'aultre, moult gentement tapissez, pour mectre et loger les dames et damoiselles qui estoient venues pour veoir la feste et se tenoient comme non congnues.

« En celle salle avoit trois tables dressées, dont l'une fut au bout de dessus, traversant à potence, et estoit la table pour l'honneur. Celle table estoit plus haulte que les aultres, et y montoit on par marches de degrez ; et tout du long d'icelle salle[1] avoit ung riche ciel, et dossier si grant qu'il faisoit tappis au banc, tout de très riche drap d'or.

« Aux deux coustez de ladicte salle, tirant du long, furent les aultres deux tables dressées, moult belles et moult longues ; et au millieu de ladicte salle avoit ung hault et riche buffet, fait à maniere d'une losange.

1. « Table. »

Le dessoubz dudit buffet estoit cloz à maniere d'une lice, et tout tapissé et tendu des armes de monseigneur le duc ; et de là en amont[1] commençoient marches de degrez chargez de vaisselle, dont par les plus bas estoit la plus grosse, et par le plus hault estoit la plus riche et la plus mignote ; c'est assavoir par bas la grosse vaisselle d'argent dorée, et par l'amont estoit la vaisselle d'or garnye de pierrerie, dont il y avoit à très grant nombre. Et au dessus dudit buffet [avoit] une riche couppe garnye de pierrerie, et par les quarrez dudit buffet avoit grans cornes de licornes toutes entieres, moult grandes et moult belles ; et de toute la vaisselle de la parure dudit buffet ne fut servi pour ce jour, mais avoient aultre vaisselle d'argent, de potz et de tasses, dont la salle et les chambres furent servies ce jour ; et, à la verité, mondit seigneur de Bourgoingne povoit bien servir sa feste largement en vaisselle d'argent ; car le duc Philippe, dont Dieu ait l'ame, luy en laissa pour provision plus de soixante mil mars, ouvrez et prestz pour servir.

« Les tables furent noblement couvertes et aprestées pour disner ; et tantost madame de Bourgoingne, la mere, emmena la noble espouse, sa belle fille, et fut l'eaue cornée et l'assiette faicte, telle que cy après ensuyt.

« L'espouse fut assise au millieu de la table ; et près[2] d'elle, à la main dextre, estoit madicte dame ; et au bout de la table, d'icelluy costé, estoit madamoiselle de Bourgoingne ; et du costé senextre fut ordonnée la

1. « En avant. »
2. « Auprès. »

place de madame la duchesse de Nolfolch et de madamoiselle d'Arguel; mais pour ce que ladicte duchesse estoit travaillée, elle disna ce jour en sa chambre; et n'eust d'icelluy costé que madamoiselle d'Arguel.

« Derriere l'espousée furent ordonnées madame la contesse d'Escalles et madame la contesse de Charny, pour aider et suppourter l'espousée, comme il est de coustume de faire en tel cas; les aultres tables furent plaines de dames et damoiselles moult richement parées et vestues.

« Au regard du service, madame la nouvelle duchesse fut servie d'eschançon et d'escuyer tranchant et de pannetier, tous Angloix, tous chevaliers et gentilzhommes de grant maison[1]; et l'uissier de salle cria : « Chevaliers, à la viande ! » Et ainsi alla on au buffet la viande querir; et autour du buffet marchoient tous les parens de monseigneur, tous les chevaliers tant de l'ordre que de grant maison, tous deux à deux, après les trompettes, devant la viande; et puis grant nombre d'officiers d'armes, leurs costes d'armes vestues; et puis venoient tous les maistres d'hostel, tant de monseigneur que de madame, dont le dernier estoit messire Guillaume Bisse[2], premier maistre d'hostel, lequel avoit levé la viande au buffet; et après venoit le pannetier, et le suyvoient dix ou douze chevaliers et gens de grant maison, qui portoient la viande. Et ne voulut point madame la duchesse, la mere, pour celluy jour, estre servie à couvert; mais laissa l'honneur à sa belle fille, comme estoit raison.

1. « Gens de grand'maison. »
2. Bische ou Biche.

« Or pour abreger l'ordonnance de la salle, on avoit ordonné quatre gentilzhommes, et après chascun dix gentilzhommes nommez, lesquelz quarante quatre servirent la salle de viande, qui me sembla très diligemment servye ; et fut le disné servy à trois fois ; et n'est pas à oublier que toutes les salles, toutes les chambres, et la grande salle dont je parle, furent toutes serviz en vaisselle d'argent.

« Les seigneurs commis emmenerent les seigneurs, chevaliers et gentilzhommes angloix par les chambres, en ung lieu que l'on dit la gallerie, où disna le legat, accompaigné des ambassadeurs des Rois et des princes qui là estoient, ensemble de tous les evesques de ceste maison ; et disna monseigneur en la salle pour luy ordonnée, et tous ses chambellans en leur reigle, qui estoit moult belle chose à veoir, pour ce que tous estoient vestuz pareil de la livrée de monseigneur, et tous les serviteurs de mesmes à leur degré ; et ne veoit on homme, parmy leans, que vestu de velours, et grosses chaisnes d'or à moult grant nombre ; et à tant se taist mon escripture du disner, pour revenir à la jouste et au pas de l'Arbre d'or qui commença celuy jour, comme cy après orrez.

« Le disner fut faict, et se retraïrent les dames pour eulx aiser en leurs chambres ung petit, et devez sçavoir qu'il y eust plusieurs habillemens changez et renouvellez ; et puis monterent en leurs chariotz et sur leurs haquenées, et en moult grant pompe et triumphe vindrent sur les rens ; et tantost après vint monseigneur de Bourgoingne, son cheval harnaché de grosses sonnettes d'or, et luy vestu d'une longue robe d'orfavrerie, à grandes manches ouvertes. Ladicte robe estoit fourrée de moult bonnes martres, et, à la verité, ce me sembla habillement moult princial et riche. Ses chevaliers et gentilzhommes l'accompaignoient à moult grant nombre, et ses archiers et ses paiges l'adestroient à pied ; et ainsi vint descendre devant l'hostel qui pour luy estoit preparé.

« La place pour¹ la jouste fut dressée sur le marchié de Bruges, et fut toute close, qu'il n'y avoit que deux entrées, sinon pour celluy jour seullement, que monseigneur Adolf de Cleves, qui debvoit ouvrir et commencer le pas, avoit fait faire une entrée au droit de là où il se debvoit armer.

« Et pour estre myeulx adverty de la cause de ceste emprinse, monseigneur le bastard de Bourgoingne fonda son pas sur ung geant que ung nain conduisoit prisonnier, enchainé, dont la cause de sa prison est declairée en une lettre cy après escripte ², laquelle lettre ung poursuyvant nommé Arbre d'or, qui se disoit serviteur de la dame de l'Isle celée, avoit apportée à monseigneur le duc, dont la teneur s'ensuyt³, et aussi par ung chappitre baillé à mondit seigneur, qui s'ensuyt après la lecture⁴.

S'ensuit la teneur de la lettre presentée par Arbre d'or, serviteur de la dame de l'Isle celée, et aussi les chappitres faictz pour la conduicte de cestuy noble pas⁵

« Au regard de la place ordonnée pour la jouste,

1. « De. »
2. Trois mots omis dans les éditions précédentes.
3. Quatre mots également omis.
4. Six mots aussi supprimés par les précédents éditeurs.
5. Ce titre a été supprimé par Sauvage, de même que les

à l'entrée devers la chappelle de sainct Christofle, estoit une grande porte paincte à ung arbre d'or, et y pendoit ung marteau doré ; et à l'aultre bout à l'opposite, contre l'hostel de ville, avoit une aultre[1] grant porte, pareillement à l'arbre d'or, et ceste porte estoit faicte à tournelles moult gentement ; et sur icelle estoient les clairons de mondit seigneur le bastard à grandes bannieres de ses armes, et vestuz de sa livrée, qui fut pour celluy jour robes rouges à petitz arbres d'or mis sur la manche en signe du pas. Et sur les deux tours de ladicte porte avoit deux bannieres blanches à deux arbres d'or. A l'opposite des dames, du costé des grandes halles, fut l'Arbre d'or planté, qui fut ung moult beau pin tout doré d'or, excepté les fuilles ; et d'emprès icelluy pin avoit ung perron à trois pilliers moult gentement faict, où se tenoit le nain, le geant et Arbre d'or le poursuyvant, par qui se conduisoit le pas et le mistere de la jouste ; et à l'entour[2] dudit pillier avoit escript quatre lignes, qui disoient ainsi :

> De ce perron nul ne preigne merveille ;
> C'est une emprinse qui nobles cueurs reveille,
> Au service de la tant honnorée
> Dame d'honneur, et de l'Isle celée.

« Au plus près dudit perron avoit un hourt tapissé, où estoient les juges commis de par monseigneur pour garder ledit pas en justice et en raison ; et furent ordonnez premierement Thomas de Loreille, seigneur

---

phrases précédentes, par le motif qu'on ne trouvait dans le manuscrit ni la lettre ni les chapitres annoncés.

1. Un mot supprimé.
2. « A l'encontre. »

d'Escoville, embassadeur et serviteur de monseigneur
le duc de Normandie, messire Philippe Pot, seigneur
de la Roche, messire Claude de Thoulongeon, seigneur
de la Bastie[1], et messire Robert, seigneur de Miraul-
mont, lieutenant de monseigneur le mareschal de
Bourgoingne; et avec iceulx estoit le roy d'armes de
la Jartiere, le roy d'armes de la Thoison d'or,
Bretaigne le herault, Constantin le herault, Bourgoingne le herault et plusieurs aultres; et en ung
aultre hourt tenant à cestuy là estoient tous les roys
d'armes et heraulx, tant estrangiers comme privés,
qui estoient à ceste assemblée.

« Devant le hourt des juges se ferroient et mesuroient
toutes les lances; ne de tout le pas ne fut lance tenue
pour rompue, qu'elle ne fust mesurée à la mesure
par lesdits juges ordonnez, ne lance courue sans
mesure. Mais fut le droit de chascun moult bien et
loyaulment gardé, et je responds que je accompai-
gnay lesdits juges tout au long de la feste.

« Les maisons, les tours et tout à l'entour desdictes
lices, tant loing comme près, tout estoit si plain de
gens que c'estoit belle chose à voir. Et puisque j'ay
devisé de la maniere de la place, il est temps que je
reviegne à descripre l'entrée de monseigneur de Ravestain et celle de monseigneur le bastard, chevalier gardant l'Arbre d'or, qui pour ce jour coururent, et non
plus; et, à la verité, l'on doit ligierement entendre
qu'il fut tard, car la venue de l'espousée fut longue et

---

[1]. Lieutenant du maréchal de Bourgogne, et non pas Robert
de Miraumont, comme une erreur de copiste sans doute le fait
dire à notre chroniqueur.

le disner long, et povoit estre six heures avant que vint monseigneur de Ravestain[1].

« Comme dessus est dit, monseigneur de Ravestain, environ six heures, arriva à la porte de l'Arbre d'or, laquelle il trouva close, et son poursuyvant, nommé Ravestain, la coste d'armes vestue, qui portoit le blason de ses armes, hurta trois fois d'ung marteau doré à ladicte porte; et tantost luy fut la porte ouverte, et vint Arbre d'or le poursuyvant, aïant une cotte d'armes blanche, à grant arbre[2] d'or ; et estoit accompaigné du cappitaine des archiers de monseigneur le bastard et de six de ses archiers, qui deffendoient l'entrée. Ledit Arbre d'or dist au poursuyvant : « Noble officier d'armes, que demandez vous ? » Et le poursuyvant luy respondit : « A ceste porte est
« arrivé hault et puissant seigneur monseigneur Adolf
« de Cleves, seigneur de Ravestain, lequel est icy
« venu pour accomplir l'adventure de l'Arbre d'or. Si
« vous presente le blason de ses armes, et vous prie
« que ouverture luy soit faicte et qu'il soit receu. »

« Ledit Arbre d'or print unes tables, où il escrivit le nom du chevalier venant au pas, et puis print en ses mains, en grant reverence et à genoulx, le blason de monseigneur de Ravestain et l'emporta solempnellement jusques à l'Arbre d'or ; et, en passant par devant les juges, leur monstra ledit blason et leur dist l'adventure qu'il avoit trouvée à la porte. Si fut ledit blason mis et actaiché à l'Arbre d'or, comme il estoit ordonné, et fut faict sçavoir au chevalier qui gardoit

1. Cinq mots omis dans les précédentes éditions.
2. « A grans arbres. »

le pas le nom de celluy qui estoit arrivé pour son emprinse fournir.

« A celle heure partirent du perron pour venir à la porte, Arbre d'or, qui alloit devant, et après luy le nain qui menoit le geant enchainé ; le nain estoit vestu d'une longue robe, la moictié de drap damas blanc, et l'aultre moictié de satin figuré cramoisy, et avoit une barrette en sa teste ; et le geant estoit vestu d'une longue robe d'ung drap d'or d'estrange façon, et n'avoit riens en sa teste que ung petit chappeau de Prouvence. Ledit geant estoit sçaint, parmy le faulx du corps, d'une chaine. Celle chaine estoit longue et traignant, et par le bout qui traignoit le tenoit ledit nain et le menoit après soy ; et ainsi arriverent à la porte.

« Sur ce poinct fut la porte ouverte, et entrerent premierement les claircons de monseigneur de Ravestain, et après lesdits clairons venoient les tabourins, et après les tabourins les officiers d'armes, et après iceulx officiers d'armes venoit ung chevalier, à maniere d'ung homme de conseil. Ledit chevalier estoit monté sur une petite mulle enharnachée de velours bleu, et ledit chevalier vestu d'une longue robe de velours bleu. Suyvant ledit chevalier venoit la personne de monseigneur de Ravestain, en une litiere richement couverte de drap d'or cramoisy[1]. Les pannunceaulx[2] de ladicte litiere estoient d'argent, aux armes de mondit seigneur de Ravestain, et tout le bois richement paint, aux devises de mondit seigneur.

1. V. un récit un peu différent dans Jean de Haynin (*Mémoires*, t. I, p. 106), et *Excerpta historica*, p. 223.
2. « Pommeaux. »

« Ladicte litiere estoit portée par deux chevaulx noirs moult beaulx et moult fiers, lesquelx chevaulx estoient enharnachez de velours bleu, à gros cloux d'argent, richement, et sur iceulx chevaulx avoit deux petitz[1] paiges vestuz de robes de velours bleu, chargées d'orfavrerie, ayans barrettes de mesmes; et estoient houssez de petitz broudequins jaulnes et sans esperons, et avoient chascun ung fouet en la main.

« Dedans ladicte littiere estoit ledit chevalier, à demy assis sur grans coussins de riche velours cramoisy, et le fons de sadicte littiere estoit d'ung tappis de Turquie. Le chevalier estoit vestu d'une longue robe de velours tanné, fourrée d'ermines, à ung grant collet renversé, et la robe fendue de costé, et les manches fendues par telle façon, que, quant il se dressa en sa littiere, l'on veoit partie de son harnois. Il avoit une barrette de velours noir en sa teste et tenoit toute maniere de chevallier ancien, foulé et debilité des armes porter. Ladicte littiere estoit adestrée de quatre chevalliers qui marchoient à pied, grans et beaulx hommes, qui furent habillez de palletotz de velours bleu, et avoient chascun ung gros baston en la main.

« Après ladicte littiere venoit ung varlet de pied, vestu de la livrée de monseigneur de Ravestain, qui menoit en sa main ung destrier en selle, couvert d'ung riche drap d'or bleu chargé de grosses campanes d'argent et bordé de grandes lettres d'or de brodure à la devise du chevallier; et après icelluy destrier venoit ung sommier portant deux grans panniers, où povoit estre le surplus de son harnois. Les deux

---

1. Un mot omis dans les éditions précédentes.

panniers furent couvers d'une couverture de velours noir, chargée de grosses campanes d'argent, à bastons et à lettres de mesmes; et entre les deux panniers avoit assis ung petit sot vestu de velours bleu, à la devise dudit seigneur de Ravestain.

« En celle ordonnance marcha ledit seigneur jusques devant les dames; et, luy là arrivé, fut sa littiere ouverte par les quatre chevalliers; et là se mist le chevallier à genoulx, et osta sa barrette; et le chevallier, monté sur la petite mulle, fit pour luy la presentacion aux dames, dont les parolles ou semblables s'ensuyvent:

« Très haulte et très puissante princesse, ma très
« redouptée et souverainne dame, [et] vous aultres
« nobles princesses, dames et damoiselles, veez cy ung
« ancien chevallier qui dez long temps a frequenté
« et exercé les armes, lequel vous faict très humble
« reverance. Si est ainsi que par longue vie il est venu
« à ses anciens jours, ès quelx il se treuve fort debilité
« de sa personne, tellement qu'il ne peult plus, ne ne
« pourroit les armes suyvre ne porter; et à ceste cause
« a desjà longuement delaissié le mestier, et n'estoit
« pas desliberé de plus porter armes. Mais toutesvoyes,
« pour ce qu'il a sceu ceste grande et solempnelle
« feste du noble pas et emprinse du chevallier à l'Arbre
« d'or, et la très belle et noble assemblée des dames
« d'icelle noble compaignie, il ne s'est peu tenir, pour
« sa derniere main, de venir faire son devoir. Si se
« presente très humblement par devant vous, très haulte
« et très puissante princesse, [et] vous aultres nobles
« princesses, dames et damoiselles, et vous requiert
« en toute humilité que le vuillez avoir pour recom-
« mandé, et avoir son bon vouloir pour aggreable, et

« d'oires en avant le tenir pour excusé, à cause de son
« antiquité et debilitacion ; et, ceste emprinse achevée,
« il entend de soy rendre et renoncer aux armes, en
« demourant tousjours vostre très humble serviteur,
« et de toutes dames. »

« Après ce que le chevallier eust presenté monseigneur de Ravestain, il fut respondu par les dames qu'il fust le très bien venu ; et alors ledit seigneur[1] se remit en son chemin pour faire le tour de la toille ; et vint passer par devant le perron et l'Arbre d'or, où pendoit le blason de ses armes. Si fit le chevallier ung enclinement, et puis se presenta devant les juges ; et là se adgenoillerent les nain et geant jusques à terre, et s'en retournerent[2] au perron, où le nain rataicha le geant à l'Arbre d'or ; et puis se monta le nain sur son perron, à tout sa trompe et son orloge, pour en besoingner selon qu'il en estoit ordonné par les chappitres ; et mondit seigneur de Ravestain partit hors de la lice pour soy aller armer par la porte qu'il avoit faict faire, et dont ci dessus est faicte mencion. Ne demoura guieres après que le seigneur de Ravestain vint pour fournir son emprinse ; et avoit les quatre chevalliers qui avoient adextré sa littiere, et deux aultres escuyers vestuz comme devant, ayans harnois de jambes, et leurs chevaulx harnachez de velours bleu, chargez de campannes d'argent ; et mondit seigneur de Ravestain venoit après sur son destrier, armé comme il appertenoit, l'escu au col et le heaulme en la teste. Son cheval estoit couvert de velours bleu à

---

1. Mot omis dans les éditions précédentes.
2. « Jusques. »

grans lettres de brodure de fil d'or, et une grant bordure de mesmes, chargée de campannes d'argent. Son escu estoit couvert de mesmes; et après luy venoit le destrier, que on avoit mené en main, après sadicte littiere, couvert comme il est dit dessus; et n'y avoit autre chose à dire, sinon que dessus ledit destrier estoit monté ung paige habillé d'orfavrerie, en maniere de ceulx qui menoient ladicte littiere; et après revenoit son sommier, et puis sa littiere, telle que dessus est escript. Et après que ledit seigneur de Ravestain eust fait le tour parmy la lice, en attendant la venue du chevallier à l'Arbre d'or, prestement sonnerent les trompettes qui estoient dessus la porte; et fut ladicte porte ouverte par plusieurs archiers de corps de mondit seigneur le bastard, qui la gardoient; et prestement se apparut ung grant pavillon jaulne tout semé d'arbres d'or de brodure; et au dessus avoit une pomme d'or, où estoit plantée une banniere des armes de mondit seigneur le bastard; et fut conduict ledit pavillon jusques au bout de la lice; et ne veoit l'on riens de la conduicte dudit pavillon, excepté six petitz paiges à pied, vestuz d'orfavrerie, qui tenoient la main audit pavillon.

« Après le pavillon venoient sept chevalliers ou nobles hommes vestuz de palletotz de drap damas blanc, montez sur bons chevaulx, aians harnois de jambes. Lesdits chevaulx estoient couvertz de courtes couvertes de velours violet, semées de gros boutons dorez, auxquelx pendoient grosses campannes d'argent; et incontinent que le pavillon fut au bout de la lice, les lances furent choisies d'une part et d'aultre devant les juges, et fut apporté à chascun une lance; et lors fut ouvert le pavillon où estoit le chevallier à l'Arbre d'or, monté et armé comme il appertenoit. Ledit chevallier portoit ung escu vert, et lequel escu vert fut porté par le chevallier à l'Arbre d'or tout au long de l'emprinse. Son cheval estoit couvert de velours violet. Et si tost qu'ilz eurent d'ung costé et d'aultre les lances sur la cuisse, le nain, qui estoit sur le perron, dressa son orloge, qui estoit de voirre plain de sablon, portant le cours d'une grant demye heure, et puis sonna sa trompe tellement que les deux chevalliers le peurent ouyr. Si mirent les lances en arrest, et commencerent leur jouste, laquelle fut bien courue et joustée ; et eust encores myeulx esté, se ne feust le cheval de mondit seigneur de Ravestain, qui sur la fin ne voulut si bien aller comme il avoit commencé ; et, durant celle demye heure, rompit le chevallier à l'Arbre d'or plus de lances que le chevallier venant de dehors, parquoy il gaigna la verge d'or, comme il est[1] contenu ès articles du pas.

« Ainsy se passa la demie heure que tout le sablon fut coulé ; et, ce fait, incontinent le nain sonna son cor, et furent toutes les lances ostées d'une part et d'aultre ; et lors Arbre d'or le poursuyvant chargea sur son col deux gros planchois[2] blancs et semez d'arbres d'or ; et les apporta au chevallier venant de dehors, pour choisir lequel qu'il luy plairoit ; et porta l'aultre à celluy qui gardoit le pas, et de ces deux planchois, à son de trompes et de clairons, firent une course sans attainte ; puis se vindrent entre rencontrer les deux

1. « Estoit. »
2. « Planchons ; » piques ou bâtons de défense.

chevalliers, et eux toucher au deppartir; et à tant s'en retourna chascun pour celluy jour, car il estoit si tart que plus ne povoient nulz des coureurs courre. Si me passe à tant de plus en escripre pour celle journée; et fault revenir au grant bancquet qui fut tenu celle nuyct en la grant salle. Et au regard des salles et des chambres, où des grans seigneurs plusieurs soupperent celluy soir, du service et de la maniere, je m'en passe pour abreger, et reviens à l'estat qui fut tenu en la salle dessusdicte.

« Premierement furent les tables dressées en la maniere de celles du disner; mais elles estoient beaucop plus larges, et sur lesdictes tables avoit trante nefz, chascune d'icelles portant le nom de l'une des seigneuries de mondit seigneur de Bourgoingne, dont il y avoit cinq duchiés et quatorze contez; et le surplus estoient les[1] seigneuries[2] de Salins, de Malines, d'Arcle et de Bethune, qui sont grandes et nobles seigneuries. Lesdictes naves estoient toutes painctes d'or et d'asur, armoyées chascune des armes de la seigneurie dont elle se nommoit, ès bannieres et ès targons et sur les hunes; dont en chascune nave en y avoit trois, où estoient les bannieres de monseigneur de Bourgoingne; et au plus hault avoit ung grant estendard de soye noir et violet, semé de fusilz d'or, et de grans lettres où estoit le mot de monseigneur : « Je l'ay emprins. » La viande estoit dedans icelles naves, qui faisoient les platz. Les blasons estoient de soye, et tout le cordage doré de fin or. Gens d'armes et maronniers[3] estoient

1. « Des autres. »
2. « Comme. »
3. Matelots.

faictz et eslevez parmi les navires, et tout au plus près du vif que on pouvoit faire la semblance d'une carracque ou d'ung grant navire.

« *Item*, sur lesdictes tables avoit trante grans pastez couvers de differantes couvertures, en maniere de haultz chasteaux eslevez, tous paintz d'or et d'asur, à grandes bannieres de mondit seigneur de Bourgoingne; et sur chascung chasteau avoit les armes et le nom d'une bonne ville de mondit seigneur; et ainsi fut monstré trante principaultez et seigneuries de l'heritaige de mondit seigneur le duc, et trante villes à luy subgectes, les non pareilles du monde.

« *Item*, pour la parure d'icelles tables, avoit à l'entour de chascune nef quatre botequins chargez de fruictaille et espiceries moult richement estoffez.

« *Item*, furent icelluy jour presentez trois entremectz mouvans, dont l'ung et le premier s'ensuyt.

« Premierement entra dedans la salle une licorne grande comme ung cheval, toute couverte d'une couverture de soye paincte aux armes d'Angleterre ; et dessus icelle licorne avoit ung liepart moult bien faict, auprès du vif. Celluy liepart avoit en sa main senextre une grant banniere d'Angleterre, et à l'aultre main une fleur de marguerite moult bien faicte ; et après que à son de trompettes[1] et de clairons ladicte licorne eust faict son tour devant les tables, on l'ammena devant mondit seigneur le duc, et là ung des maistres d'hostel d'icelluy seigneur, à ce ordonné, print ladicte fleur de marguerite ès mains dudit liepart, et se vint adgenoiller devant mondit seigneur, et luy dit telles parolles :

1. « Trompes. »

MÉMOIRES D'OLIVIER DE LA MARCHE.   135

« Très excellant, très hault et très victorieux prince,
« mon très redoubté et souverain seigneur, le fier et
« redoubté liepart d'Angleterre vient visiter la noble
« compaignie; et pour la consolacion de vous et de
« vos alyez, payz et subjectz, vous faict present d'une
« noble marguerite[1]. » Et ainsi receut mondit seigneur
ladicte fleur de marguerite moult cordiallement, et ainsi
s'en retourna ladicte licorne par où elle estoit venue.

« Assez tost après rentra parmy la salle ung grant
lyon tout d'or, de aussi grant grandeur que le plus grant
destrier du monde. Celuy lyon estoit couvert d'une
grande couverte de soye toute paincte aux armes de
mondit seigneur le duc[2] de Bourgoingne; et dessus icelluy lyon estoit assise madame de Beaugrant, c'est assavoir la naine de madamoiselle de Bourgoingne, vestue
d'ung riche drap d'or, et pardessus ung petit rochet de
volet fin; et pourtoit pannetiere, houlette et tous habillemens de bergiere, et menoit derriere elle ung petit
levrier en lesse; et furent ordonnez deux nobles che-

---

1. Allusion à la nouvelle mariée. Mais peut-être en cachait-
elle une plus sérieuse. On sait que Charles le Téméraire
avait de secrètes prétentions à la couronne d'Angleterre. Le
3 novembre 1471, il déclare devant les notaires Hugues de
Leval et Mathieu de Hamel, chanoine d'Arras, au monastère de
Saint-Bertin, que la duchesse Isabelle, sa mère, lui a dit être
héritière universelle de Henri VI, roi d'Angleterre, et de tous
ses états; qu'elle lui a transféré tous ses droits à cette succession; qu'il entend les faire valoir en temps opportun, et que,
s'il ne le fait pas en ce moment, et s'il ne prend pas le titre
de roi d'Angleterre, c'est pour des raisons touchant le bien
de la maison de Bourgogne (Archives du château de Beaumont, pièce publiée par M. Gachard dans le *Trésor national*,
t. II, p. 122).

2. Deux mots omis dans les éditions précédentes.

valliers, monseigneur de Ternant[1] et messire Tristan de Thoulonjon, pour adextrer ladicte bergiere, laquelle bergiere tenoit en sa main une grande banniere de Bourgoingne ; et quant ledit lyon entra parmy la salle, il commença à ouvrir la gorge et à la reclorre, par si bonne façon qu'il prononçoit ce que cy après est escript. Et commença ledit lyon à chanter une chanson faicte à ce propos, à teneur et dessus, qui disoit ainsi :

> Bien viegne la belle bergiere
> De qui la beaulté et maniere
> Nous rend soulas et esperance !
> Bien viegne l'espoir et fiance
> De ceste seigneurie entiere !
> Bien devons celle tenir chiere,
> Qui nous est garand et frontiere
> Contre dangier, et tant qu'il pense.
>   Bien viegne !
> C'est la sourse, c'est la miniere
> De nostre force grande et fiere ;
> C'est nostre paix et asseurance.
> Dieu louons de telle alliance,
> Cryons, chantons à lie chiere :
>   Bien viegne !

« En chantant ceste chanson, fit ledit lyon son tour parmy la salle ; et quant il fut devant madame la duchesse à present[2], ledit maistre d'hostel, qui avoit fait present de la marguerite, s'adgenoilla devant madicte dame la duchesse nouvelle, et dist les parolles qui s'ensuyvent :

« Ma très rebdoutée dame, les pays dont aujour-
« d'huy par la grace de Dieu vous estes dame sont

1. Charles, seigneur de Ternant, fils de Philippe.
2. « Madame la nouvelle duchesse. »

« moult joyeulx de vostre venue ; et en souvenance
« des nobles bargieres qui par cy devant ont esté pas-
« toures et gardes des brebis de pardeçà, et qui si
« vertueusement s'y sont conduictes que lesdits pays
« ne s'en sçavent assez louer, à ce que soyez mieulx
« instruicte de leurs nobles meurs et condictions, ilz
« vous font present de ceste belle bergiere, habillée et
« embastonnée de vertueulx habillemens et bastons ad
« ce servans et propices, vous suppliant que les ayez
« en souvenance et pour recommandez. » Et en ce
disant lesdits deux chevalliers prindrent ladicte ber-
gere, et la presenterent sur la table, et madicte dame
la receut très humainnement, et n'est pas à oblier que
la houlette et pannetiere servans à la bergiere estoient
tous paintz et nommez de vertuz. Et ainsi le lyon
recommença sa chanson, et retourna par où il estoit
venu.

« Le tiers et derrenier entremectz pour celluy jour
fut ung grant dromadaire qui entra parmy la salle,
faict auprès le vif par tel artifice, qu'il sembloit mieulx
vif que aultrement ; et estoit harnaché en la maniere
sarrasinoise, à grandes campannes dorées, moult
riches, et sur son doz avoit deux grans paniers, et
entre iceulx paniers assis ung homme, habillé d'estrange façon ; et quant il entra en la salle, ledit dromadaire remua la teste, et tenoit une contenance saul-
vaige ; et celluy qui estoit dessus ouvrit les paniers,
et en tiroit oiseaulx estrangement paintz, comme s'ilz
veinssent d'Ynde, et les gectoit parmy la salle et par
dessus les tables ; et en tenant ceste contenance, à
sons de tromppettes et de clairons fist le dromadaire
son tour par devant les tables, et retourna par où il

estoit venu; et plus n'en fut faict pour celluy jour, et ne firent pas après soupper longues danses; car avant que les tables fussent ostées, il sonna trois heures après mynuyt. Si fust tantost l'espousée menée coucher; et du surplus du secret de la nuyt, je laisse à l'entendement des nobles parties; et reviens au deviser de l'adventure du lendemain, qui fut le lundy[1], second jour de la feste.

« Ce lundy disna monseigneur le duc en la grant salle; et avoit assis au dessus de luy madame la duchesse de Nolfolck, et de l'aultre costé madame d'Arguel[2]. Aux autres deux tables furent en l'une toutes les dames, et en l'aultre tous les chevaliers et seigneurs angloix; et fut on grandement servy; et au regard de madame de Bourgoingne, la mere, et la nouvelle duchesse, elles disnerent en chambre; et tantost que le disner fut passé, on se tira sur les rens pour veoir la jouste.

« Comme dit est dessus, les dames et la seignorie allerent sur les rens pour la jouste veoir, excepté les deux dictes duchesses, qui pour icelluy jour n'y allerent point; et sitost que mondit seigneur le duc fut sur les rens, fut apporté le blason de monseigneur de Chasteau Guyon, frere de monseigneur le prince d'Orange et nepveur de monseigneur le conte d'Armignac; et après fut allé querre par le geant et par le nain, et se presenta en la maniere qui s'ensuyt.

« Monseigneur de Chasteau Guyon estoit monté et armé, le heaulme en la teste et l'escu au col, comme il appertenoit. Son cheval estoit couvert de drap d'or

1. Lundi 4 juillet.
2. Mot omis dans les éditions précédentes.

cramoisy; et après luy avoit deux aultres chevaulx, dont le premier estoit couvert de drap d'or bleu, et le second de drap d'or violet; et sur lesdits chevaulx estoient montez deux paiges vestuz de mantelines de satin vert, et devant luy avoit sept nobles hommes, pareillement vestuz de mantelines de satin vert. Les chevaulx estoient enharnachez de drap, tous d'une façon; et ainsi fut par le geant presenté aux dames, et fit son tour comme le premier, par devant l'Arbre d'or et par devant les juges; et puis print son renc pour son emprinse fournir.

« Tantost après fut la porte ouverte par où debvoit venir le chevallier à l'Arbre d'or; et prestement saillit dehors ledit chevallier, à tout son escu vert, son cheval couvert d'ung riche drap d'or; et avoit devant luy quatre gentilzhommes, leurs chevaulx houssez de drap damas blanc, et par dessus semés d'arbres d'or de brodure, et les gentilzhommes vestuz de mantelines de satin tanné. Le chevallier venu, leur furent leurs lances presentées, et le nain mist son orloge et sonna sa trompe; et ainsi commença la jouste.

« Durant celle demye heure coururent lesditz chevalliers dix huict courses, et rompit le chevallier à l'Arbre d'or dix lances, et ledit seigneur de Chasteau Guyon neuf; et fut la premiere fois que ledit seigneur de Chasteau Guyon avoit jamais jousté. Mais il se porta si bien et si vivement en icelle jouste, qu'il en fut moult prisé de tous; et, après la demye heure achevée, coururent des planchons une course, sans attaincte; et paya ledit monseigneur de Chasteau Guyon une verge d'or, pour ce qu'il avoit moings rompu de lances que le chevallier à l'Arbre d'or.

« Après icelluy fut presenté le blason de Charles de Visan, ung escuyer, varlet de chambre de monseigneur de Bourgoingne, lequel Charles se fit accompaigner par douze archiers du corps de mondit seigneur, qui le suyvoient à pied, et avoit seulement ung gentilhomme à cheval pour le servir; lequel gentilhomme avoit ung palletot d'orfavrerie, et son cheval enharnaché d'orfavrerie, à la devise dudit Charles de Visan. Et le cheval dudit Charles de Visan estoit couvert d'une couverture d'orfavrerie, assise sur ung drap violet. Ladicte houssure estoit très riche, faicte à la devise dudit Charles; et, son tour faict comme les autres, print le bout de son renc.

« A sons de trompettes et de clairons, partit le chevalier de l'Arbre d'or, à tout son escu vert, comme il avoit de coustume. Son cheval estoit enharnaché d'un harnois bleu, chargé d'orfavrerie et de grosses campanes d'argent; et coururent l'ung contre l'aultre, en celle demye heure, vingt et une courses; et rompit le chevalier gardant le pas neuf lances, et ledit Charles huict; et certes il y eust à celle jouste très dures attaintes d'ung costé et d'aultre; car ilz estoient tous deux bons jousteurs, et rompirent plusieurs bois, dont on ne faict point cy de mention, et pareillement en ce pas[1], car nulles lances ne furent tenues pour rompues, s'il n'y avoit quatre doigts de frans au dessoubs le rochet ou devant la grappe. Et ainsi fut celle jouste très bien joustée; et, le cor sonné par le nain, coururent une course de planchons qui ne fut point attainte; et paya ledit Charles une verge d'or pour ce qu'il avoit le moins rompu.

1. « Dont on ne faisoit nulle mention en ce pas. »

« Pour le tiers et derrenier d'icelluy jour, se presenta monseigneur de Fiennes[1], nepveur de monseigneur le conte de Sainct Pol, connestable de France; et fut son blason mis à l'Arbre d'or comme les aultres, et fut conduict par le nain et par le geant, entretenans l'ordonnance du pas. Il avoit devant luy quatre chevalliers : c'est assavoir monseigneur [Jacques] de Lucembourg[2], son oncle, monseigneur de Roussy[3], son cousin germain, messire Jehan de Luxembourg[4], son frere, et monseigneur le marquis de Ferrare[5]. Leurs chevaulx estoient harnachez de velours bleu broudé d'orfavrerie, à grosses campannes d'argent; et avoient palletotz de velours noir brodez de lettres, à la devise dudit seigneur de Fiennes; et y avoit plusieurs aultres nobles hommes et serviteurs, tant à cheval qu'à pied[6], d'icelle parure; mesme le cheval dudit seigneur de Fiennes estoit couvert d'une houssure de velours noir brodée en bordure de filz d'or, à sa devise; et sur la cruppe de son cheval avoit une moult riche fleur de brodure, toute de fil d'or. Il y avoit après luy quatre paiges vestuz de robes de velours, moictié tanné, moictié bleu, chargées d'orfavrerie; et avoient petitz chapperons tannez, broudez de mesmes. Le cheval sur quoy estoit le premier paige estoit houssé d'une houssure d'orfavrerie menue, enrichie de campannes d'ar-

---

1. Jacques de Luxembourg, seigneur de Fiennes.
2. Seigneur de Richebourg, ci-devant nommé.
3. Antoine de Luxembourg, troisième fils du connétable, comte de Brienne et de Roussy.
4. Jean de Luxembourg, seigneur de Sottenghien.
5. Borso, marquis de Ferrare, chambellan du duc.
6. « Tant à pié comme à cheval. »

gent. Le second estoit couvert d'armines, à une bordure de drap d'or cramoisy; et le tiers houssé d'orfavrerie menue, enrichie de campannes dorées moult richement. Le quart, de velours cramoisy bordé d'armines; son pallefrenier, vestu de mesmes les paiges, venoit après, monté sur ung cheval couvert de velours bleu chargé d'orfavrerie. Ledit pallefrenier menoit ung destrier en main, houssé et couvert de riche drap d'or cramoisy, et la selle de mesmes.

« En tel estat fit mondit seigneur de Fiennes son tour parmy la lice; et tantost après se presenta le chevallier à l'Arbre d'or, son cheval couvert d'une riche couverte de drap d'or vert, broudé, par dessus le vert, d'orfavrerie blanche très richement; et estoit accompaigné des seigneurs et nobles hommes qui avoient couru à l'encontre de luy, comme contenu est par les chappitres. Les deux chevalliers coururent, en celle demy heure, vingt deux courses; et furent rompues, par le chevallier à l'Arbre d'or, unze lances; et ledit seigneur de Fiennes en rompit six. Et après le cor sonné, coururent une course de bourdons, où n'y eust attainte nulle; et paya ledit seigneur de Fiennes la verge d'or au chevallier gardant le pas, pour avoir le moings rompu. Et à tant pour ce jour se deppartit la feste, et n'a[1] chose qui à rementevoir face, jusques au bancquet, qui fut conduict par la maniere qui s'ensuyt.

« Pour mieulx tenir forme de bancquet, fut la table qui estoit à la dextre main ostée; et de l'aultre costé fut la table ralongée, et fait joindre et tenir à la table du prince; et de l'aultre costé fut mis ung grant buffet

---

1. « N'y eut. »

plad, et la vaisselle pour le service dessus; et fut assis et conduyt comme il s'ensuyt.

« Celluy jour fut le bancquet conduict de vingt quatre platz, moult grans et moult somptueux; et n'y avoit autre parure sur les tables pour celluy soir; et assez tost après fut veu au bout de la table, en la salle, ung hourt encourtiné; et sur ce hourt commencerent trompettes à sonner, et sur ce fut la courtine tirée. Et là se commencerent à monstrer les figures des douze travaulx d'Herculès, dont le premier s'ensuyt.

« Premierement fut veu Herculès en son bers, et sa norrice qui luy donnoit la mamelle; et au plus près, le bers de son frere jumeau; et sa norrice, qui le levoit[1] et portoit chauffer au feu, lui donnoit le tetin et le emmaillottoit; et faisoit maniere de norrice à enffans; et après le remist en son bers, et commença à bercer et le rendormir, et pareillement celle de Herculès; et ainsi s'endormirent les enffans, et les nourrices pareillement. Et tantost après entrerent dedans ladicte salle deux serpens si bien fais, que chascun disoit que l'on ne les sçauroit amander. Ces deux serpens vindrent premier au bers du frere d'Herculès, et le prindrent et le devorerent, et puis vindrent au bers de Herculès, pour faire le semblable; mais Herculès de force rompit ses liens, et se combatit ausdits serpens de coups de poings, de telle vigueur qu'il les occist. Et fut la contenance si bien tenue, tant des serpens comme de Herculès, que ce sembloit chose vive, sans mistaire. Et ainsi s'esveillerent les deux norrices, et firent ung grant cry. Et sur ce point fut la courtine

1. « Tenoit. »

retirée; et fut actaiché, par dehors la courtine, certain escript de certainnes lignes, dont la teneur s'ensuyt :

> Herculès en son bers, soubs povoir de norrice,
> Tua deux grans serpens de force, sans malice.
> Bon josne[1] se monstra sa fortune propice,
> Dont son frère mourut, innocent et sans vice.
> Puisque sur deux bessons[2] portez d'une ventrée,
> Fortune se despart par diverse livrée,
> Dont l'ung laisse perir ainsi qu'une fumée,
> L'aultre porte en ses bras croissant en renommée,
> Bien devons Dieu doubter de cueur et de pensée;
> Car c'est cil qui deppart où il veut sa souldée.

« Pour la seconde fois fut la courtine retirée, après le son des trompettes. Et pour le second travail de Herculès, furent veuz en ung bateau Herculès et Theseus, richement armez; et vindrent iceulx, boutans leurs navieres à leurs lances, jusques auprès d'une grant montaigne où il y avoit des moutons qui pasturoient. Herculès convoicta iceulx moutons, pour ce que au pays de Grece n'y en avoit nulz. Si descendit jus de son navire, et fit reculer ledit naviere par Theseus; et vint au pied de ladicte montaigne, et sonna une grant trompe qu'il trouva là, et fist semblant de prendre lesdits moutons. Et tantost saillit avant ung geant merveilleusement grant, tenant une hache en sa main. Herculès courut sus audit geant, et le geant à luy; mais en peu d'heure le desconfit ledit Herculès, et le mist mort à la terre. Et tantost saillit de la montaigne le Roy Philotès, la couronne en la teste, et armé moult richement, qui courut sus moult vigoureusement

---

1. « A luy donc. »
2. Jumeaux.

à Herculès; et dura moult longuement la bataille entre eulx deux. Mais, en fin de compte, Herculès desembastonna ledit Philotès de tous ses bastons, et se rendit à luy à genoux, et Herculès le print à mercy. Et porte l'histoire que le Roi[1] Philotès demeura serf de Herculès à sa vie. Philotès desconfit, Theseus ramena le naviere; et là Herculès print des moutons à son plaisir, et les mist audit naviere, et fit entrer Philotès dedans, et puis rentra, et remist son naviere en chemin. Et sur ce point fut la courtine retirée, et remis contre la courtine ung billet contenant ainsi :

> Herculès, pour mener en Grece le premier
> Les moutons et leur laine, comme bon chevallier,
> Desconfit ung geant moult cruel et moult fier,
> Et le Roy Philotès, dont il fit souldoyer.
> Bien devoit Herculès estre amé par nature,
> Quant pour enrichir Grece emprint telle adventure.
> Là monstra il aux princes, par raison et droicture,
> Qu'ilz doibvent corps et vaine estendre sans murmure,
> Et emploier le temps par travail, sans lassure,
> Pour le publicque bien, lequel ilz ont en cure.

« Pour la troiziesme fois, au son des trompettes, fut la courtine tirée, et là fut veu ung navire encré, dedans lequel avoit une pucelle richement vestue et habillée, et tenoit maniere de soy rendre à la misericorde des Dieux. Et tantost fut reveu Herculès, Theseus et le Roy Philotès, avecques leurs moutons, qui vaucroient en mer comme si ilz alloient en Grece; et quant ilz approucherent de la pucelle, elle leur monstroit qu'ilz n'approuchassent point. Et toutefois Herculès tira celle part, et tint maniere de parlementer à la damoiselle;

---

1. « Ledict. »

et quant il eust parlementé à elle, il entra dedans son bateau, et print son escu et sa massue, et Theseus et Philotès reculerent leur naviere. Et lors ne demoura grandement que ung monstre de mer, de merveilleuse façon, vint pour devorer la pucelle, laquelle de peur tomba toute pasmée. Mais Herculès frappoit de sa massue sur la teste dudit monstre, et le monstre luy couroit sus moult asprement ; et, fin de compte, tant ferit Herculès de sa massue, qu'il occit ledit monstre. Et tantost revindrent Theseus et Philotès à tout leur naviere, qui actacherent ledit monstre à une corde, et le ammenerent traignant à leur bateau ; et Herculès desancra le naviere de la pucelle, et s'en vint après. Et sur ce point fut la courtine retirée, et remis[1] le rolet qui s'ensuyt :

> Herculès conquesta de l'honneur grant monjoye
> D'occire le fier monstre qui vouloit faire proye
> De Zionna[2] la belle, fille au grant Roy de Troye ;
> Et mist le peuple à paix, à repoz et à joye.
> O nobles chevaliers, ô toute gentilesse,
> Prenez ycy exemple ! Herculès vous en presse.
> Pour garantir les dames, monstrez votre[3] hardiesse,
> Faictes vous detrancher pour honneste prouesse ;
> Deffendez leur honneur, car n'ont autre richesse.
> Qui autrement le fait, il offence noblesse.

« Pour la quatriesme et derreniere fois d'iceluy jour, après le son des trompettes fut la courtine retirée, et là fut veu Herculès soy proumenant avecques Philotès. Et y avoit ung païsant sur ung arbre, faisant maniere que ledit Herculès ne Philotès n'approu-

1. « Par escript. »
2. « D'Hésionne. »
3. « Grand. »

chassent ; mais Herculès tira celle part ; et quant il entendit que la place estoit dangereuse, il fit monter Philotès sur l'arbre, avecques le païsant. Et tantost vindrent trois lyons qui partirent d'une montaigne, qui coururent sus à Herculès moult fierement ; et Herculès se deffendit de moult bonne façon. Mais lesdits lyons le pressoient[1] moult fort ; et tant dura la bataille, que Herculès les occist tous trois l'ung après l'aultre. Et descendirent ledit Philotès et le païsant pour ayder à escorcher lesdits lyons. Et sur ce point fut la courtine retirée, et remis le rollet tel qu'il s'ensuyt :

> Herculès se trouva assailly des lyons ;
> Trois en occit en l'heure, ainsi que nous trouvons.
> Fier et fort se monstra sur tous les mortels hommes.
> Plus trouvons ces faiz grans, plus avant les lisons.
> Les trois lyons terribles par Herculès vaincuz,
> C'est le monde, la chair, et le diable de plus.
> L'ung souffle, l'aultre atise, le tiers nous[2] rend abus.
> Maintz hommes ont deceuz, devorez et perduz.
> Or soyons bataillans de glaives de vertuz,
> A ce que de noz ames Dieu ne face reffuz.

« Assez tost après entra parmy la salle ung griffon moult grant et moult bien fait. Ledit griffon remuoit les eslles et la teste, comme se il fust en vie ; et estoient les plumes toutes d'or et d'azur ; et le derriere du griffon si bien et parfaictement faict, qu'il sembloit en vie. La croppe du griffon estoit couverte d'une couverte de soye blanche et bleue, semée des lettres de monseigneur le duc et de madame ; et entretant que ledit

---

1. « Presserent. »
2. Mot supprimé dans les éditions précédentes qui donnent ainsi l'hémistiche : « Et le tiers rend abus. »

griffon marchoit parmy la salle, il ouvrit le bec, dont saillirent plusieurs oiseaulx en vye qui s'envouloient par dessus les tables ; et ainsi, à sons de trompes et de clairons, fist ledit griffon son tour parmy la salle, et s'en retourna par où il estoit venu ; et sur ce point furent ostées les tables, et la dance commença ; ne plus n'y eut celluy jour que à ramentevoir face.

« Le mardy ensuivant fut le disné, en diverses salles et chambres, richement servy, et, après le disner, mondit seigneur et les dames allerent sur les rens pour veoir les joustes ; et le premier qui se presenta pour celluy jour fut messire Jehan de Luxembourg, frere de monseigneur de Fiennes, et nepveur de monseigneur de Sainct Pol, connestable de France. Il estoit accompaigné de plusieurs notables personnaiges, tant ses parens comme autres. Son cheval estoit couvert d'une couverture d'orfavrerie dorée très belle. Il avoit cinq paiges après luy, richement et gentement habillez ; dont le premier cheval[1] sur quoy lesdits paiges estoyent montez estoit couvert de velours cramoisy, à une grant bordure de drap d'argent bleu. La seconde fut de drap damas bleu, [à] une bordure d'orfavrerie blanche, à gros tronchons, en maniere de bastons d'argent, à grosses campannes de mesmes. Le tiers cheval estoit couvert de velours noir, à grans lettres de brodure de fil d'or, à sa devise. Le quart estoit couvert de bonnes martres, le poil dehors ; et le cinquiesme de drap d'or cramoisy.

« Si tost que ledit messire Jehan de Lucembourg eust fait le tour accoustumé, saillit le chevallier à

1. « Des chevaux. »

l'Arbre d'or, son cheval couvert de velours tanné, à grans barbacannes de fil d'or en brodure, et lettres de mesmes, à sa devise ; et d'icelles barbacannes yssoient flammes de feu. Si furent les lances baillées et l'orloge mise en son cours ; et avoit apparence que la jouste eust esté bien joustée, et la demye heure bien employée ; mais il n'y eust guieres couru, que l'arrest de messire Jehan de Lucembourg fut rompu par tel meschief qu'il n'y eust nul moyen de y remedier ; parquoy ledit messire Jehan, du consentement de mondit seigneur le bastard, se partit sans achever son emprinse.

« Tantost après se presenta monseigneur d'Arguel, filz de monseigneur le prince d'Oranges, et nepveur de monseigneur le duc de Bretaigne[1]. Il avoit six nobles hommes qui alloient devant luy, vestuz et harnachez leurs chevaulx, de velours, très honnestement ; et estoient leurs harnois de chevaux semez de grosses campannes d'argent. Son cheval estoit couvert d'ung riche drap d'argent violet. Il avoit trois paiges avecques luy, sur trois chevaulx couvers. Les paiges estoient vestuz de paletoz de velours vert, et le premier cheval estoit couvert de velours cramoisy, le second, de velours violet, et le tiers, de velours bleu, chargez de campannes d'argent, et portoit son escu my party de blanc et de vert.

« Mondit seigneur le bastard se presenta sur un destrier couvert de drap damas blanc, à grosses larmes d'or en brodure ; et, pour dire la verité, ilz emploierent celle demie heure moult bien et honnorablement, rom-

---

1. Sa mère, Catherine, était sœur du duc François II de Bretagne.

pirent plusieurs lances, et firent plusieurs grandes attaintes, non comptées par les juges pour les raisons cy dessus escriptes ; mais toutes voyes en celle demie heure ils rompirent chascun treze lances deuement rompues ; et pour ce que le nombre fut pareil, fut jugé que l'ung ni l'aultre ne debvoit point de verge ; et après la demye heure coururent les planchons, sans faire attainte qui à ramentevoir face.

« Pour le derrenier d'icelluy jour se presenta messire Anthoine de Hallewin, ung noble chevallier flamang. Son cheval estoit couvert de velours noir, broudé et semé de fil d'or ; et me sembloient roses eslevées, et d'icelles roses yssoyent grosses campannes d'argent. La bordure d'icelle housseure estoit de grandes lettres de fil d'or, c'est assavoir A et I, lassez ensemble. Il avoit trois chevaulx couvers après luy, et dessus trois paiges vestuz d'orfavrerie. Le premier cheval estoit couvert de drap d'or gris, le second, d'orfavrerie blanche, à gros boullons d'argent, et le tiers, de velours cramoisy, à une grant bordure de drap d'argent.

« Tost après se presenta le chevallier à l'Arbre d'or. Son cheval estoit couvert d'ung drap d'argent cramoisy, brodé d'orfavrerie dorée très richement ; et ne rompit celle demye heure que trois lances, et ledit messire Anthoine de Hallewin en rompit cinq ; parquoy audit de Hallewin fut adjugée la verge d'or. Puis coururent la course du planchon, comme il estoit de coustume ; et ainsi se passa celle journée jusques à l'heure du soupper, que le bancquet fut appareillé en la grant salle, à telles tables comme le jour devant, ainsi que cy après orrez.

« Celluy mardi fut faict le troisiesme bancquet, et furent tous couvers les platz de grandes tentes de soye, richement peinctes et estoffées d'or et d'argent diversement ; et pareillement furent les pastez couvers de pavillons, et pardessus lesdictes tentes et pavillons avoit bannieres des armes de mondit seigneur de Bourgoingne ; et par les goutieres avoit escript, d'or et d'argent, le mot de mondit seigneur et celluy de madame, dont le mot de mondit seigneur estoit : « Je l'ay emprins, » et celuy de madame : « Bien en advienne ; » et par dessus chascune tente et chascun pavillon avoit escript en ung rollet le nom d'une ville close, subgecte à mondit seigneur ; parquoy furent monstrées à celle fois soixante villes closes subgectes, oultre et par dessus les trante du premier bancquet.

« *Item*, sur chascun pasté avoit deux marmosetz d'or et d'azur, et vestuz de soye, qui tenoient maniere d'effondrer lesditz pastez de divers ostilz ; les ungs de hoyaulx, les aultres de massues, les aultres de besches ; et chascun faisoit diverses contenances. Et au surplus fut le bancquet grant et plantureux, et bien forny.

« Et au millieu de la salle avoit une tour aussi haulte que la salle, faicte au propos et au patron de la grosse tour que fit commencer monseigneur le duc Charles, luy estant conte de Charrolois, en sa ville de Gorguan[1], en Hollande ; et certes celle tour fut moult richement faicte et bien accomplie[2], et toute paincte d'or, d'azur et d'argent ; et tantost après que la seignorie fut assise à table, une guette estant au dessus d'icelle tour, en

1. Gorcum.
2. « Compassée. »

l'echarguette, sonna un cornet moult hault; et, après le cornet sonné, ladicte guette fit semblant de faire son guet, comme on a accoustumé de faire en tel cas; et après qu'il eut longuement regardé autour de luy, il vit[1] les tentes et pavillons qui autour de luy estoient; il tint maniere d'esbaïssement, et comme s'il eust esté assiegé en icelle tour; mais à bien regarder il les congneust, et congneut que c'estoient villes pour son ayde, et non pas pour sa nuysance. Si se commença à resjouir; et appella ses trompettes, qu'ilz vinssent faire une sonnade devant la compaignie; et prestement se ouvrirent quatre fenestres au plus hault de la tour, et de chascune fenestre saillit ung gros sanglier, à tout trompettes, à grans bannieres de monseigneur de Bourgoingne, et sonnerent une longue basture; et certes ce fut ung estrange personnaige à veoir; et puis s'en retournerent lesditz sangliers, et par ce furent lesdictes fenestres closes.

« Assez tost après recommença ladicte guette son propoz, et pour mieulx festoyer la compaignie, demanda ses haultz menestriers; et tantost furent les quatre fenestres ouvertes, et par là saillirent trois chevres et ung bouc, moult bien et vivement faictz. Le bouc jouoit d'une trompette saicqueboute[2], et les trois chevres jouoient de schalmayes[3]; et en celle maniere jouerent ung motet, et puis s'en retournerent comme ilz estoient venuz.

« Pour la tierce fois commença la guette son pro-

1. « Voyant. »
2. *Saquebute*, sorte de trompette à quatre branches qui se démontent, plus longue que la trompette ordinaire.
3. On dit aussi : *chalemele*, chalumeau, flageolet.

poz, et dit qu'il estoit fourny de gens, d'artillerie et de vivres, et qu'il voulloit monstrer qu'il ne se soucioit pas de faire bonne chiere. Si manda ses joueurs de fleutes, et prestement s'ouvrirent les fenestres, et là se comparurent quatre loups ayans flustes en leurs pattes, et commencerent lesdits loups à jouer une chanson, et puis s'en retournerent comme les aultres.

« Pour la quatriesme fois demanda la guette ses chantres, et là s'apparurent quatre gros asnes moult bien faictz, lesquelx dirent une chanson de musicque à quatre pars, faicte à ce propos, qui se disoit ainsi :

> Faictes vous l'asne, ma maistresse ?
> Cuydez vous, par vostre rudesse,
> Que je vous doye habandonner ?
> Jà pour mordre ne pour ruer
> Ne me aviendra que je vous laisse.
> Pour manger chardon comme asnesse,
> Pour porter bas, pour faiz, pour presse,
> Laisser ne puis de vous aymer.
>   Faictes vous l'asne ?
> Soyez farsante ou mouqueresse,
> Soit lascheté ou hardiesse,
> Je suis faict pour vous honnorer.
> Et donc me debvez vous tuer,
> Pour avoir le nom de murdresse ?
>   Faictes vous l'asne ?

« Pour le cinquiesme et derrenier entremectz venant de la tour, sonna ung cornet, comme il avoit accoustumé à chascune fois, et la guette recommença son propos, et manda une morisque pour resjouyr la compaignie ; et maintenant, par ung huys venant sur porterne[1], à maniere d'une gallerie allant autour de la

---

1. « Portouer. »

tour, partit ung cinge dehors, qui tint maniere de soy esbahir de la compaignie; et tantost après ung aultre, et jusqu'au nombre de sept, dont il y avoit une cingesse. Lesdits cinges estoient moult bien faictz auprès du vif, et y avoit dedans l'abillement de très bons corps et qui faisoient de bons et nouveaulx tours; et n'eurent gueres marché iceulx cinges par celle gallerie que ilz trouverent ung marcier endormi auprès de sa marcerie; et, en tenant contenance de cinges, le premier print ung tabourin et ung flajol et commença à jouer, l'aultre print ung mirouer, l'aultre un pigne; et, pour conclusion, ilz laisserent au marcier petite part de sa marcerie; et le cinge, qui avoit le tabourin, commença à jouer une morisque, et, en dansant celle morisque, firent le tour autour de la tour, et, après plusieurs habiletez de cinges, s'en retournerent par où ilz estoient venuz; et sur ce point furent les tables ostées et levées et la dance commença ; et plus n'y eust faict pour celluy jour.

« Le mercredy, quatriesme jour d'icelle feste, furent les salles et les chambres, tant pour le disner comme pour le soupper, richement servies de poisson, tant de mer comme d'eaue doulce; et ne fut celluy soir aucune assemblée faicte de dances ne de banquectz pour le jour, qui estoit de poisson. Mais celluy jour la jouste continua, et fit messire Jehan de Chassa, seigneur de Monnet, ung gentil chevallier bourguignon, le premier presenter le blason de ses armes pour actaicher à l'Arbre d'or, comme il estoit de coustume ; et avant que ledit chevallier envoyast son blason, il avoit envoyé aux dames unes lettres closes par maniere de supplicacion, et après que les dames avoient ouy les lettres dire et lire en leur presence, luy donnerent licence de entrer et venir au pas, ouquel vint très nouvellement, comme vous orrez.

S'ensuyt la teneur de la lettre du chevallier esclave[1] :
« Très excellante, très haulte et très puissante prin-
« cesse, ma très redoubtée dame, et vous autres prin-
« cesses, dames et damoiselles, plaisir vous soit de
« sçavoir que ung chevallier esclave, né du royaulme
« d'Esclavonie, est presentement arrivé en ceste noble
« ville, en la conduicte d'une damoiselle errant, soubs
« qui et en gouvernement de laquelle il est mis, par
« le commandement et ordonnance de sa belle dame.
« Or ne veult le noble chevallier soy presenter devant
« vostre noble seigneurie, ne pardevant la noble,
« haulte et belle compaignie, jusques à ce que vous
« soyez de son cas plainement adverties. Vray est,
« très nobles princesses, que le chevallier esclave a
« toute sa vie servi et honnoré une dame d'Esclavonie
« loyaulment à son pouvoir, et elle, de sa grace, l'a
« entretenu d'esperance et de bonne chiere assez lar-
« gement, sans toutesvoyes le vouloir jamais retenir
« pour serviteur ; mais bien le norrissoit en esperance
« de guerdon. Toutesvoyes ledit chevallier, par mala-
« die d'amour aggravée, longuement norrye en son
« cueur, a souffert l'angoisseuse et travaillable paine
« qu'il n'estoit plus puissant de porter ne souffrir ; et,
« par une esperance desesperée, s'est enhardi ledit
« chevallier de requerir misericorde, grace et guerdon
« d'amours, soy tenant indigne de l'avoir, mais tou-

1. Les éditeurs précédents ont remplacé ce titre par cette phrase incidente : « après la teneur de sa lettre, qui fut telle. »

« tesvoyes l'avoir loyaulment merité et desservy.
« Ladicte dame continuant en sa fierté, desobeissante
« à amours, et oubliant la vertu feminine de pitié,
« reffusa[1] audit chevallier sa requeste, et luy tint[2]
« termes si estranges qu'il demoura[3] hors de toute
« esperance de jamais bien avoir en ce monde, et luy,
« plain de desplaisir et de raige, se quelque temps
« retrahit[4] en sa maison, emmy les bois, roches et
« montaignes, où il n'a vescu que de regrectz, sous-
« pirs et larmes par l'espace de neuf mois entiers ; et
« n'est point à doubter que, si longuement il y fust
« demouré, il estoit à fin de sa vie. Ladicte dame,
« quant elle ouyt[5] son cas, eust[6] aucune repentance de
« son pechié et ingratitude ; et luy envoya[7] ladicte dame
« une damoiselle errant qui le conduict, par laquelle
« luy fit[8] dire plusieurs belles et grandes remons-
« trances, luy disant que les biens d'amours doivent
« estre achetez par longs desirs, par longs travaulx
« et par inextimables souffretez, et que, quant aucung
« bien en vient, plus est cherement acheté, plus est
« aymé, chier tenu et gardé, et que le plus grant
« pechié d'amour qui soit, si est desesperance. Pour
« ce conseilloit[9] ladicte dame audit chevallier qu'il prinst
« esperance pour desespoir, et couraige pour esba-

1. « A refusé. »
2. « A tenu. »
3. « A demouré. »
4. « S'est.... retraït. »
5. « A ouy. »
6. « A eu. »
7. « A envoyé. »
8. « A faict. »
9. « A conseillé. »

« hissement, et conseilloit¹ ladicte damoiselle errant
« audit chevallier qu'il voiageast et prinst aucune
« queste pour oblier ses melancolies, et qu'elle estoit
« contante de le accompaigner en sadicte queste ung
« an entier, tant pour le conforter en son desplaisir,
« comme pour rapporter à sa dame les nouvelles de
« son adventure. Ledit chevallier, se laissant ligiere-
« ment conseiller, jaçoit ce qu'il fust² esclave et d'Es-
« clavonie, et qu'il n'eust³ nulle congnoissance ne habi-
« tude ès marches de par deçà, luy souvint⁴ comment
« plusieurs payens, et mesmement le preux Saladin,
« sont⁵ venuz en France pour louanges et vertuz
« acquerre, et ont⁶ esté au noble royaulme de France
« si honnorablement recuilliz et traictez, que leurs
« hoirs et successeurs, sans la foy, portent encoires
« honneur et reverance audit royaulme sur tous aultres
« royaulmes chrestiens; et singulierement a esté ledit
« chevallier adverty du triumphe, de l'honneur et de
« la vertu de ceste très louable maison de Bour-
« goingne, et comme les estrangiers y ont esté hon-
« norablement recuilliz, favorisez et retenuz; et que
« plus de vertueux exercites, comme de faictz d'armes,
« de joustes et de tournois se faisoient et entrete-
« noient continuellement en ceste maison très ver-
« tueuse, que en nulle aultre dont il soit memoire.
« Ces choses considerées, ledit chevallier s'est tiré

1. « A persuadé. »
2. « Combien qu'il soit. »
3. « N'ait. »
4. « S'est souvenu. »
5. « Estoyent. »
6. « Avoyent. »

« ceste part en la conduicte de ladicte damoiselle errant,
« et, pour sa premiere et bonne adventure, il a trouvé
« la noble emprinse du chevallier à l'Arbre d'or et le
« pas encommencé; parquoy il supplie à vous, très
« haulte et très puissante princesse, [et] à vous aultres
« princesses, dames et damoiselles, qu'il vous plaise
« de vostre grace impetrer licence du très excellant,
« très hault et très victorieulx prince monseigneur le
« duc de Bourgoingne et de Brabant, que ledit cheval-
« lier esclave puisse courre à ceste noble emprinse et
« faire son debvoir, et luy donner lieu et heure pour
« ce faire, et le avoir pour recommandé; et aultre
« chose n'escript ledit chevallier, qui prie à Dieu qu'il
« vous doint ce que desirez, ensemble bonne vie et
« longue.

« Vostre très humble et très obeissant serviteur,

« Le Chevallier esclave. »

« Le seigneur de Monnet entra dedans la lice et faisoit mener devant luy ung sommier, portant deux paniers couvers d'une couverte de velours bleu, broudé à grandes lettres de fil d'or à sa devise; et dessus avoit trois personnaiges de Mores, qui jouoient de divers instrumens. Après icelluy sommier venoit une damoiselle habillée estrangement, et comme une damoiselle errant, laquelle estoit montée sur une haquenée blanche couverte de drap d'or cramoisy, et tenoit maniere de mener et conduire ledit chevallier. Après venoit le chevallier sur ung destrier couvert de velours noir, brodé en croisée d'orfavrerie dorée par dessus. Il avoit après luy quatre nobles hommes à cheval, habillez de soye, les robes et les chappeaulx à la façon d'Esclavonnie ; et sur leurs robes avoit escript en grandes lettres d'or : LE CHEVALIER ESCLAVE ; et pareillement luy mesme estoit habillé sur son harnois. Ilz avoient longues barbes, et portoient en leurs mains grans javelotz empennez et ferrez d'or très nouvellement. Certes son entrée et maniere de faire fut très plaisante.

« En telle ordonnance fit le chevalier esclave son tour parmy la lice ; et tantost après se presenta le chevalier à l'Arbre d'or, son cheval couvert d'une couverte de drap d'or cramoisy, brodée d'armines ; mais ainsi avint de leur aventure que le chevalier esclave se trouva mal armé de sa veue, et luy fut advis qu'il courroit sans asseoir, et pourroit faire perdre le temps aux aultres coureurs sans grant fruict ; parquoy il requit à mondit seigneur le bastard qu'il s'en puist aller et estre quitte de son emprinse. Laquelle chose luy fut accordée.

« Le second qui se presenta pour icelluy jour fut monseigneur Jaques de Lucembourg, seigneur de Richebourg, frere de monseigneur de Saint Pol, connestable de France ; et devant luy alloient, pour l'accompaigner, le conte d'Escalles et messire Jehan d'Oudeville[1], freres[2], tous deux freres de la Royne d'Angleterre, monseigneur de Roussy, monseigneur de Fiennes et messire Jehan de Lucembourg, et tous cinq nepveurs dudit messire Jacques. Pareillement le accompaignoient monseigneur de Renty[3] et le marquis de Ferrare, tous richement montez et vestuz. Son cheval estoit

1. Woodwill.
2. Mot supprimé dans les éditions précédentes.
3. Philippe de Croy, seigneur d'Arschot et de Renty.

houssé de drap bleu, à une grant bordure de drap d'argent cramoisy, et son escu de mesmes. Il avoit six chevaulx de parure après luy dont le premier estoit couvert de velours cramoisy, à une grant bordure d'armines, et par dessus le cramoisy avoit gros chardons d'orfavrerie dorée, eslevez et moult bien apparens sur la housseure. Le second fut couvert de velours bleu, à grans lettres de brodure de sa devise, et fut frangé d'or. Le tiers estoit couvert de velours noir, à grandes lettres de brodure comme le premier, et semé de grandes campannes d'argent. Le quart, de satin violet semé de grans chardons d'orfavrerie à grans feuilles de mesmes ; et estoit celle couverture bordée de velours noir, ladicte bordure semée de larmes d'or. Ses paiges estoient vestuz de satin blanc, à lettres de brodure de sa devise. Et après iceulx paiges venoit ung varlet vestu de mesmes, sur ung cheval couvert de drap damas blanc, violet et noir, semé de brodures de lettres d'or à sa devise, et par dessus chargié de grosses campannes d'argent. Ledit varlet menoit ung destrier en main, couvert de drap d'or violet ; et en celluy estat fit son tour devant les dames, par devant l'Arbre d'or et par devant les juges, puis print son reng au bout de la toille.

« Monseigneur le bastard de Bourgoingne se presenta à l'Arbre d'or, pour icelluy deffendre, sur ung cheval couvert de velours bleu ; et sur la crouppe de son cheval avoit ung gros rabot d'argent eslevé, et toute la couverte estoit semée moult espessement de grans rabotures d'argent eslevées ; et certes la couverture me sembla merveilleusement belle et riche. Les deux chevaliers coururent leur demye heure, et gaigna mondit seigneur Jaques de Sainct Pol la verge d'or, pour ce qu'il rompit sept lances, et monseigneur le bastard n'en rompit que six.

« Le troiziesme qui se presenta pour celluy jour fut messire Philippe de Poitiers, seigneur de la Ferté, fils du seigneur d'Arcy. Cestuy chevalier se fit amener sur les rens par une belle fille qui se nommoit la dame Blanche. Elle estoit en cheveulx, moult gentement mise empoint, et fut vestue de satin blanc; et, à la verité, elle estoit belle et valoit bien estre regardée. Elle estoit montée sur ung cheval tout arminé de son poil naturellement. Ledit cheval estoit couvert d'ung delié volet, qui ne gardoit point qu'on ne veist lesdictes armines et le cheval parmy. A dextre d'elle venoit le chevallier, sur ung cheval couvert d'une courte couverte, en maniere de harnachure de satin cramoisy, frangé de franges d'or; et fut ladicte couverte toute chargée de grosses campannes d'argent, à façon de campannes de vache. Il avoit deux paiges après luy, vestus de cappes de satin violet; dont le cheval du premier estoit couvert de velours noir, à une croisure de velours cramoisy, et le second estoit couvert de drap d'or bleu; et en cest estat vint le chevalier devant les dames, ausquelles ladicte dame Blanche presenta unes lettres où estoit escript ce qui s'ensuyt :

> Très redoutée, excellante princesse,
> Droit cy m'envoye envers vostre noblesse
> Une moult noble et gracieuse dame ;
> Et m'a requis que devers vous j'adresse
> Le chevalier, pour croistre sa prouesse ;
> Lequel aussi elle advoue et confesse
> Son serviteur, et seul de ce royaulme.

Nommer se faict par nom la dame Blanche.
Or elle a eu naguaires congnoissance
De cestuy pas, qui est de noble usance,
Et du perron à l'Arbre d'or très riche.
Dont, pour accroistre en gloire et en vaillance
Le chevalier, qui là brandit sa lance,
Son serviteur, l'y offre d'amour franche,
Pour le servir en tout humble service.

« Le chevallier à l'Arbre d'or se presenta sur ung cheval couvert de velours noir, à grant fuaillages d'orfavrerie blanche branlant. Les deux chevalliers coururent moult durement l'ung contre l'aultre, et gaigna ledit messire Philippe de Poitiers la verge d'or, pour ce qu'il rompit dix lances, et monseigneur le bastard n'en rompit que neuf.

« Le dernier qui se presenta pour celluy jour fut messire Claude de Vauldrey, ung josne chevalier bourguignon. Les nobles hommes qui le accompagnoient avoient mantelines de satin vert par devant, et de violet par derriere. Son cheval estoit couvert de velours myparty de violet et de vert, semée sa houssure en brodure de coquilles d'or, et parmy de grosses campannes d'argent. Tantost se presenta mondit seigneur le bastard sur un cheval couvert de drap d'or cramoisy, à une bordure decoppée de crethé blanc. Mondit seigneur le bastard gaigna la verge d'or, pour ce qu'il rompit plus de lances que ledit messire Claude de Vauldrey; et ainsi se passa celle journée, car, comme j'ay dit dessus, on ne mangeoit point de char, ains on mangeoit poisson; et à celle cause n'y eust nulle assemblée.

« Le jeudi cinquiesme jour de celle feste, fut faict le disné par chambres et par salles, ainsi que l'on avoit accoustumé, et après le disné l'on se tira sur les rens pour veoir les joustes ; et là se presenta, en la maniere accoustumée, le conte de Saulmes, un conte d'Allemaigne, chambellan de monseigneur le duc de Bourgoingne ; et devant luy venoient cinq nobles hommes vestuz de journades[1] de damas violet et noir ; et estoit son cheval couvert d'ung drap d'or bleu ; son escu estoit violet, à deux lettres d'or de sa devise ; et sur son heaulme, en maniere de bannerolle, portoit ung atour de dame ; il avoit après luy un cheval seullement, couvert d'une couverture de velours en couleur de pourpre, et estoit la couverture toute semée de grosses campannes d'argent, à façon de campannes de vache ; et dessus le cheval avoit ung petit paige très gentement empoint.

« A l'encontre dudit conte de Saulmes se presenta le chevalier de l'Arbre d'or, sur ung cheval couvert de satin cramoisy ; et par dessus avoit à grant foison de gorgerins d'argent eslevez, moult bien faictz ; et en celle demye heure gaigna le conte de Saulmes la verge d'or, car il rompit sept lances, et mondit seigneur le bastard n'en rompit que cinq.

« Après le conte de Saulmes vint messire Baudouyn, bastard de Bourgoingne. Il avoit devant luy quatre nobles hommes vestuz de velours bleu, en journades. Lesdictes journades estoient brodées pardevant de hoppes à façon de plumas, qui estoit la devise dudit messire Baudouyn, et par derriere de deux W couplés ensemble, tenans à ung baton dessus et un aultre dessoubz, l'ung des bastons d'or et l'aultre d'argent. Il

1. Casaques.

avoit trois chevaulx harnarchez de velours, semé de campannes d'argent. Son cheval estoit couvert de velours bleu, et sur sa teste avoit une grande bannerolle verde, frangée de blanc. Il y avoit trois paiges après luy, habillez de journades, comme ses serviteurs; dont le premier cheval sur quoy estoit le premier paige estoit couvert de velours bleu, à grandes lettres d'or de brodure de sa devise; le second, de drap d'or cramoisy, à une bordure de velours noir; et le troisiesme estoit de velours violet, semé de campannes d'argent.

« A l'encontre de luy se presenta monseigneur le bastard de Bourgoingne, gardant l'Arbre d'or. Son cheval estoit enharnaché d'ung harnois brodé d'orfavrerie blanche, et par dessus avoit grosses campannes dorées. En celle demye heure gaigna mondit seigneur le bastard la verge d'or sur son frere, pour ce qu'il rompit huict lances, et ledit messire Baudouyn n'en rompit pas tant.

« Le dernier qui se presenta pour celluy jour fut monseigneur de Renty, filz aisné du seigneur de Cry, conte de Portien. Il avoit devant luy cinq chevaliers de grant maison, ses alliez, comme monseigneur Jaques de Sainct Pol, monseigneur de Roussy, monseigneur de Fiennes et messire Jehan de Lucembourg, et son frere messire Jehan de Cry[1]; lesquelx avoient tous journades de satin blanc, et, au remanant, furent richement montez et enharnachez, chascun à sa devise. Son cheval estoit couvert d'une double housseure; c'est assavoir le fond de satin blanc, et par dessus de velours

---

1. Jean de Croy, auteur de la branche des seigneurs de Rœux.

noir tout decouppé et destrenché à grans lettres de Y Y gregeois, par où on veoit le fond parmy. Son escu estoit de mesmes, et avoit sur son heaulme un moult beau plumas. Il avoit deux chevaulx couvers après luy sur quoy seoient les paiges, vestuz de drap d'or cramoisy en mantelines. Le premier cheval estoit couvert de velours bleu, broudé de Y Y gregeois à grans lettres d'or, à une grande bordure de drap d'or vert; et le second estoit couvert de moult riche drap d'or cramoisy.

« Le chevallier gardant le pas se presenta à l'encontre de luy, sur ung cheval couvert de drap de damas jaulne. La couverte estoit semée de testes de leoparts d'argent eslevez, ayans en la bouche une boucle de mesmes; et à la course de celle demye heure rompirent chascun cinq lances, parquoy ne gaignerent point de prix l'ung sur l'aultre; et, après le sablon couru et la demye heure passée, leur furent les planchons apportés, comme il est de coustume, et d'icelle course atteindirent l'ung l'aultre très durement, et rompit ledit seigneur de Renty son planchon en plusieurs pieces; et ainsi se passa celle jouste, et faut revenir au bancquet, qui fut tel que vous orrez cy après.

« Premierement furent les platz et les suytes plus grans et plus somptueux qu'ilz n'avoient estez à nulz des aultres banquectz; et sur la table avoit quinze paons revestuz de col et de teste et de quehue, et les corps tous dorez de fin or; et parmy iceulx paons estoient entremeslez seize signes, tous d'argent, lesquelz paons et signes avoient chascun ung collier de la Thoison, et à leurs piedz ung petit blason des armes de chascun des chevalliers vivans de l'ordre; et sur leurs dos petites mantelines de soye, armoyées pareillement; et par cest entremectz furent monstrez les trante et ung chevalliers de la Thoison, à ce jour vivans ; et furent assis les paons et signes sur les tables, chascun en tel degré comme ilz vont à l'eglise en l'ordre, le jour de la solempnité de leur feste.

« *Item*, et par dessus lesdictes tables avoit plusieurs bestes portans sommaiges, comme grans elephans, à tout chasteaulx ; dromadaires, à tout grans panniers ; licornes, cerfz et bisches, chascun portans divers sommaiges. Et lesdictes bestes furent toutes estoffées d'or, d'argent et d'azur, et les harnachemens de fil d'or et de soye très richement, et estoient leurs sommaiges plains et garniz[1] de diverses espiceries ; et oultre plus portoient chascun les armes d'ung seigneur subgect de mondit seigneur de Bourgoingne, et le nom de la ville ou seigneurie ; comment l'ung portoit Condé en Haynnault, au nom de Nemours ; Avennes en Haynnault, au seigneur de Pointievre ; Sainct Pol [et] Enguyen la Bassée, au conte de Sainct Pol, connestable de France ; Dunkerke et Bourbourg, au conte de Marle ; et pareillement de tous aultres grans seigneurs, subgectz de mondit seigneur de Bourgoingne, en ses divers pays. Le bancquet fut bel et riche et fort regardé ; et se seirent tous les seigneurs, dames et damoiselles à table ; et aprez qu'ilz eurent commencé à manger, sur le hourt où paravant on avoit monstré quatre des travaulx d'Herculès, sonnerent les trompettes, et là fut veu le cinquiesme travail d'Herculès, qui tel fut qu'il s'ensuyt.

« Premierement furent veuz Theseus et Protheus[2]

1. « Fournis. »
2. « Pyrithous » et de même plus loin. Correction de Sauvage qui entend se conformer ainsi « aux anciens fabulateurs. »

armez de toutes armes, et tenoit maniere Theseus de soy plaindre à Protheus, son compaignon, de Pluto, qui avoit ravy Proserpine, son amye, et icelle menée en enfer ; et Protheus tenoit maniere de luy promectre de l'en venger et la ravoir ; et sur ses promesses vindrent, les glaives au poing, à la porte d'enfer, qui estoit moult bien faicte.

« Ceste porte estoit à maniere d'une grant gorge de dragon noyre et flamboyant, en maniere de flambe ardant, aiant deux grans yeulx rendans merveilleuse clairté ; et quant Protheus heurta de sa lance contre ladicte gorge, incontinent s'ouvrit et en saillit ung grant chien noir tout difforme, et ayant trois testes, à tout un glaive noir en ses pattes. Ce chien estoit appellé Cerberus, le portier d'enfer ; et tantost courut sus aux deux champions, et fut longue la bataille entre eulx ; mais en fin le chien tua Protheus et mena Theseus à telle necessité que à peine se pouvoit plus soubstenir ne deffendre ; mais Herculès y survint par bonne adventure, et si commença la bataille à l'encontre de Cerberus, et se retrahit Theseus pour guarir et faire medeciner ses plaies. Mais Cerberus assailloit Herculès de merveilleuse force, et Herculès luy livroit merveilleuse bataille ; et, pour abreger ceste matiere, Herculès abatit le chien par terre et luy vouloit coupper la teste, quand Theseus se vint adgenoiller devant Herculès et luy pria qu'il luy livrast ledit Cerberus. Herculès le fit, et Theseus le print et actaicha d'une chaisne ; et puis s'en alla Herculès à la porte d'enfer, l'espée au poing, et là trouva grant resistance de feu et de fumée ; mais, ce nonobstant, il entra dedans ; et là fut ouye une grant voix et noise, comme il se combattoit aux infernaulx ; mais ne demoura guieres que celle noise fut appaisée, et ramena devant soy la belle Proserpine richement vestue et atournée ; et quant Herculès fut comme au milieu du hourt, print ladicte Proserpine en une main, son espée en l'aultre ; et la courtine fut retirée, et mis le brevet dehors, tel qu'il estoit accoustumé, dont la teneur s'ensuyt :

> Herculès entreprit voye moult dangereuse
> Quant alla en enfer, l'abisme perilleuse.
> Cerberus combatit à la porte doubteuse,
> Et reprint Proserpine, la belle et la joyeuse.
> Cerberus signiffie pechié, le desvoiable,
> Qui garde des enfers le gouffre redoutable.
> Or soyons Herculès, le vaillant et louable.
> Combatons Cerberus par vertu honnorable ;
> Soyons à Proserpine secourans et aidable,
> C'est de tirer noz ames hors de tout vice dampnable [1].

« Ainsy se continua le bancquet de manger et faire bonne chiere ; et tantost après sonnerent les trompettes, et furent les courtines du hourt retirées : et là furent veues deux damoiselles amasonnes à cheval, richement armées, et leurs espées scinctes, et leurs chevaulx couvers richement. Leurs chiefz estoient parez de leurs cheveulx, blondz et beaulx, moult noblement, et portoient chappeaux de violettes pardessus ; et derriere elles avoient femmes à pied, en maniere de sacquemans [2], armées et embastonnées pour combatre et deffendre, dont les unes portoient les bacinetz, les escuz et les glaives desdictes damoiselles ; et en ceste ordonnance firent ung tour ou deux parmy le hourt.

1. « Portons à Proserpine un bon secours aidable,
   « Nostre ame retirans hors de vice damnable. »
2. Vagabondes.

« Et tantost après se comparurent [1] Herculès et Theseus, montez et armez moult richement, et après eulx varletz de pied, armez et embastonnez comme il appertient; et si tost que les damoiselles amasonnes apperceurent lesditz chevalliers, elles prindrent leurs heaulmes, leurs escuz et leurs glaives, et les deux chevaliers pareillement se preparerent pour la jouste; et incontinent se coururent sus les ungs aux aultres, et s'entre rencontrerent très rudement; et puis mirent les mains aux espées, et commença la bataille entre les quatre de cheval et les gens de pied, qui fut merveilleusement bien combatue et vivement faicte; et dura la bataille très longuement; et, fin de compte, fut la courtine retirée, sans monstrer qui l'eust meilleur d'icelle bataille; et fut le billet mis dehors, tel qu'il s'ensuyt :

> Herculès le vaillant, et le preux Theseus,
> En deux femmes armées trouverent telz vertuz,
> Que pour tous les perilz où se sont embatuz,
> Ilz ne furent si près d'estre mors ou vaincuz.
> Puisque deux amasonnes et deux feminins corps
> Contre deux si puissans soubstindrent telz efforts,
> Exemple est qu'on doit craindre et bataille et discors,
> Son ennemy doubter, foible, menchot ou tors ;
> Car on a veu souvent, qui bien en est recors,
> Que les victoires sont où Dieu donne les sors.

« Après le siziesme travail d'Herculès passé, assez tost après fut la courtine retirée au son des trompettes, et là fut veu le septiesme travail, tel qu'il s'ensuyt.

« Premierement fut veu Herculès armé de toutes armes, soy promenant seul ; et luy vint au devant ung

---

1. « S'apparurent. »

monstre demy homme et demy serpent. Celluy monstre avoit la teste armée, et en la main dextre ung gantellet et ung glaive, et en l'aultre main ung grant targon ; et quant Herculès approucha, le monstre fit semblant de parlementer à luy. Herculès luy respondoit par semblant ; mais Herculès prestement luy courut sus, et le monstre à luy moult fierement. Mais la bataille n'eust guieres duré, qu'Herculès le joindit de son espée et le print à une main, et de l'aultre luy couppa la teste ; mais non pourtant le monstre ne cheut à terre, dont Herculès desmarcha, tout esbahy ; et ne se donnoit garde Herculès qu'il veit que le monstre luy couroit sus, et avoit sept testes. Herculès gecta la teste qu'il tenoit et courut sus au monstre moult vigoureusement, et fut la bataille assez longue ; mais en fin le occist Herculès, et tint maniere de brusler le corps ; et à tant fut la courtine retirée, et le rollet mis dehors, qui disoit ainsy :

> Herculès ès paluz trouva le fier serpent,
> La teste lui trancha ; mais tout incontinent
> Sept aultres luy saillirent merveillablement ;
> Mais toutes les trancha Herculès le vaillant.
> Qui ung vice rencontre d'aguet ou d'aventure,
> Sept aultres en viendra par estrange figure,
> Et sera fort constant qui n'en aura morsure.
> Faisons comme Herculès à l'ennemy injure ;
> Tranchons luy les sept testes, qui sont plaines d'ordure,
> Et nous gardons de faire à vice norriture.

« Après le serpent des paluz occis, pour monstrer le huictiesme travail d'Herculès, fut la courtine retirée au son des trompettes, comme devant, et là fut veu Herculès armé et embastonné de son escu et de sa massue ; et se promenoit devant une cité, remirant la beaulté des maisons et des murailles ; et tantost saillirent dehors plusieurs geans grans, fiers et hideulx, et estrangement embastonnez. Herculès leur courut sus moult vigoureusement, et fit tant en peu d'heure qu'il habatit quatre d'iceulx geans, et les aultres se mirent à genoulx devant luy ; et leur vouloit les testes copper, quant deux citoyens yssirent de la cité, qui se mirent à genoulx ; et luy presenta l'ung les clefz, et l'aultre luy mist une couronne d'or sur la teste ; et ainsi fut Herculès Roy de Cramonne ; et à tant fut la courtine retirée, et mis ung rollet hors, tel qu'il s'ensuyt :

> Herculès, remirant les haultz murs de Cramonne,
> Unze geans trouva, par maniere felonne ;
> Mais à leur grant pouvoir n'acompta une pronne.
> Tous les deffit, et print cité, et la couronne.
> Herculès cy nous monstre vertueux exemplaire
> Que, pour tourbe de gens, pour menacer, pour braire [1],
> L'homme chevaleureux ne se doibt point deffaire ;
> Mais est digne d'avoir de couronne salaire,
> Qui contre grant povoir ose frontiere faire ;
> Car on voyt peu souvent bon deffendeur deffaire.

« Sur ce point furent les tables levées, et commencerent les danses ; et plus ne fut faict pour celluy jour.

« Le vendredi suyvant fut faict le disné assez tard, ès chambres et ès salles très richement servy [2], pour ce que plusieurs jeusnoient pour le vendredi ; et mesmement les Angloix qui en ont fort la coustume, et vindrent sur les rens pour la jouste veoir ; et pour ce

1. « Pour menace, ou pour braire. »
2. Sauvage a corrigé ainsi cette phrase : « Le vendredy suyvant fut faict, et très richement servi, le disner, ès chambres et ès salles, mais, assez tard. »

que monseigneur d'Escalles debvoit celluy jour courir, monseigneur le bastard de Bourgoingne, qui gardoit le pas, considerant qu'ilz estoient freres d'armes et qu'ilz avoient combatu en lices l'ung contre l'aultre, ne voulut point courre à l'encontre de luy ; mais fit mectre monseigneur Adolf de Cleves en sa place, pour garder le pas pour celle fois.

« Ainsi arriva le premier sur les rens monseigneur le conte d'Escalles, frere de la Royne d'Angleterre ; et estoit accompaigné de la plus grant noblesse qui là fust, comme de ceulx de Sainct Pol, ses parens, et moult d'aultres chevalliers et gentilzhommes, tant angloix comme bourguignons, et mesmes de monseigneur le bastard de Bourgoingne, son frere d'armes, monté sur ung petit cheval, à tout une robe longue d'orfavrerie chargée ; et en icelluy point accompaigna mondit seigneur d'Escalles. Le cheval dudit seigneur d'Escalles estoit couvert de drap d'or, mesparty de cramoisy et de bleu. Il avoit six paiges après luy, vestuz de mantelines de satin vert figuré. Le cheval que chevauchoit le premier paige estoit couvert d'une courte houssure de velours noir, et pardevant à poictrail et à resnes ; et estoit chargé de campannes d'argent à façon d'ancolies. Le second estoit couvert de drap d'or cramoisy, à une bordure de velours noir brodée. Le troiziesme estoit couvert d'une couverture de velours sandré. Le quatriesme estoit couvert d'ung drap d'or dehaché, à façon de brodure, à lettres d'or pardessus, où tenoient campannes d'argent. Le cinquiesme estoit couvert de pourpre en velours, à une bordure esdentée de drap d'argent, et sur ledit pourpre avoit brodure de deux EE accollez ensemble. Le sixiesme

estoit couvert de drap d'argent et de velours cramoisy
esdenté, et estoit semé de grosses campannes d'argent.
Le septiesme estoit mené en main, et estoit couvert de
velours bleu, à deux faces d'armines chargées de
grosses poires d'argent ; et estoit celle couverte bordée de damas violet, brodée de deux EE à sa devise ;
et certes le chevalier estoit bel homme d'armes, et
bien seoit sur son cheval.

« Pour les causes que j'ay devant dictes se presenta
monseigneur Adolf de Cleves, seigneur de Ravestain,
à l'encontre du chevallier angloix, son cheval couvert
d'une riche couverte d'orfavrerie d'or et d'argent, à
maniere de figures, sur velours cramoisy ; et, à la verité,
celle demye heure fut bien joustée et employée, car
le chevallier angloix rompit unze lances ; mais il perdit la verge d'or, pour ce que mondit seigneur de
Ravestain en rompit dix sept, franchement rompues ;
et n'est pas à oublier le meschief qui advint à celle
heure et jouste ; car mondit seigneur le bastard de
Bourgoingne eut ung grant cop de pied de cheval
au dessus du genoil, dont il fut très griesvement blessé
et en très grant dangier, s'il n'eut esté bien secouru
par [bons] cirurgiens ; et par cest empeschement ne
peut fournir son emprinse, mais, tout blessé qu'il
estoit, fit maintenir et garder le pas, à ses despens, de
houssures et de toutes aultres choses, comme il avoit
encommencé ; et ne courut homme pour la garde dudit
pas, ne mondit seigneur de Ravestain, ny autre, qu'il
ne courust, ès couvertes et pareures, à la despense de
mondit seigneur le bastard, qui fut grande et cous-
table[1], comme chascun peut ligierement veoir. Mais

1. « Chose. »

à tant se taist le compte de ceste matiere; et reviens à la fourniture du pas, et comment il fut entresuy.

« Le second qui se presenta pour celluy jour fut monseigneur le conte de Roussy, filz de monseigneur le conte de Sainct Pol, connestable de France. Il avoit devant luy trompettes et clairons à grant foison, et officiers d'armes qui le accompaignoient; et celluy qui venoit droit devant luy estoit ung petit nain de Constantinople, serviteur du Roy d'Angleterre, que madame de Bourgoingne avoit admené avecques elle pour veoir la feste. Cestuy nain estoit monté sur ung petit cheval, et vestu d'une robe de velours noir à une bande blanche, et portoit en sa main dextre ung papier, en maniere d'une requeste; et en son bras, attachée à ung lacet, une clef, qui servoit au mistere qui s'ensuyt.

« Après venoit ung grant chasteau, richement paré et estoffé. Icelluy chasteau estoit faict à quatre tours et à quatre pans de murailles, et à une grant porte qui se pouvoit fermer et ouvrir; et là dedans estoit monseigneur de Roussy sur son cheval, armé de toutes armes. Il avoit après luy six chevaulx de parure. Le premier estoit couvert de velours noir chargé, moult espez, de campannes d'argent en maniere de poires. Le second, de satin cramoisy, à grans fuillages en brodures d'or, et gros boutons de mesmes, dont la parure de la fleur estoit argentée, et estoit celle houssure frangée de franges noyres. Le troiziesme estoit de brodure semée et massonnée d'or et d'argent, et par dessus semée de larmes d'argent de brodure; et la brodure d'icelle estoit entassée d'or très richement; et pour enrichir la massonnerie, y avoit grans violiers de romarins, vermeilz et blancz, à grans lettres de sa devise parmy; et certes la couverture me sembla très riche. La quatriesme couverte estoit chargée d'orfavrerie blanche; la cinquiesme, de brodure, à grans fuillages d'or, avecques lettres meslées et semées de larmes d'argent; et fut la cinquiesme couverte de satin noir, brodée en lettres grecques de brodure. La sixiesme estoit de drap d'or cramoisy, frangée de franges noyres; et n'est pas à oublier que tous ses paiges furent habillez de mantelines, chascun à la parure de la houssure.

« Et pour vous donner à entendre le mistere du nain, de sa requeste et de sa clef, il sembloit qu'il tinst le chevalier prisonnier par le commandement d'aucune dame, et qu'il desirast sa delivrance; et à ceste fin, quant le chastel fut au devant des dames, se partit le nain, et alla devers les dames presenter sa requeste, qui disoit ainsi:

« Excellantes, haultes et nobles princesses, dames
« et damoiselles, le chevallier, prisonnier de sa dame,
« vous fait très humble reverance. Son cas est tel que
« Dangier tient la clef de ceste prison, et l'a mis ès
« mains de Petit Espoir, son serviteur; et n'en sera
« jamais tiré ne delivré, si ce n'est par la bonté et pitié
« de vous. Pourquoy supplie ledit chevallier prison-
« nier, à vous, très excellentes, très haultes et très
« puissantes princesses, dames et damoiselles, qu'il
« vous plaise, de vostre grace, assembler vostre très
« noble et très vertueux colliege feminin, car entre
« plusieurs s'en pourra trouver la voix d'une, et telle
« que Dangier ne vouldroit ne pourroit luy faire reffuz
« de la delivrance du chevallier, à celle fin qu'il soit
« commandé à Petit Espoir, qui le meine, qu'il le def-

« ferme et delivre de ceste prison tant douloureuse,
« car autrement, s'il n'estoit à son delivre, il ne pour-
« roit courre à cestuy noble pas, ne achever ne four-
« nir l'adventure de l'Arbre d'or, ce qu'il desire de
« tout son cueur, et de demourer très humble servi-
« teur de vous et de toutes nobles dames. »

« Après la requeste ouye par les dames, le congié fut donné de desprisonner le chevallier ; et vint le nain à tout sa clef, et en ouvrit la porte ; et saillit ledit chevallier dehors, armé de toutes armes, son cheval couvert de satin blanc, brodé de grandes lettres d'or à sa devise, et son escu estoit de mesmes ; et en tel estat et ordonnance vint prandre le bout de la lice.

« A l'encontre de luy se presenta Charles de Visan, gardant l'Arbre d'or pour celluy jour, en l'absence de monseigneur le bastard. Son cheval estoit couvert de satin blanc, semé et brodé d'arbres d'or ; et coururent leur demye heure ; mais monseigneur de Roussy gaigna la verge d'or, car il rompit huict lances, et ledit Charles n'en rompit pas tant.

« Le troisiesme qui se presenta pour celluy jour fut Roskin de Rochefay[1], premier escuyer d'escuyerie de monseigneur le duc de Bourgoingne. Il avoit devant luy deux chevalliers de la Thoison, c'est à sçavoir monseigneur d'Auxy et messire Philippe de Crevecueur, et deux aultres escuyers. Ilz estoient habillez de palletotz d'orfavrerie à sa devise, et pareillement ceulx qui le servoient à pied. Son cheval estoit couvert d'une couverte de velours vert, brodée de blanche orfavrerie, à grandes lettres à sa devise, très richement.

« A l'encontre de luy se presenta ledit Charles de

---

1. Jean de Rochefay, dit *Rosquin*.

Visan, garde du pas. Son cheval estoit couvert d'armines, à une grande bordure de martres. Et coururent leur demye heure très bien et roidement, l'ung contre l'aultre; mais ledit Roskin gaigna la verge d'or, car il rompit unze lances, et ledit Charles n'en rompit que dix; et à la course des planchons firent une très dure attainte, et rompit ledit Roskin le sien.

« Ainsy se partit la jouste pour icelluy jour, sans autre feste ne assemblée, pour ce que la pluspart des gens jeusnoient, et estoit jour de poisson, qui ne sont point jours propres pour bancquetz ne festiemens.

« Le samedi septiesme jour d'icelle feste, se fit le disner, comme celluy de devant; et vindrent les dames sur les rangs pour voir la jouste, et là furent plantez deux blasons à une fois, c'est à sçavoir celluy de messire Jehan de Ligne et celuy de messire Jaques de Harchies, deux chevalliers de Haynnault, tous deux chambellans de monseigneur le duc.

« Les deux chevalliers entrerent en la lice à une fois, par le congié des juges. Leurs chevaulx estoient couverts tous pareilz, car, fust à la guerre ou à la paix, ilz ont tousjours esté compaignons; et estoit leur parure de velours violet à une bordure de velours noir, chargée de campannes d'argent très richement, et de lettres de brodure d'or à leurs devises. Et courut ledit messire Jehan de Ligne le premier.

« A l'encontre de luy se presenta messire Philippe de Poictiers, qui garda le pas pour celluy jour. Son cheval estoit enharnaché d'ung harnois d'orfavrerie blanche. Et gaigna ledit messire Philippe la verge d'or, pour ce qu'il rompit neuf lances, et ledit messire[1]

---

1. Deux mots omis par les précédents éditeurs.

Jehan de Ligne n'en rompit pas tant; et prestement retourna ledit messire Philippe, garde du pas, dedans la porte dont il estoit yssu, pour changer la parure de son cheval, comme il estoit accoustumé; et tantost revint après, dehors, sur ung cheval couvert de satin, à couleur de fleur de peschier, brodé à grans arbres d'or. Et ledit messire Jaques de Harchies, qui avoit attandu son compaignon, se presenta d'aultre costé, pour son emprinse fournir; et coururent moult bien et deuement d'ung costé et d'aultre. Si y eust plusieurs grans attaintes, et rompirent plusieurs lances non comptées; et n'y eust hommes qui se près marchandast le prix sur monseigneur d'Arguel, que fit ledit messire Jaques de Harchies, car il rompit douze lances; mais toutesvoyes perdit il la verge d'or, pour ce que ledit de Poictiers en rompit treze; et à la course des planchons rompit ledit de Poictiers le sien; et ainsi firent les deux chevalliers une belle jouste.

« Après entra messire Philippe de Crevecueur, seigneur des Cordes. Il avoit devant luy deux[1] chevalliers de la Thoison, et deux aultres escuyers vestuz de palletotz de drap d'or cramoisy. Le cheval de luy estoit couvert d'ung drap d'or cramoisy, et son escu de mesmes; et après luy avoit trois chevaulx de parure, dont le premier estoit couvert de drap d'or cramoisy comme le sien; le second, de drap d'or vert, et le tiers, de drap d'or bleu. Ainsi fut sa parure de quatre chevaulx, de drap d'or; et dessus les trois chevaulx qui le suyvoient avoit trois petitz paiges vestuz de satin cramoisy, et par dessus de mantelines blanches et verdes, semées de larmes d'or en brodure; et estoient

1. « Dix » imprimé par erreur dans les éditions précédentes.

en maniere de gorgerins de fil d'or, brochiez autour de leur col. Il avoit unze ou douze hommes de pied, à journades de mesmes ; et fit son tour parmi les rens, mené par le geant, comme il estoit de coustume.

« A l'encontre de luy se presenta messire Philippe de Poictiers, garde du pas. Son cheval estoit couvert de velours bleu, chargé de grosses campannes, moictié dorées et moictié blanches, et sur la crouppe de son cheval une grosse pomme d'argent dorée. Et d'icelle emprinse gaigna ledit messire Philippe de Crevecueur la verge d'or, car il rompit neuf lances, et ledit de Poictiers n'en rompit que six.

« Après se presenta messire Jehan d'Oudeville, ung chevallier angloix, frère de la Royne d'Angleterre et de monseigneur d'Escalles. Il avoit devant luy, pour l'accompaigner, dix nobles hommes vestuz de journades, mesparties d'une part de satin figuré, comme cramoisy, et d'aultre part d'ung satin figuré, assez sur estrange couleur. Son cheval estoit couvert de drap d'or blanc, à une bordure de drap d'or cramoisy. Il avoit après luy quatre chevaulx de parure, dont le premier estoit couvert de drap d'or, mesparty de cramoisy et de bleu ; le second, de drap d'or noir, et le tiers, de drap d'or cramoisy ; et faisoit mener ung destrier en main par ung gentilhomme vestu de velours noir, monté sur ung cheval couvert de velours violet, chargé de poires d'argent blanches et dorées ; et le cheval que ledit gentilhomme menoit en main estoit le cheval dessusdit, couvert de drap d'or noir. Ses paiges estoient vestuz de mantelines, comme ses serviteurs.

« A l'encontre de luy se presenta ledit messire Philippe de Poictiers, sur ung cheval couvert de martres zobelines, à une bordure d'armines, de la longueur de la beste. Ilz coururent l'ung contre l'aultre moult vivement, et gaigna ledit de Poictiers la verge d'or, pour ce qu'il rompit sept lances, et ledit messire Jehan d'Oudeville n'en rompit que cinq.

« Le derrenier qui se presenta pour celluy jour fut le seigneur de Ternant, lequel entra dedans les lices sur ung cheval couvert d'ung riche drap d'or cramoisy, semé de grosses campannes d'argent. Il estoit accompaigné de cinq nobles hommes vestuz de journades de satin violet. Et tantost se presenta à l'encontre de luy ledit messire Philippe de Poictiers, sur ung cheval couvert de drap d'argent ; et quant ledit seigneur de Ternant eust couru trois courses à l'encontre dudit de Poictiers, il tint maniere que la couverte de son cheval le destourboit de courir. Si fit son cheval desharnacher, et demoura le destrier harnaché de drap d'or cramoisy, semé de campannes d'argent, de mesmes la housseure ; et en cest estat acheva son emprinse, et gaigna la verge d'or, car il rompit plus de lances que ledit de Poictiers. Et ainsi se passa celluy jour de samedy, sans aultre chose faire qui à ramentevoir face, pour ce qu'il estoit jour maigre, comme le jour precedent, et n'y fit on nulle assemblée celluy soir.

« Le dimanche, huictiesme jour d'icelle feste, fut le disner par les chambres et par les salles grant et plantureux, et tousjours de plus en plus ; et après le disner on alla sur les rens pour veoir le pas et la jouste, qui se continua en grans pompes ; dont le premier qui se presenta pour icelluy jour fut un escuyer de noble maison, nommé Pierre de Bourbon, seigneur de Carenci, cousin germain du conte de Vendosme[1]. Il

---

1. Jean de Bourbon, petit-fils, comme le seigneur de Carency,

envoya presenter son blason qui estoit armoyé des armes de Bourbon, à petite differance, car il en porte[1] le nom et les armes ; et tantost se presenta ledit seigneur de Carenci sur ung cheval couvert de velours cramoisy, bordé de drap d'or noir ; son escu estoit de mesmes, et avoit dedans deux OO en brodure de fin or ; dont l'un estoit un O d'une lettre, et l'aultre l'os d'un cheval, qui est[2] sa devise. Il avoit trois chevaulx de parure après luy, dont le premier estoit couvert de drap d'or noir ; le second, de velours bleu ; et avoit le cheval ung riche chanfrain de brodure, et ung plumas de mesmes ; et estoit ladicte couverture chargée de campannes d'argent faictes à la façon des deux OO[3] de son escu. Le tiers estoit couvert de drap d'or violet ; et dessus iceulx estoient ses paiges, vestuz de mantelines de satin figuré bleu, et pourpoints de velours noir ; et estoit accompaigné de quatre nobles hommes vestuz de mantelines de satin violet, brodé devant et derriere à sa devise dessusdicte.

« A l'encontre de luy se presenta ledit de Poictiers sur ung cheval couvert de drap d'or bleu, bordé et santonné de velours cramoisy ; et gaigna ledit de Poictiers la verge d'or, car il rompit sept lances, et ledit seigneur de Carenci n'en rompit pas tant.

« Le second qui se presenta pour icelluy jour fut le seigneur de Contay[4], ung chevallier de Picardie, cham-

de Jean de Bourbon, comte de la Marche, et de Catherine, héritière de Vendôme.
1. « Portoit. »
2. « Estoit. »
3. « Os. »
4. Louis Le Jeune, qualifié seigneur de Contay depuis la mort de son père, Guillaume, en 1467.

bellan de monseigneur de Bourgoingne. Son cheval estoit couvert de drap d'or noir, et son escu de mesmes. Il avoit après luy ung paige seullement, monté sur ung cheval couvert d'un riche drap d'or cramoisy. Et prestement se presenta à l'encontre de luy ledit messire Philippe de Poictiers sur ung cheval couvert de drap d'or, à une croix de Sainct André de damas blanc, et bordé de mesmes ; et advint que lesditz chevaliers ne coururent guieres l'ung contre l'aultre ; car ledit seigneur de Contay blessa, d'une attainte, ledit de Poictiers, tellement qu'il le convint desarmer. Et, en ensuyvant l'ordonnance du pas, fut l'orloge couchié, afin que le sablon ne courust à perte ; et ne sçavoit on comment faire, car le jour s'en alloit, et ledit de Contay n'avoit point achevé son temps, et ne povoit estre ung aultre armé pour la garde du pas, qu'il ne fust bien tard. Si fut advisé par les juges que le marquis de Ferrare, qui estoit à l'entrée de la lice et avoit son tour de courir après ledit de Contay, fourniroit, comme garde du pas, le demourant des courses audit de Contay, par tel convenant que, les courses achevées, ledit de Contay fourniroit audit marquis, comme garde du pas, l'emprinse dudit marquis ; et ainsi fut faict.

« Ledit marquis de Ferrare entra dedans les lices, à douze chevaulx de parure, c'est à sçavoir six couvers de riches couvertures et six harnachez de harnois d'orfavrerie. Ses paiges et ses serviteurs, qui chevaulchoient esdits chevaulx, estoient habillez de palletotz d'orfavrerie ; dont le cheval sur quoy il estoit, estoit couvert de drap d'or bleu, chargé de grandes lettres à sa devise, brodé d'orfavrerie blanche et dorée. La seconde estoit de velours vert, à grant brodure de flour de glay, et par dessus la housse grosses campannes d'argent eslevées. La tierce estoit de velours violet, chargée de roses d'argent, et à icelles roses pendoient gros anneaulx d'huis d'argent, eslevez et dorez et blancs. La quatriesme estoit de velours noir à pommes de feu en brodure, à grans estincelles, et semé de pommes d'argent eslevées. La cinquiesme estoit de drap damas jaulne, broudée d'estincelles d'orfavrerie d'argent doré, et de grans croissans, et de raiz de soleil estincellant. La sixiesme, de velours noir, toute chargée de gros rechauffouers d'argent, gectans flambe ; et les aultres six chevaulx estoient enharnachez comme dit est. Il avoit devant luy quatre nobles hommes vestuz de satin bleu, broudé à lettres d'or de sa devise. Il fit son tour parmy les rens ; et fut telle son adventure, que son cheval ne voulut aller ne joindre à la lice, combien que par plusieurs fois il se mist en son devoir ; et par ce convint que les deux chevalliers se deppartissent sans faire riens, pour celle emprinse, qui à ramentevoir face.

« Le derrenier qui se presenta pour celluy jour fut ung chevallier angloix, nommé messire Claude Waure. Son cheval estoit couvert d'ung riche drap d'or vert, et son escu de mesmes, et courut à l'encontre dudit seigneur de Contay ; mais son adventure fut telle, qu'il ne rompit qu'une lance qu'il ne fust desarmé ; et ne se fit autre chose à la jouste pour celluy jour ; ainsi se partit on des rens, et vint on au bancquet, qui fut tel que cy après ensuyt.

« Celluy dimanche fut le bancquet moult bien fourny de grans platz et de grans suytes ; mais sur les tables n'y eust aucung entremetz ; et quant on fut assis, sur le hourt où se monstroient les travaulx de Herculès, fut la courtine retirée ; et pour le neufiesme travail de Herculès, fut veu Herculès armé d'une peau de lyon, à tout son targon et sa massue. Ledit Herculès chasseoit devant soy plusieurs beufz, et les emmena jusques devant une montaigne, où lesdits beufz tindrent maniere de pasturer ; et Herculès fit semblant de soy endormir. Et tantost après partit hors de la montaigne le grant larron nommé Cacus, à tout grans cordes ; et luy voyant que Herculès dormoit, tira tous lesdits beufz, l'ung après l'aultre, dedans sa caverne ; et tantost après ledit Herculès se reveilla, et regarda autour de luy, et ne veit nulz de ses beufz ; car le larron ne luy avoit laissé que ung petit veau seulement ; et ne sçavoit quel chemin lesdits beufz avoient tiré, pour ce que le fort larron Cacus par sa grant force les avoit trainez en sa caverne à recullon. Si chassea Herculès le veau au long de la montaigne, qui tenoit maniere de braire ; et Herculès monstroit semblant d'avoir ouy respondre lesditz beufz en la montaigne ; si monta Herculès amont, et arraicha une grosse pierre pour regarder dedans la caverne ; et illec veit Cacus et ses beufz. Si gecta audit Cacus de grosses pierres, et Cacus luy gectoit feu et flamme au visaige ; mais en fin Cacus fut contrainct saillir hors de sa caverne à tout une grant hache, et Herculès luy courut sus moult fierement, et fut la bataille moult grande d'entre eux deux ; mais en la fin fut Cacus abbatu et occis par Herculès ; et à tant fut la courtine retirée, et le rollet mis dehors, disant :

Herculès endormy, Cacus, le fort larron,

Ses beufs luy desroba, trainant à recullon.
Mais, quelque fort qu'il fust, l'occit le champion.
Si fit de luy justice sans mercy ne ranson.
Empereurs, Roys et ducs, princes en general,
Faictes comme Herculès, le très especial ;
Soyez prompts en justice, et à chascun egal.
Destruisez les tyrans, dont il ne vient que mal ;
Et vous souvienne bien de ce vers principal :
Justice fait aimer et doubter le vassal.

« Assez tost après sonnerent les trompettes, et fut la courtine retirée ; et là furent veus plusieurs païsans, les ungs couppans bois, les aultres labourans la terre ; et tout à cop survint sur eulx ung sanglier merveilleusement grant. Lesdits païsans s'enfuyrent ; mais le sanglier en porta ung à terre, et le deffoulla merveilleusement ; et les fuyans rencontrerent Herculès armé de toutes armes, à tout son targon, et ung grant espieu sur son col ; et tindrent maniere de monstrer à Herculès ledit sanglier. Herculès alla celle part, et le sanglier prestement luy courut sus de merveilleuse force ; dont il advint que à celluy aborder ledit sanglier porta jus le targon de Herculès, et Herculès se deffendoit de son espieu, et fut moult longue la bataille ; mais en fin l'occist Herculès, et fut la courtine retirée, et mis le rollet dehors[1], contenant :

Herculès le très preux, qui de son temps n'eust per,
Trouva en Arcadie ung merveilleux sanglier ;
Les hommes destruisoit, chascun faisoit trembler.
Mais le vaillant l'occist, pour le peuple saulver.
Faites comme Herculès, princes de haut paraige.
Se vous sçavez faulz uz en vostre baronnaige,

1. « Hors le rollet. »

> N'en voz subgetz regir, chascun se monstre saige
> De les bien tost destruyre, pour eschever dommaige.
> Car certes le sanglier, merveilleux et sauvaige,
> Ne fait pas tant à craindre que le mauvais usaige.

« Le dixiesme travail de Herculès monstré, jouerent les trompettes pour la tierce fois d'icelluy jour ; et là fut veu Herculès, soy promenant par ung desert, à tout son escu et sa grosse massue ; et des deux costez luy coururent sus plusieurs sagittaires, qui lui tiroient fleiches de tous coustez, tellement que Herculès fut long espace qu'il ne faisoit aultre chose que soy couvrir de son escu, à l'encontre du traict ; mais en fin de compte, Herculès print sa massue à deux mains, et ferit à dextre et à senextre sur les sagittaires, tellement qu'en peu d'heure les desconfit et mist en fuyte ; et les ratteindoit à force de courir, et les occioit ; et, la desconfiture faicte, fut la courtine retirée, et mis le rollet dont la teneur s'ensuyt :

> Herculès ès desers trouva les sagittaires,
> Qui de leurs fortes sayettes[1] luy furent mains contraires ;
> Mais tous les desconfit, par monceaux et par paires,
> Et ceux qui eschapperent priva de leurs repaires.
> Les grans fleiches aguës, qui Herculès battirent,
> Furent les faulses langues qui contre luy mesdirent.
> Les grans valeurs de luy les bourdes contredirent,
> Et fit tant par vertu qu'en le blasmant mantirent ;
> Et n'eust pas tant à faire à tous ceux qui nasquirent,
> Qu'à combatre parolles ; mais d'elles se veinquirent.

« Or fut passé le unziesme travail de Herculès ; et tantost après resonnerent les trompettes, et furent les courtines retirées ; et là fut veu ung naviere ouquel

---

1. « Flèches. »

avoit deux marronniers, dont l'ung tenoit le gouvernail, et l'aultre tiroit à deux avirons ; et estoit chargié ce navire de deux bornes ou coulonnes en maniere de marbre de moult grande grandeur et grosseur ; et au millieu dudit navire estoit Herculès, vestu d'une robe longue de drap d'or, ses cheveulx blancz, et longue barbe ; et avoit une couronne d'or en sa teste, et monstra à ses marronniers le pays où il voulloit aller ; et quant il fut ung peu avant il fit arrester son navire, et print une de ses coulompnes sur son col, par apparance de grant faix et de grant pesanteur, et la planta dedans la mer, et puis fit tirer plus avant son naviere, et replanta par pareille façon l'aultre coulonne ; et, en graciant Dieu de son œuvre, fut la courtine retirée. Et furent par ces trois jours monstrez les douze travaux de Herculès, comme dit est ; et pour ce douziesme et dernier travail fut remis le roullet dehors, qui disoit ainsi :

> Herculès en son temps, où tant de renom a,
> Entre ses grans prouesses douze fois travailla ;
> Dont le derrenier fut, que les bornes planta
> En la grant mer d'Espaigne, dont sa gloire monta.
> Or, vous tous qui lisez ceste signiffiance,
> Mectez borne à vos faiz ; si remonstrez prudence.
> Faictes comme Herculès à vostre desirance ;
> Abornez voz desirs en mondainne esperance.
> Car le jour est prescript, et fault que l'on y panse,
> Que passer ne povons pour or ne pour chevance.

« Et pour celluy jour n'y eust autre chose qui à ramentevoir face, fors que les tables furent ostées et après commencerent les dances.

« Le lundy neufiesme jour de ceste feste, fut le disner richement et solempnellement faict comme devant ;

et tantost après l'on se tira sur les rens pour veoir closre le pas tant de la jouste que du tournoy; et combien que monseigneur le bastard de Bourgoingne, entrepreneur en ceste partie et garde de l'Arbre d'or, eust esté blessé, comme dit est dessus, et tellement que lors, ne grant temps après, il ne se pouvoit soubstenir sur sa jambe, toutesfois il se fit apporter en une littiere couverte de drap d'or cramoisy; et les chevaulx qui portoient la littiere estoient enharnachés de mesmes à gros boullons d'argent dorez. Il estoit dedans sa littiere, vestu d'une moult riche robe d'orfavrerie. Ses archiers marchoient autour de sa littiere, ses chevalliers et gentilzhommes autour de luy; et certes il entra dedans sa lice, selon le cas, si pompeusement et par si bel ordre, qu'il ne sembloit pas seullement[1] ung bastard de Bourgoingne, mais heritier d'une des plus grans seigneuries du monde. En ceste ordonnance se fit admener jusques à ung hourt qu'il avoit faict faire à ce propos au bout de la lice; sur lequel hourt fut sa littiere posée, et fut soudainement close et baillée, tellement qu'il fut hors de danger de toute presse de chevaulx.

« Tantost après arriva le roy d'armes de la Thoison d'or, accompaigné de deux chevalliers de l'ordre; c'est à sçavoir de monseigneur de Crequi et monseigneur de la Gruthuse. Ledit Thoison d'or avoit sa cotte d'armes vestue, et portoit en sa main dextre le blason des armes de monseigneur le duc de Bourggoingne, lequel blason fut actaiché à l'Arbre d'or, au dessus de tous les aultres.

1. Mot omis dans les éditions précédentes qui y ont substitué « estre. »

« Ne demoura guieres après que monseigneur le duc arriva sur les rens. Il avoit devant luy tant de trompettes, de heraulx, tant de chevalliers[1] et nobles hommes de grant maison, tous vestuz de palletotz d'orfavrerie, harnachié chascun à sa plaisance très richement. Il estoit armé de toutes armes, le heaulme en la teste, l'escu au col, lequel escu estoit tout couvert de florins de Rin branlans, et seoyt sur ung cheval couvert de velours cramoisy, broudé d'orfavrerie, à maniere de fusilz. Il avoit après luy neuf paiges, sur neuf chevaulx couvers, le premier, de velours cendré, la couverte toute batue de grans fuillaiges d'or eslevez, moult riche. La seconde fut de drap d'or noir ; la tierce, de drap d'or cramoisy ; la quatriesme, de drap d'or violet ; la cinquiesme, toute couverte d'orfavrerie d'or moult riche ; la sixiesme, d'ung drap d'or vermeil, toute chargée de fusilz d'or, avecques cailloux et estincelles de feu eslevez, moult riche. La septiesme fut d'orfavrerie blanche ; la huitiesme fut d'orfavrerie dorée ; et la neufiesme d'orfavrerie meslée, blanche et dorée. Après iceux neuf paiges venoit ung pallefrenier, monté sur ung cheval couvert de velours brodé des lettres de mondit seigneur ; et menoit ung cheval en main, chargé d'orfavrerie d'or branlant, moult riche. Les paiges et le varlet avoient pourpointz de velours noir, et dessus mantelines de velours, toutes couvertes d'orfavrerie à fusilz, et avoient sur leurs testes carmignoles de velours bleu, avecques plumes de austruches blanches. En tel estat fit mondit seigneur de Bourgoingne son tour en la lice, en la conduite du geant et

1. « Force trompettes et heraux, et grand nombre de chevaliers. »

du nain ; et quant il eust prins son renc, les trompettes qui estoient sur la porte du chevallier à l'Arbre d'or commencerent à sonner, et tantost saillit hors de ladicte porte un grant pavillon de drap damas blanc et violet ; et, à ce que j'entendis, ainsi que le chevallier à l'Arbre d'or avoit ouvert son pas par ung pavillon jaulne, ainsi pareillement vouloit qu'il fust cloz par ung aultre pavillon. Après cestuy pavillon marchoient les paiges de mondit seigneur le bastard, vestuz d'orfavrerie, sur chevaulx couvers de plusieurs riches houssures, comme quoy il avoit couru en icelluy pas ; et après plusieurs gentilzhommes couvers de mesmes ; et, à la verité, il avoit beau couvrir chevaulx ; car à celle heure il avoit desployé vingt quatre, que couvertures, que harnois d'orfavrerie et de campannes. Et quant le pavillon eust faict son tour autour des lices, on ouvrit le pavillon ; et là fut veu monseigneur Adolf de Cleves, seigneur de Ravestain, qui pour celle fois garda le pas contre monseigneur de Bourgoingne. A son cheval estoit[1] la vingt quatriesme couverte d'orfavrerie, à grans lettres, à la devise de monseigneur le bastard, entrepreneur. Il avoit l'escu vert, tel qu'il avoit esté porté à la garde du pas ; et quant ilz eurent les lances sur les cuisses, le nain laissa courre le sablon, et sonna sa trompe ; et à presant commencerent les chevalliers à courre ; et, pour abreger, celle demye heure fut durement bien courue et attainte par lesditz deux princes, et y eust plusieurs dures attaintes et lances rompues, qui ne sont point mises en compte, pour ce que l'on garda tousjours le droit de la mesure telle qu'elle devoit

---

1. « Son cheval fut couvert de. »

estre ; mais, pour les lances deuement et franchement rompues, monseigneur de Bourgoingne rompit huit lances, et monseigneur de Ravestain en rompit unze ; parquoy il gaigna la verge d'or. Les courses faictes, ilz toucherent ensemble ; et en ce point fut le pas pour la jouste achevé, et à tant se fit monseigneur de Bourgoingne deshaulmer.

« Monseigneur de Bourgoingne, sa jouste achevée, se deshaulma ; tandis les roys d'armes et heraulx se tirerent devers les juges pour sçavoir à qui le pris devoit estre donné ; lesquelz juges les renvoyerent aux dames, pour en ordonner à leur bon plaisir ; mais les dames les renvoyerent aux juges, et s'en rapporterent à l'ordonnance des chappitres. Si fut regardé, par les livres et escriptures des roys d'armes et heraulx, qui plus avoit rompu de lances en la demye heure ; et fut trouvé que ce avoit esté monseigneur d'Arguel, lequel avoit rompu treze lances. Si fut par Arbre d'or, accompaigné d'aultres officiers d'armes, à grant bruit et à grans sons de trompettes et de clairons, ammené le pris sur les rens pour le delivrer. Lequel pris estoit ung destrier couvert d'une couverture de satin noir figuré ; et par les figures estoit broudée d'orfavrerie blanche, houssée et branlant. Et dessus le destrier avoit deux panniers, esquelx estoit le harnois de jouste, tout complet, de mondit seigneur le bastard. Et, à la verité, ledit harnois estoit ung des beaulx harnois de jouste que on peust veoir. Et ainsi fit ledit Arbre d'or[1] ; mena son pris autour de la lice, et puis vint trouver mondit seigneur d'Arguel, et luy presenta le pris,

---

1. « Et ainsi ledict Arbre d'or mena... »

de par les dames et de par les juges, pour avoir le plus rompu de lances à ce noble pas. Et ainsi fut le pris presenté, et le pas achevé, quant à la jouste.

« Incontinant après les manouvriers à ce ordonnez abattirent la toille et la loge des juges, et firent la place la plus unye que on peust faire. Et tantost furent envoyez les vingt cinq blasons des chevalliers et nobles hommes qui devoient fournir le tournoy à l'encontre du chevallier à l'Arbre d'or et ses compaignons ; et furent mis et actaichez à l'Arbre d'or semblablement, comme les aultres.

« Toutes choses achevées, arriverent lesdits vingt cinq nobles hommes, dont messire Charles de Chalon, conte de Joingny, cousin germain de monseigneur le prince d'Oranges, estoit le chief. Il avoit son cheval richement couvert de velours et brodures, à sa devise ; après luy ung paige chevauchant ung cheval couvert de velours mesparty de bleu et de violet, tout chargié de grosses campannes blanches et dorées ; et après luy venoient les aultres, c'est à sçavoir messire Philippe de Commines, dom Petre, messire Jaques d'Emeries[1], monseigneur de Monsures[2], messire Anthoine de Trappesonde, messire Hugues de Torcy, monseigneur de Lens[3], Dru de Humieres, Robinet de Manneville, Hervé Garlot, Gerosme de Cambray, Anthoine, bastard d'Auxy, George, bastard d'Auxi[4], Jehan Haufort,

1. Jacques Rolin, fils d'Antoine, seigneur d'Aymeries.
2. Probablement Josse de Gourlay, seigneur de Monsures, dont la veuve, Jeanne Mauchevalier, épousa en 1506 Jean de Hallwin (P. Anselme, III, 914).
3. Jean de Recourt, dit de Lens, vicomte de Beaurains, ou son frère Porus.
4. Tous deux fils de Jean, ber d'Auxy.

l'ung des fils de Talbot, le filz messire Jehan Auvart[1], tous trois Angloix ; Charles de Haplaincourt, Pietre Metenay, Pierre de Salins, Jehan le Tourneur, Frederik le Palatin, Anthoine d'Usy et Anthoine d'Oiselet, tous richement couvers ou harnachez, les ungs de soye, les aultres de brodure ou d'orfavrerie. Ilz estoient armez et emplumez comme en tel cas appertient, et portant chascun d'eulx une espée rabatue en sa main ; lesquelles espées furent presentées aux juges, pour sçavoir se elles estoient rabatues et coppées en pointe, comme il appertenoit.

« Après la presantacion du conte de Joingny et de ses compaignons sus nommez, fut la porte de l'Arbre d'or ouverte, à grans sons de trompettes et clairons ; et de là saillirent les princes, chevalliers et nobles hommes qui avoient jousté à l'encontre du chevalier à l'Arbre d'or, et couru à icelluy pas, et dont les noms sont enregistrez cy dessus, en la forme de leur venue. Lesquelx princes, chevalliers et nobles hommes accompaignoient le chevallier à l'Arbre d'or, et, en lieu de luy, celluy qu'il avoit commis en sa place. Et furent tous leurs chevaulx couvers à la parure dudit chevallier, et semblable de luy ; qui estoient toutes couvertes de velours violet brodées à l'Arbre d'or. Et, par ceste derniere couverte du chevallier à l'Arbre d'or, trouverez en son pas avoir desployé vingt cinq couvertes et parures, dont celle derniere fut de moindre pris.

« Ainsy partirent les dessusditz de la porte à l'Arbre d'or, et se mirent en bataille au long de la lice, selon

---

1. Thomas, fils unique de Jean Howard, quatrième du nom, duc de Norfolk.

qu'ilz venoient. Et le dernier qui entra fut monseigneur de Bourgoingne, habillé comme les aultres ; et après qu'il eut veu la forme de sa bataille, il reprint son renc et sa place. Et furent leurs espées envoyées presenter, comme les aultres, aux juges, qui après les leur renvoyerent, et à chascun une lance garnie comme il appertenoit. Et quant ilz eurent tous leurs lances sur les cuisses, il est à croyre que la place estoit richement parée de cinquante personnaiges telz, et ainsy armez et montez qu'ilz estoient ; et incontinant que la trompette eust sonné, coucherent leurs lances d'une part et d'aultre. Et à celle rencontre eut mainte attainte de lances et maintes rompues, et plusieurs chevaulx portez par terre ; et de telz y eust affolez et blessez pour à tousjours.

« Après la course des lances passée, ilz mirent la main aux espées, et commença le tournoy d'une part et d'aultre ; lequel tournoy fut feru et bastu si longuement et par telle vertu et[1] vigueur, qu'on ne les pouvoit deppartir ; et convint que mondit seigneur de Bourgoingne, qui icelluy jour avoit tournoyé et jousté, et qui, à la verité, s'estoit grandement porté à toutes les deux fois, se desarmast de la teste, pour estre congneu ; et vint l'espée au poing pour deppartir la meslée qui recommençoit puis de l'ung des bouts, puis de l'aultre ; et à les deppartir n'epargna ne cousin, ne Angloix, ne Bourguignon, qu'il ne les fist par maistrise deppartir. Et, ledit tournoy rompu, se mirent en bataille les ungs devant les aultres, et par requeste combatirent par plusieurs fois ung à ung, deux à deux

---

1. Deux mots omis dans les éditions précédentes.

et trois à trois. Mais toutesfois mondit seigneur tousjours les deppartoit. Et ainsi fut ce pas achevé, tant de la jouste comme du tournoy. Et à tant reconduirent mondit seigneur en son hostel, qui chevaucha le derrenier d'eulx tous ; et alors le suyvit sa parure, qui fut telle qu'il avoit dix paiges après luy, ses dix chevaulx couvers de velours cramoisy, tous pareilz, et ung cheval que on menoit en main, tout de mesmes, et toutes les couvertures chargées de campannes d'or, à moult grant nombre. Le cheval que chevauchoit le varlet qui menoit le destrier en main, estoit couvert de velours et de brodure d'aultre sorte. Les paiges estoient vestuz de velours cramoisy, chascun ayant une grande escharpe d'or au col ; et, à la verité, celle pompe fut moult grant et riche, car il y avoit ès campannes et ès escharpes huit cens mars d'or. Et ainsi avoit eu mondit seigneur, pour icelluy jour, tant à la jouste comme au tournoy, vingt cinq couvertes. Et en l'estat dessusdit s'en alla en son hostel, et se retrahist chascun pour revenir au soupper, qui fut tel qu'il s'ensuyt.

« Celluy mesme jour de lundy fut le derrenier banquet d'icelle feste, lequel fut en croissant et en multipliant de plus en plus, tant de metz que de suytes. Sur les tables avoit trente plactz, lesquelx plactz furent faictz à maniere de jardins, dont le pied desditz jardins estoit faict de bresil massonné d'argent, et la haye du jardin estoit toute d'or. Au millieu d'icelle closture avoit ung grant arbre d'or, et à l'encontre d'icelluy arbre estoit la viande. Les arbres furent de divers fruictz, de diverses fuilles et de diverses flours. L'ung fut ung oranger, l'aultre ung pommier, et par consequent de toutes aultres sortes ; dont les fruictz et fuilles et flours furent si proprement faictz, qu'ilz sembloient proprement arbres et propres fruictz, et les faisoit très beau veoir. Autour de chascun arbre avoit ung rollet, où estoit escript le nom d'une abbaye ; et ainsi furent monstrées trante abbayes, subgectes de monseigneur de Bourgoingne, dont l'une fut Clugny, et l'aultre Cisteaux, chascune mere et chief de leur ordre en chrestienté.

« *Item*, parmy la table et autour d'iceulx arbres, avoit plusieurs personnaiges, tant hommes que femmes, tous[1] estoffés d'or, d'azur et de soye, qui tenoient diverses contenances. Les ungs tenoient maniere de gecter bastons contre les arbres, et les aultres avoient de grandes perches pour abatre des fruictz. Aucunes femmes tenoient leurs chappeaux pour recueillir les fruictz, et aultres tendoient les mains par bonne contenance.

« *Item*, avoit pareillement parmy les tables aultres personnaiges d'hommes et de femmes, richement estoffés, dont il y avoit les aucungs, deux à deux, portans une civiere ; aultres portans crestins[2] et panniers sur leurs testes ; aultres portans panniers en leurs mains ; aultres portans la hotte ; aultres portans panniers à merciers en leur col. Et furent iceulx panniers et portaiges chargez d'espices, d'oranges et aultres fruictz ; et d'iceulx personnaiges estoient les tables très richement parées.

« *Item*, et sur lesdictes tables avoit trante pastez,

---

1. Mot omis dans les éditions précédentes.
2. Sorte de petites corbeilles.

dont sur chascun avoit ung chappeau de vigne plain de fuilles et de grappes blanches et vermeilles, si bien faictes que ce sembloit proprement raisin.

« *Item*, et au plus beau de ladicte table, et à l'endroit de monseigneur, avoit ung riche ediffice, faict des mains de maistre Stalkin, chanoine de Sainct Pierre de l'Isle. Cestuy ediffice estoit hault et somptueulx, et moult soubtivement faict, car il y avoit ung palais, et ung hault mirouer où se veoit personnaiges incongneuz. Il y avoit personnaiges et morisques mouvans, moult bien et soubtivement faictz, roches, arbres, fuilles et fleurs; et devant icelluy palais avoit une petite[1] fontaine qui sourdoit du doit d'un petit sainct Jehan. Celle fontaine rendoit eaue rose moult soubtivement contremont, et sembloit que celle fontaine arrosast les arbres et jardins d'icelluy bancquet; et certes la fontaine fut moult bien et soubtivement faicte. Et après que la seignorie eut regardé les tables et ordonnances bien au long, chascun se alla seoir qui mieulx mieulx.

« Assez tost après entra parmy la salle deux geans de merveilleuse grandeur, richement et estrangement habillez en armes, et estoient embastonnez de merveilleux bastons; et après eux venoit, en leur conduicte, une balaine, la plus grande et la plus grosse qui fut jamais veue par nulz entremectz et presens en ung personnaige. Ceste balaine avoit bien soixante piedz de long, et de haulteur si grande que deux hommes à cheval ne se fussent point veuz l'ung contre l'aultre aux costez d'elle; ses deux yeulx estoient des deux plus grans mirouers que l'on avoit sceu trouver. Elle mou-

---

1. Mot omis dans les éditions précédentes.

voit les aellerons, le corps et la quehue par si bonne façon que se sembloit chose vive ; et en celle ordonnance marcha parmy la salle, au son de trompettes et de clairons, jusques à tant qu'elle eust fait ung tour parmy la salle, et qu'elle fust retournée devant la table où mangeoit monseigneur et la plus grant seigneurie ; et prestement ouvrit ladicte balaine la gorge, qui estoit moult grande, et tantost en saillit deux seraines, ayant pignes et mirouers à leurs mains, qui commencerent une chanson estrange emmy la place ; et au son de celle chanson saillirent l'ung après l'aultre, en maniere de morisque, jusqu'au nombre de douze chevaliers de mer, ayans en l'une des mains talloches, et en l'aultre bastons deffensables. Et tantost après commença un tabourin à jouer dedans le ventre de la balaine, et à tant cesserent les seraines de chanter, et commencerent à danser avecques les chevaliers de mer ; mais entre eux se meust une amoureuse jalousie, tellement que le debat et tournoy commença entre les chevalliers, qui dura assez longuement ; mais les geans, à tout leurs grans bastons, les vindrent deppartir, et les rechasserent dedans le ventre de la balaine, et pareillement les seraines, et puis recloyt la balaine la gorge, et en la conduicte des deux geans reprint son chemin, pour s'en retourner par où elle estoit venue. Et certes ce fut un moult bel entremectz ; car il y avoit dedans plus de quarante personnes. Sur ce point furent les tables levées et commencerent les danses.

« Et tantost après, pour ce qu'il estoit tard, les roys d'armes et les heraulx se mirent en la queste pour sçavoir à qui le pris seroit donné. A quoy il y eut de grandes differences ; car le chaplis[1] des espées avoit esté grant et bien combatu, et s'y estoyent tant de grans et bons personnaiges si bien monstrez, que, à la verité, on ne sçavoit à qui donner le pris. Les dames, toutes d'un accord, disoient que monseigneur de Bourgoingne le debvoit avoir, pour ce qu'il s'estoit moult bien esprouvé à celluy tournoy, et consideroient en oultre qu'il avoit ce jour très rudement jousté ; parquoy, mis ensemble le tournoy et la jouste, leur advis estoit tel que dit est. Mais mondit seigneur ne le voulut accepter ; et, pour finale conclusion, fut advisé que messire Jehan d'Oudeville, frere de la Royne d'Angleterre, auroit le pris, et fut faict pour trois raisons. La premiere, pour ce qu'il estoit estrangier, et que aux estrangiers, en toutes nobles maisons, doit on faire honneur. La seconde, pour ce qu'il estoit bel et josne chevallier, et aux jeunes gens doit on donner couraige de perseverer en bien faire ; et la tierce raison, pour ce que, tant à la jouste qu'au tournoy, il s'estoit bien et honnorablement acquitté. Si luy fut presenté le pris par une des dames de pardeçà et par une aultre d'Angleterre, des plus grandes et des meilleures maisons, comme il est de coustume en tel cas.

« Monseigneur d'Arguel, qui avoit eu le pris de la jouste, vint requerir à monseigneur qu'il puist faire crier une jouste au lendemain ; et se accompaigna de plusieurs nobles hommes aprins du mestier. Laquelle jouste fut merveilleusement bien joustée, et de bon bois ; et gaigna mondit seigneur d'Arguel le pris de ceulx de dedans ; et ung josne escuyer, nommé Bille-

---

[1]. Choc, lutte, coup fortement asséné.

cocq, eust le pris de ceulx de dehors. Et pour ce que c'est chose commune de jouster à la foulle, je n'en fay aultre relacion.

« Le mardy, dixiesme et derrenier jour de celle feste, fut la grande salle parée en tel estat comme le premier jour des nopces, excepté du grant buffet, qui estoit au milieu de la salle. Les trois grandes tables y furent dressées et couvertes, et fut assis mondit seigneur de Bourgoingne au millieu de la haulte table; et à sa main dextre estoit assis monseigneur le legat, et puis l'evesque de Verdun, puis monseigneur l'evesque de Mets. Et à la main senestre estoit monseigneur de Ravestain, et après luy monseigneur d'Escalles. La table de la dextre main estoit toute plaine de barons, chevalliers et nobles hommes angloix; et celle du senextre costé pareillement des gens de l'hostel de monseigneur.

« Au milieu d'icelle salle avoit trois tables dressées, mises du long. En la premiere estoient assis huissiers et sergens d'armes; en l'aultre, roys d'armes et heraulx, et en la tierce, trompettes et menestriers; et au regard du service, il fut grant et solempnel, et de plus en plus en multiplicacion de platz et de viandes. Et sur la fin du disner se leverent roys d'armes et heraulx, et vestirent leurs cottes d'armes, et puis prindrent deux roys d'armes ung baston, et le misrent sur leurs espaules; et sur icelluy baston portoient les deux roys d'armes un grant sac plain d'argent, et vindrent crier devant la personne de monseigneur le duc: « Largesse! » comme il est de coustume, et pareillement ès deux boutz de la haulte table; et puis s'en allerent parmy la salle, et trompettes et clairons sonnerent, tellement que tout retentissoit.

« Après les tables levées et graces dictes, tandis qu'on alla querir les espices, vindrent les officiers d'armes de sa maison devant luy; et là publicquement il changea les noms de plusieurs, et fit, de heraulx, roys d'armes et mareschaulx, et, de poursuivans, heraulx; et de nouveaulx poursuivans baptisa il, comme il est de coustume. Et ainsi se passa la solempnité et le triumphe d'icelle feste ; car landemain [1], pour une affaire qui survint à mondit seigneur au pays de Hollande, il se tira celle part, et print congié de la duchesse de Nolfolck et des aultres seigneurs et dames d'Angleterre, et leur donna dons, chascun selon sa qualité, et aux nobles hommes et aux dames. Et à tant se taist le compte de ceste noble feste, et ne say pour le present chose digne de vous escripre, fors que je suis le vostre. »

CHAPITRE V.

Comment le duc Charles de Bourgongne se saisit de la duché de Gueldres, et de celle de Lorraine aussi.

Trois ou quatre ans avant les choses dessusdictes, le jeune duc de Gueldres avoit prins son pere le duc

---

[1]. Le mercredi 13 juillet 1468, le duc partit de Bruges pour aller à L'Écluse et de là passa en Zélande, puis en Hollande où il demeura du 19 juillet au 1ᵉʳ août. Ce jour, il partit pour Bruxelles, où il arriva le 3 près de la nouvelle duchesse qui y était venue depuis douze jours. Il y resta une semaine, puis se rendit au Quesnoy, qu'il quitta le 26 août pour aller coucher à Péronne. Après y avoir séjourné jusqu'au 15 septembre, il marcha avec son armée sur le pays de Santers, et établit, le 22, son camp à Lihons. Le 5 octobre, il revint à Péronne où Louis XI ne tarda pas à le rejoindre.

Arnoul, et l'avoit mis en prison, à luy imposant certains cas assez deshonnestes ; dont le duc Charles de Bourgoingne ne se contentoit point du josne duc Adolf[1] ; et advint que le josne duc vint veoir monseigneur de Bourgoingne, qui le fit prandre et arrester, pour le contraindre à luy rendre son pere le duc Arnoul. Ce qui fut faict par traitte de temps [2], mais le duc Adolf fut tousjours detenu prisonnier du duc de Bourgoingne[3].

1. Charles le Téméraire aimait cependant Adolphe de Gueldres, parce qu'il avait épousé Catherine de Bourbon, sa cousine (V. le contrat de mariage de décembre 1463 aux Archives nationales, K, n° 558), et qu'il était fils de Catherine de Clèves, elle-même fille de Marie de Bourgogne, sœur de Philippe le Bon. Il lui fit offrir, avant de le jeter en prison, le gouvernement du duché de Bourgogne avec le revenu de celui de Gueldres, à la charge de payer une pension de 3,000 florins à son père Arnoul, qui aurait seulement retenu le titre de duc. Mais ses offres furent repoussées (V. Commines, liv. IV, ch. 1).

2. Le duc Arnoul, enlevé pendant la nuit, au milieu d'une fête qu'il donnait à Grave, en 1465, pour célébrer le retour de son fils, fut détenu pendant six ans (et non six mois, comme le dit Commines, liv. IV, ch. 1) dans une tour du château de Buren, où le jour ne pénétrait que par une petite lucarne. Vers la fin de 1470, le duc de Bourgogne, sur les injonctions formelles de l'empereur et du pape, le fit mettre en liberté et le reçut à sa cour où Philippe de Commines, qui s'y trouvait alors, vit le vieux duc « présenter le gaige de bataille à son filz » (Voy. Barante, édit. Gachard, t. II, p. 400 ; J. Foster Kirk, t. III, p. 27 et suiv., et Gollut, col. 1239). Le 3 février suivant (1471 n. st.), Charles le Téméraire soupait à Avesnes-le-Comte, avec Adolphe de Gueldres ; il se rendit de là avec lui à Arras, où il séjourna jusqu'au 10, jour où Adolphe s'enfuit du camp bourguignon ; mais il ne tarda pas à être arrêté sur le pont de la Meuse, à Namur, sur l'indication d'un prêtre qui le reconnut malgré son déguisement (Commines, *loc. cit.*).

3. D'abord conduit à Hesdin, puis successivement détenu aux châteaux de Vilvorde et de Courtray (*L'Art de vérifier les dates*, t. III, p. 183 ; *Histoire de Charles de Bourgogne*, appendice aux *Cronicques d'Engleterre*, édit. Dupont, t. III, p. 302). Remis en

Et au temps dessusdit le Roy de France et le duc de Bourgoingne prirent en hayne Loys, conte de Sainct Pol, connestable de France; et, pour conclusion, tant se continua ceste haine, qu'ilz le firent mourir publicquement[1]. Et de ceste mort je ne quiers guieres parler, car je ne l'appreuve ne contreditz et en laisse faire aux nobles princes dessusditz, qui en ordonnarent à leur plaisir. Et en cedit temps le duc de Bourgoingne tint sa feste de la Thoison en la ville de Valenciennes[2]; et y fut le seigneur de Cry[3], duquel le duc de Bourgoingne s'estoit nouvellement contanté; et vault bien à ramentevoir que ceulx de Cry avoient ung nepveur, nommé messire Jehan de Rubempré, lequel fut si bon et si cordial parent, qu'il fit la paix de tous ses parens envers le duc; dont il eust grant honneur et bonne renommée. Celle feste de la Thoison d'or fut moult belle et somptueuse; car les[4] manteaulx des confreres, qui n'estoient que d'escarlatte, le duc Charles les fit faire de velours cramoisy[5]; et estoit moult belle chose

liberté, après la mort de Charles le Téméraire, par les Gantois qui vouloient lui faire épouser la princesse Marie, il fut tué peu après devant Tournay (Voy. D. Plancher, t. IV, p. 482, et Commines, *loc. cit.*). Son père, qui mourut en février 1473, avait fait cession à titre d'engagement au duc Charles, pour 92,000 écus d'or, de tous ses droits sur les pays de Gueldres et de Zutphen, par traité du 30 décembre précédent (*L'Art de vérifier les dates, loc. cit.*; Gollut, *loc. cit.*).

1. 19 décembre 1475.

2. Mai 1473. C'est devant ce chapitre qu'Adolphe de Gueldres fut traduit et condamné à la prison perpétuelle.

3. Antoine, seigneur de Croy.

4. « Quant aux. »

5. « Monseigneur le duc Charles ou chapistre de son ordre par luy tenu l'an mil quatre cens LXXIII en sa ville de Vallenciennes, pour magniffier ledit ordre, statua que de là en avant

à veoir, tant les chevalliers comme les parures. Et ainsi fut celle feste moult notablement celebrée ; et là furent chevalliers de l'ordre le seigneur de Clecy [1], le seigneur d'Hymbercourt, comte de Maigne [2], le conte de Cimay [3], ledit messire Jehan de Rubempré, messire Anglebert de Nassaul, conte de Vienne [4], et plusieurs

les manteaux et chapperons des chiefz et souverains et des chevaliers de l'ordre, lesquelz aux premieres vespres et messes des sollempnitez du chapistre dudit ordre, selon les xxv, xxvi, xxvii et xxviii[es] articles desditz status, estoient de drap de layne d'escarlatte, delà en avant seroient de velours cramoisy, doublez de satin blancq et bordez de brodure selon le contenu desdits articles ; que soubz lesdits manteaulx ilz porteroient robes aussi de velours cramoisy et que les officiers dudit ordre esdites premières vespres et messes seroient comme lesdits chevaliers habillez de robes, manteaux et chapperons de velours cramoisy sans aucune bordure ou brodure toutesfoyes ; et que au iiie jour de la solempnité dudit chapistre que le service de l'église se fait de Nostre Dame, lesdits chief et souverain, chevaliers et officiers seront habillez de robes longues de damas blancq, doublées ou lynées comme bon leur semblera, et de leurs chapperons de velours cramoisy à bourlette ; et que ledit seigneur chief et souverain et ses successeurs à leurs despens fourniroient delà en avant ausdits chevaliers lesdits manteaux de velours cramoisy, lesquelz demeureront soubz la garde du trésorier de l'ordre ; mais que lesdits chevaliers se pourverroient desdites robes et chapperons de velours cramoisy, aussi de robes, manteaulx et chapperons de deul pour le second jour de la solempnité, et desdites robes de damast blancq. Et oultre que ledit chief et souverain et ses successeurs pourverroient ausdits quatre officiers tousiours à leur venue à leurs offices de tous les habillemens que besoing leur seroit, et lesquelz lesdits officiers garderoient vers eulx » (Ms. de la Bibl. nat., fonds franç., n° 5046).

1. Erreur : Jean Damas, seigneur de Clessy, avait été reçu au chapitre de 1468.

2. Guy de Brimeu, comte de Meghen et seigneur d'Humbercourt.

3. Philippe de Croy, fils de Jean, premier comte de Chimay.

4. Lire : *Vianden*.

aultres dont je n'ay point de souvenance [1]; et, ce jour, messire Jehan de Lucembourg tint unes joustes contre tous venans, et fut merveilleusement pompeulx et accompaigné de sa personne. Et gaigna, ce jour, le prix messire Jehan Raolin, aisné filz du seigneur d'Emeries ; et, au partir d'icelle feste, le duc tira son armée au pays de Gueldres, et conquesta tout le pays sans grant resistance, reservée la ville de Vannelock [2], qui soubstint ne sçay quants jours le siege ; mais en fin ilz se rendirent, comme les aultres ; et ainsi fut le duc de Bourgongne duc de Gueldres [3], et fit passer ses gens le Rin, pour aller conquerir la conté de Zutphem. Ce qui fut ligierement faict ; et les gougeas de l'hostel du duc alloient tous les jours veoir les dames de Devan-

1. Les chevaliers élus au chapitre de Valenciennes furent, en outre, l'infant don Fernand, prince de Castille, roi de Sicile, le roi Fernand de Naples, et Jean de Luxembourg, comte de Marle (Ms. n° 5046).

2. Venloo, ville des Pays-Bas, sur la Meuse, à 20 kil. de Ruremonde. — La ville de Venloo, assiégée depuis le 18 juin, se rendit le 21 du même mois (V. la liste des récompenses accordées par Charles le Téméraire à ses officiers et capitaines après la prise de cette ville, le 10 septembre 1473, dans les *Comptes-rendus de la Commission d'histoire de Belgique*, 2ᵉ série, t. VII, p. 52 et suiv. Olivier de la Marche y figure pour 240 livres).

3. Le 20 juin 1473, Charles le Téméraire acheta de Gérard, duc de Juliers, moyennant 80,000 florins du Rhin, ses droits et prétentions sur le duché de Gueldres et le comté de Zutphen qu'il s'était déjà fait céder, comme on l'a vu plus haut, en 1472, par le vieux duc Arnoul. Le 25, il partit de Venloo et alla camper le 26 devant Gocht, coucher le 27 à Clèves et le 30 à Dvickemborg-lès-Nimègue. Assiégée le 3 juillet, Nimègue se rendit le 19. Le duc passa le Rhin le 30 juillet et campa près de l'abbaye d'Elten au comté de Zutphen (V. *Histoire de Charles de Bourgogne*, précitée, appendice aux *Cronicques d'Engleterre*, t. III, p. 302).

tel, qui sont femmes moult gracieuses, et qui prennent plaisir à festoyer estrangiers. Et le duc laissa à Zutphem messire Baudouyn de Lannoy, seigneur de Molembais, le Veau de Bousanton[1] et plusieurs aultres bons gens d'armes; et puis repassa la riviere du Rin[2], et prit son chemin contre Bourgoingne[3].

Le duc passa par Ferratte et vint en Bourgoingne[4]; et à Sainct Benigne de Dijon luy fut, par l'abbé, mis au doit ung riche anneau, en l'espousant du duchié de Bourgoingne, ainsi que c'est l'ancienne coustume; et s'en retourna le duc en son hostel, ouquel il tint estat de duc, et ses principaulx officiers avecques luy, comme le chancellier, le premier chambellan, le mareschal et le grant maistre d'hostel. Et estoit belle chose à veoir iceulx en leur triumphe; et après avoir demouré à Dijon huict ou dix jours, le duc ordonna ses affaires, et alla faire un tour par la conté de Bourgoingne[5], et

1. Guillaume de Bousenton, dit le Veau.
2. Le 14 août, pour se rendre à Nimègue.
3. Le duc ne partit de Thionville pour se rendre en Bourgogne que le 11 décembre 1473. Le 16, il était à Nancy, et le 24 à Brisach, au comté de Ferrette, où il resta jusqu'au 31.
4. Dom Plancher (t. IV, preuves, p. cccxxvii) a donné le récit contemporain de l'entrée de Charles à Dijon le 23 janvier 1473 (v. st.), et non le 16 comme le duc l'avait d'abord projeté (Archives de la Côte-d'Or, B 1773, fol. 369). Il était parti le samedi 8 janvier d'Ensisheim, et, passant par Thann, Beaufort, Montbéliard, Baume-les-Dames, était arrivé à Besançon le 13 pour coucher. Il en partit le 17, alla coucher le 18 à Auxonne, le 19 à Rouvre, où il séjourna jusqu'au 21, alla coucher à Perrigny près Dijon et entra dans cette ville le 23. Le 25, il y tint cour ouverte. — La Bibliothèque royale de La Haye possède un ms. contenant aussi la description de cette entrée à Dijon.
5. Le duc partit de Dijon le 19 février 1474 (n. st.), alla coucher à Rouvre, le 20 à Auxonne, le 21 à Dole où il prit solen-

visiter et aorer le corps de monseigneur sainct Claude, qui est un noble reliquaire. Et s'en revint par Lyon le Saunier, où il trouva le prince d'Oranges, qui le festoya grandement, et de là retourna à Dijon, et n'y arresta guieres ; mais disposa de s'en retourner en Flandres, et s'arresta à Lucembourg[1], pour adviser sur ses besoingnes. Et en ce temps, Henry, conte de Vistemberch, vint passer près du duc, ses gens tous vestuz de jaulne ; et fut le duc adverty que c'estoit contre luy. Si l'envoya prendre et amener prisonnier[2] ; et en sa prison promist au duc de luy rendre le chasteau de Montbeliart ; et fusmes envoyez, monseigneur du Fay[3] et moy, pour avoir la place ; mais le conte

nelle possession de son comté de Bourgogne (le 20, d'après les Archives de la Côte-d'Or, B 1773, fol. 388) ; il y demeura jusqu'au 8 mars, passa du 12 au 15 à Besançon, et alla ensuite à Vesoul et à Luxeuil, d'où il se rendit directement en Lorraine le 28 mars ; le 4 avril, il était à Luxembourg.

1. Charles resta à Luxembourg du 4 avril au 9 juin. Il y célébra le jour de Pâques le 10, et le 23 la fête de l'ordre de la Jarretière. Après une courte excursion à Arlon, il quitta définitivement la ville de Luxembourg le 22 juin et arriva à Bruxelles le 27.

2. Au mois d'avril 1474, Henri de Wurtemberg, comte de Montbéliard, se rendit vers le duc Charles, pour se plaindre des atteintes récemment portées à ses droits par le parlement du comté de Bourgogne. Arrêté près de Thionville, et mené à Luxembourg, il fut bientôt après conduit, par Claude de Neufchâtel et Olivier de la Marche, sous les murs de Montbéliard où l'on chercha, par le simulacre et les apprêts du dernier supplice, à contraindre la garnison à livrer la place ; le commandant s'y refusa énergiquement et les menaces ne furent pas mises à exécution. On emmena Henri à Maestricht, puis à Boulogne-sur-Mer où il resta détenu jusqu'à la mort de Charles le Téméraire ; ces procédés barbares lui firent perdre la raison (Voy. Gollut, col. 1243, note 1, et *Cronicques d'Engleterre*, appendice, t. III, p. 303).

3. Claude de Neufchâtel, seigneur du Fay.

Henry ne pouvoit fournir à sa promesse, car la coustume de Montbeliart est telle, que plus tost verroient les souldoyers coupper la teste à leur seigneur, que de rendre une telle place ; mais la gardent jusques au derrenier des seigneurs qui demeure en vie. Et ainsi nous en revinsmes sans riens faire.

En ce temps[1] mourut le duc Nycolas, filz et seul heritier de monseigneur Jehan de Calabre ; et au regart du duc, il vouloit bien dissimuler le temps avecques le duc Nycolas ; mais au duc Regnier[2], filz du conte de Vaudemont, à qui l'heritaige venoit, il ne se povoit accorder ne dissimuler ; et quant le duc Nycolas fut trespassé, le duc de Bourgoingne entra au pays à main forte, et se fict duc de Lorraine, soubz la querelle que les Lorrains l'avoient habandonné devant Nuz, à son grant besoing ; et si bien exploicta qu'il chassa le duc Regnier hors du pays, et gaigna tout le pays de Lorraine en peu de temps ; et se tint Nancy, qui assez tost parlementa, et fut rendue par appoinctement[3]. Et ainsi en une saison, ou bien près, il se fit duc de Gueldres et de Lorraine, et y establit messire Jehan de Rubempré pour gouverneur de Lorraine, et y laissa bonne garnison, et principallement d'Angloix ; et de là s'en alla en Bourgoingne. Et est vray que grans languaiges estoient tenuz du josne duc de Savoye et de madame Marie, fille du duc de Bourgoingne.

1. 27 juillet 1473 (D. Calmet, *Hist. de Lorraine,* 1re édit., t. II, col. 898).
2. René II, fils du comte Ferry de Vaudemont.
3. 26 novembre 1475 (D. Calmet, t. II, col. 1020).

CHAPITRE VI.

Comment les Suisses desconfirent le duc Charles de Bourgongne par deux fois.

En ce temps le conte Amé de Romont[1] rua jus certain nombre de chariotz appertenans aux Suisses, lesquelx prirent mal en gré d'avoir esté pillez par le conte de Romont, et se misrent sus à grosse puissance; et le duc de Bourgoingne vint au secours dudit de Romont, et print aucungs Suisses qui estoient pour garder la place de Granson, appertenant au prince d'Oranges[2]; lesquelx Suisses le duc de Bourgoingne fit pendre et estrangler[3]; et desiroit moult le duc de trouver les aultres aux champs et de les combatre; et pour leur donner amorse de venir, il envoya ses archiers de corps dedans le chastel de Vaumarcou[4]; et le duc de Bourgoingne lendemain[5] amena son armée pour secourir ses archiers de corps, et y eut grosse escarmouche, et fut le duc, et ses gens, rebouté; et à celle escarmouche mourut Pierre de Lignan, qui estoit ung moult vaillant escuyer. Là mourut le seigneur de Chasteauguyon, le seigneur du Mont Sainct Sorlin[6],

---

1. Non pas Amé, mais Jacques de Savoie, comte de Romont et baron de Vaud, frère du duc Amédée IX.
2. Ou plutôt à son oncle, le seigneur de Châteauguyon, d'après Commines, liv. V, ch. 1 (Voy. aussi Gollut, col. 1289, note 4).
3. La ville de Granson fut prise le 28 février 1476 (n. st.), et le château se rendit le lendemain.
4. Vaux-Marcus.
5. Le 2 mars.
6. Quentin de la Baume.

Jehan de Lalain, Loys Raulin, seigneur de Prusely, et plusieurs aultres gentilz personnaiges. Et, fin de compte, le duc de Bourgoingne perdit celle journée, et fut rebouté jusques à Joingne[1], où il se saulva et garantit ; et est raison que je die comment et par quelle maniere se saulverent les archiers de corps du duc, après la bataille desconfite. Le cappitaine d'iceulx archiers estoit ung josne escuyer nommé George de Rosimboz, et[2] quant il veit la bataille perdue pour nous, il parla aux archiers et leur dit : « Vous voyez l'incon-
« veniant qui nous est advenu, et le dangier où nous
« sommes. Je seroye d'oppinion qu'encoires en nuict,
« à l'heure qu'il fera la plus grande nuict, et que les
« ennemis seront le plus endormis, que nous saillions
« tous ensemble l'espée au poing, et passions parmy
« l'ost ; car il est l'heure de garantir noz vies. » Tous s'accorderent au conseil de leur cappitaine, excepté ung qui estoit blessé. Se partirent tous ensemble du chasteau, ainsi qu'il avoit esté conclud, et fut leur fortune si bonne qu'ils passerent franchement, et toute nuict chevaulcherent, et se vindrent rendre à Salins, où je les viz arriver ; car je ne fuz point à la journée, à cause d'une maladie que j'avoye. De Joingne le duc tira à Noseret[3] ; et devez savoir[4] que le duc estoit bien triste et bien melancholieux d'avoir perdu celle journée, où ses riches bagues furent pillées et son armée

1. Jougne, seigneurie appartenant alors, comme celle de Granson, à la maison de Chalon.
2. « Après la bataille déconfite, le cappitaine d'iceulx archers, qui estoit... Rosimboz, quant... »
3. Nozeroy.
4. « Entendre. »

rompue. Le duc se tira devant Lauzanne, où il se refortiffia le mieulx qu'il peust, et fit venir gens nouveaulx du pays de Haynnault, et aussi du pays de Gueldres; et en peu de temps refit une grosse armée [1], et se tira en pays, pour trouver lesdits Suisses; et alla mectre le siege devant Morat, qui est une ville de la conté de Romont, et y fit grandes battures et grandes approches; et ne faillirent point lesditz Suisses d'y venir, et pour la seconde fois fut desconffit le duc de Bourgoingne devant Morat, et luy tuerent beaucop de ses gens [2]. Ainsi eust le duc de Bourgoingne la fortune deux fois contre luy en peu de tems; et là mourut le conte de Marle, filz du conte de Sainct Pol [3], et ce bon et vaillant escuyer Jaques du Mas, l'estendart du

1. Panigarola, ambassadeur du duc de Milan près de Charles le Téméraire, écrit le 9 juin 1476 à son maître du camp en avant de Lucens, à quatre lieues de Fribourg, que l'armée bourguignonne a été passée en revue et que les ambassadeurs étrangers l'ont trouvée aussi belle que nombreuse (*Dépêches des ambassadeurs milanais,* publiées par M. de Gingins La Sarra, t. II, p. 231). Mais un autre envoyé italien, Fr. Petrasanta, écrit le 6 juin au même prince que chaque jour les Italiens désertent, que les troupes bourguignonnes sont en mauvais état, qu'elles mendient pour vivre et qu'elles ne comptent pas au delà de 56 escadrons d'hommes d'armes (*Id.,* t. II, p. 221).

2. Le samedi 22 juin 1476. — Molinet (t. I, p. 204) dit que six à sept mille hommes périrent à Morat; huit mille d'après Commines (liv. V, ch. III), qui l'avait ouï dire au seigneur de Contay, mais, ajoute-t-il, sans compter « d'aultres menues gens assez. »

3. Le comte de Marle commandait l'arrière-garde du duc; il fut poursuivi et atteint dans la déroute par les Suisses, qui ne lui firent point de quartier, bien qu'il leur offrît 25,000 ducats pour racheter sa vie (V. Molinet, t. I, p. 200 et 203, et les *Dépêches des ambassadeurs milanais* précitées, t. II, p. 330).

duc de Bourgoingne en ses bras, que onques ne voulut habandonner.

Et affin que je n'oblie riens, j'ay à ramentevoir ce que fit le duc de Bourgoingne après qu'il eust gaigné Liege, et que le Roy se fut party de luy [1]. Le duc ouyt dire que les Liegeois s'estoient retirez au pays de Franchimont, et se deslibera de les aller combatre ; et vint en Franchimont par le plus grant froid qu'il est possible de faire, et se logea en ung villaige qu'on appelle Pouleuvre, où luy et ses gens endurarent et faim et froidure. Toutesfois ceulx d'Aiz en Allemaigne luy envoyerent quatre quehues de vin, qui luy vindrent bien à point ; et prestement en envoya une à monseigneur de Bresse[2] et au seigneur de Savoie[3], qui estoient avecques luy, dont ils firent grant feste ; et commencerent vivres à venir, qui moult conforta l'armée. Et au regard des Liegeois et de ceulx de Franchimont, quand ilz sceurent la venue du duc et de son armée, ilz s'enfuyrent tous en divers lieux, et mesmement au plus espès des bois ; et advint que le seigneur de Traves[4], Bourguignon, et de ceulx de Thoulongeon, se mirent si avant en leur poursuyte qu'ilz furent par les Liegeois merveilleusement battuz et navrez, et en dangier de mourir ; et après que le duc de Bourgoingne eut demouré certains jours à Pouleuvre, cuydant que les Liegeois luy deussent venir courre sus, il se partit d'icelluy lieu, et print le chemin contre ses pays, et

1. Novembre 1468.
2. Philippe de Savoie, seigneur de Bresse, duc de Savoie en 1496, cinquième fils du duc Louis.
3. Amédée IX.
4. Claude de Toulongeon, seigneur de Traves et de la Bastie.

traversa les rivieres de Franchimont, qui sont roides et parfondes, et par si grant froit, qu'on ne pourroit plus grant froit au monde. Là veiz je ung flascon d'argent plein de tizanne. La tizanne fut si engellée dedans le flascon, que la force de la glace rompit ledit flascon ; et povez penser se les povres gens d'armes eurent pas leur part de la grant froidure ; le duc passa outre lesdictes rivieres, et se mict en chemin contre Namur, pour retourner en ses pays[1].

Et après les deux fois qu'avoit le duc esté rompu, nouvelles luy vindrent que le duc de Lorraine avoit mis le siege devant Nancy, et reconquis la plus part du pays de Lorraine sur le duc de Bourgoingne ; et le duc, qui moult estoit couraigeulx, à tout les gens d'armes qu'il peust recueillir[2], se tira prestement en Lorraine, en intencion de secourir messire Jehan de Rubempré, son lieutenant en la ville de Nancy[3]. En

1. Le duc rentra à Bruxelles vers la fin de novembre 1468 (Voy. Barante, t. II, p. 326).
2. Les États généraux de Gand ayant refusé de consentir à une levée en masse que le chancelier Hugonet avait requise d'eux au nom du duc (V. *les États de Gand en* 1476 dans le *Trésor national*, t. III, 1re série, p. 258), Charles le Téméraire ordonna, par lettres-patentes datées de Malines le 29 octobre 1476, une levée de 6,000 archers et de 4,000 piquenaires dans ses possessions des Pays-Bas. Sur cette levée et la solde de ces 10,000 combattants, v. 3e et dernier compte de Hue de Dompierre, dit Baudin, trésorier des guerres, du 1er janvier 1475 (n. st.) au 31 août 1477.
3. Il songeait en même temps à négocier, car il se fit suivre à Nancy par Guillaume Hugonet, son chancelier, et les gens de son conseil (V. une lettre de G. Hugonet adressée le 8 avril 1475 (n. st.) aux magistrats de Metz et publiée par M. Kervyn de Lettenhove dans sa *Notice sur la collection d'autographes de M. de Stassart*, 1879).

ce temps ou peu par avant[1], les contes de Chimay[2] et de Maigne, en intencion de fortiffier la paix qui estoit faicte entre le Roy et le duc de Bourgoingne, conclurent unes tresve de neuf ans pour le Roy, pour le duc et leurs hoirs, où fut compris nommement monseigneur le daulphin, filz du Roy, et madame Marie de Bourgoingne, fille du duc de Bourgoingne, car ilz estoient nez et vivans ; et fut celle tresve jurée et accordée du Roy et du duc. Et affin qu'il en soit memoire, j'ay incorporé et enregistré ladicte tresve de neuf ans en ces presens Memoires, et dont[3] le contenu de mot à mot ensuyt.

CHAPITRE VII.

S'ensuyt le contenu au long des tresves de neuf ans faictes et conclutes par le Roy Loys de France d'une part et mon très redoubté prince Charles, duc de Bourgoingne, le treiziesme jour de septembre l'an de grace mil quatre cens soixante et quinze[4].

« Charles, par la grace de Dieu duc de Bour-

[1]. Olivier revient sur ses pas, car la trêve est de 1475 et l'expédition de Lorraine de 1476.
[2]. Philippe de Croy, comte de Chimay, fils de Jean.
[3]. « Ainsi que. »
[4]. Ce titre se trouve dans le ms. n° 2869. — Les lettres de Charles le Téméraire pour la trêve de neuf ans conclue avec le roi de France sont imprimées dans le *Recueil des traitez de paix*, par Léonard, t. I, p. 616. — Il en existe deux copies du temps conservées, l'une aux Archives de la Côte-d'Or (B 11910), l'autre aux Archives de la ville de Dijon, sur lesquelles nous avons pris soin de les collationner, ce qui a permis d'y faire plusieurs corrections importantes. — On trouve aussi le texte de cette trêve

goingne, de Lothier, de Brabant, de Lembourg, de Luxembourg et de Gheldres, conte de Frandres, d'Artois, de Bourgoingne palatin, de Haynnau, de Hollande, de Zellande, de Namur et de Zuiphen, marquis du saint empire, seigneur de Frise, de Salins et de Malines, à tous ceulx qui ces presentes verront, salut. Comme par cy devant pluseurs journées ayent esté tenues en divers lieux, entre les gens à ce commis et depputez par le Roy et nous, pour trouver moyen de reduire et mettre à bonne paix et union les questions, divisions et differances estans entre nous, et sur icelles trouver, recevoir et accepter une paix finale, laquelle chose jusques ycy n'a peu prandre conclusion ; considerans que à l'onneur et louange des princes chrestiens riens n'est plus convenable que de desirer et aymer paix, de laquelle le bien et le fruit des choses terriennes et mortelles est sy grant que plus ne pourroit ; nous, desirens envers Dieu nostre createur nous monstrer, par effect, vertueux et obeissant en toutes noz opperacions, affin que l'Eglise, en vacquant au service divin, puisse prandre vigueur et demeurer en vraye et seure frainchise et liberté, le noble et vray couraige des hommes mortelz habonder en repotz et transquilité sans servitutes d'armes, et que l'entretenement de noz pais et seignouries, tant au fait de la marchandise que aultrement, puisse estre permanant, et l'estat d'ung chascun demeurer en son entier ; et consequamment le povre et menu peuple, ensamble tous nosdits subgetz puissent labourer

---

dans un recueil ms. de traités de paix conservé à la Bibliothèque publique de Mons, ms. qui a appartenu au P. Delewarde, auteur de l'*Histoire du Hainaut*.

et vacquer, chascun en droit soy, à leurs besoingnes, industries et artiffices, sans quelxconques violances ou oppressions, le temps à venir ; moyennant la grace de Dieu, entre eulx vraye et perpetuelle paix et justice, neccessaire à toute la terre chrestienne, garder, entretenir et conserver, et en icelle vivre et morir inviolablement ; ayons, par l'advis et deliberacion de pluseurs seigneurs de nostre sang et gens de nostre grant conseil, fait, conclud et accordé entre le Roy et nous, pour nous, noz hoirs et successeurs, et pour tous les pays, villes, terres et seigneuries d'une part et d'aultre, tresves generales, en la forme et maniere qui s'ensuit.

« Ce sont les articles faiz et accordez entre le Roy et monseigneur le duc de Bourgoingne touchant la tresve faicte et conclute entre eulx :

« Premierement, bonnes, seures et loyalles tresves, seur estat et abstinance de guerre, sont prinses, acceptées, fermées, conclutes et accordées par terre, par mer et par eaues doulces, entre le Roy et mondit seigneur de Bourgoingne, leurs hoirs et successeurs, pays, terres, seignories, subgetz et serviteurs ; icelles tresves, seur estat et abstinance de guerre, commenceant ce jourduy treiziesme jour de ce present mois de septembre, durant le temps et terme de neuf ans revolus, et finissant à semblable treiziesme jour de septembre, lesdits neuf ans revolus, que l'on dira l'an mil quatre cens quatre vins quatre. Pendant lesquelles tresves, seur estat et abstinance de guerre, cesseront d'une part et d'aultre toutes guerres, hostillitez et voyes de fait ; et ne seront faiz par ceulx de l'ung party sur l'aultre, de quelque estat qu'ilz soient, aucuns exploits de guerre, prinses ou entreprinses de villes, citez, chasteaulx, forteresses ou places tenues ou estans ès pays et obeissance de l'ung ou de l'aultre, quelque part qu'elles soient situées ou assises, par assault, sieges, emblées, eschiellemens et composicions, pour occasion ne soubz couleur de marque, contremarque ou represaille, ne soubz couleur de debtes, obligacions, tiltres ne aultrement, en quelque forme et maniere que ce soit ; supposé oires que les seigneurs ou les habitans desdictes villes, citez, chasteaulx, places ou forteresses, ou ceulx qui en auront la garde, les voulsissent rendre, baillier et delivrer, de leur voulenté ou aultrement, à ceulx du parti et obeyssance contraire. Ouquel cas, s'il advenoit, cellui par lequel, ou à l'aveu duquel, auroit esté prinse la ville ou villes, places, chasteaulx ou forteresses, seront tenus les faire rendre et restituer plainement à cellui sur qui ladicte surprinse auroit esté faicte, sans en delayer la restitucion, pour quelque cause ou occasion que ce soit advenu, en dedans huit jours après la sommacion sur ce faite de l'une desdictes parties à l'aultre. Et ou cas que faulte y auroit de ladicte restitucion, cellui sur le parti duquel ladicte prinse auroit esté faicte pourra recouvrer ladicte ville ou villes, citez, places, chasteaulx ou forteresses, par sieges, assaulx, eschiellemens, amblées, compositions, par voye de fait et hostillité de guerre ou autrement, ainsi qu'il pourra, sans ce que l'aultre y donne resistance ou empeschement, ou que, à l'occasion de ce lesdictes tresves, seur estat et abstinance de guerre puissent estre dictes ne entendues rompues ne enfrainctes, mais demourront, ledit temps durant, en leur playne et entiere force et vertu ;

et si sera tenu cellui qui n'aura faicte ladicte restitucion, rendre et payer tous coustz et dommaiges qui auront esté ou seront faiz ou soustenuz, en general ou particulier, par cellui ou ceulx sur qui ladicte prinse auroit ainsi esté faicte.

« *Item*, et par les gens de guerre ou aultres du parti et aliance de mondit seigneur de Bourgoingne qui vouldront estre comprins, ne seront faictes aulcunes prinses de personnes, courses, roberies, pilleries, loigis et appatis, rançonnemens, prinses ou destrousses de personnes, de bestes ou d'aultres biens quelzconques, sur les terres, villes, places, seignories et aultres lieux estans du parti et obeissance du Roy ; et pareillement par les gens de guerre et aultres estans du parti et aliance du Roy, qui vouldront estre comprins, sur les terres, villes, places et seignories ou aultres lieux estans du parti et obeyssance de mondit seigneur de Bourgoingne. Ains seront et demeurront tous les subgetz et serviteurs d'ung costé et d'aultre, de quelque estat, qualité, nacion ou condicion qu'ilz soient, chascun en son parti et obeissance, seurement, saulvement et paisiblement, de leurs personnes et de tous leurs biens ; et y pourront labourer, marchander, faire et pourveoir toutes leurs aultres besoingnes, marchandises, negociacions et affaires, sans destorbier ou empeschement quelxconques et tout ainsi que en temps de paix.

« *Item*, pendant et durant lesdictes tresves, seur estat et abstinance de guerre, les subgetz, officiers et serviteurs d'une part et d'aultre, soient prelas, gens d'eglise, princes, barons, nobles, marchans, bourgeois, laboureurs et aultres quelxconques, de quelque estat, qualité, nacion ou condiction qu'ilz soient, pourront aler, venir, sejourner, converser, marchandement ou aultrement, en tel habillement que bon leur semblera, pour quelzconques leurs negoces et affaires les ungs avec les aultres, et les ungz ès pays, seignories et obeissance de l'aultre, sans sauf conduit, et tout ainsi que l'on pourroit communiquer, aler et marchander en temps de paix, et sans aulcuns destorbier, arrest ou empeschement, se n'est par voye de justice, et pour leurs debtes ou pour leurs deliz, abus ou excez, qu'ilz y auroient d'icy en avant[1] perpetrez et commis; saulf aussi que gens de guerre en armes et à puissance ne pourront entrer de l'ung pays en l'aultre, à plus hault nombre que de quatre vins à cent chevaulx et au dessoubz. Et ne seront ditz ne proferés, à ceulx qui iront ou converseront d'une part et d'aultre, aulcunes injures et opprobres à cause du party; et s'aulcuns font le contraire, ilz seront pugnis et corrigez comme infracteurs de tresves.

« *Item*, tous prelas, gens d'eglise, nobles, bourgeois, marchans et aultres subgetz, officiers et serviteurs d'ung parti et d'aultre, de quelque estat ou condicion qu'ils soient, durant lesdictes tresves, seur estat et abstinance de guerre, auront et retourneront à la joyssance et possession de leurs benefices, places, terres, seignories et aultres biens immeubles, en l'estat qu'ilz les trouveront; et y seront receuz sans empeschemens, contreditz ou difficultez, et sans obtenir aultres lettres de main levée, ne estre contrains à en faire nouvelle feaulté ou hommaige, en faisant serement en

---

1. « Par cy devant » dans le texte d'Olivier de la Marche.

leurs personnes ou par leurs procureurs en la main du bailli ou son lieutenant, soubz qui seront lesdits benefices, places, terres, seignories et biens immeubles, de non traictier ou pourchasser d'iceulx quelzconques choses prejudiciables ou party où ilz seront. Et les seigneurs d'un party ausquelz appartiennent places estans ès frontieres de l'aultre party, bailleront leurs seellés de non en faire guerre au party où elles sont ; et, en recevant la delivrance d'icelles, promettront, jureront et bailleront leurs seellez de non en faire guerre au party où elles sont, et que, ceste dicte tresve expirée, les delaisseront en la playne obeissance dudit parti où elles sont. Touteffois, pour aulcunes causes et consideracions, le Roy est content que la place de Rambure soit entierement baillée et delivrée au seigneur d'icelle, sans y mettre aultre cappitaine ou garde, pourveu qu'il fera serement, et aussi baillera son seellé, en la main de cellui qui luy fera ladicte restitucion, que, durant ceste presente tresve, ne après icelle finie, il ne fera ne pourchassera chose prejudiciable au Roy, ne à ses pays et seigneuries ou terres, ne aussi à mondit seigneur de Bourgoingne, ses pays ou seigneuries, et ne mettra garnison en icelle place qui porte ou face dommaige à l'une ou à l'aultre des parties.

« Et quant aux places et forteresses de Beaulieu et Vervin, mondit seigneur de Bourgoingne consant que, en lui faisant la delivrance reelle des villes et bailliage de Saint Quantin et des places dont traictié est fait entre le Roy et luy, les forteresses desdits lieux soient abatues, la revenue et seigneurie revenant et demeurant entierement aux seigneurs d'icelles.

« Et aussi est traictié et accordé, pour plus ample declaracion, que les terres et seignories de la Fere, Chasteller, Vandeul et Saint Lambert, deppendans de la conté de Marle, demourront au Roy en obeissance, pour y prendre tailles, aides et tous aultres drois, comme ès aultres terres de son obeissance, la seignorie et revenue d'icelles demourant à monseigneur le conte de Marle.

« Et pareillement les chasteaulx, villes, terres, chastellenies et seignories de Marle, Gercy, Moncornet, Saint Gobain et Assix, demourront à mondit seigneur de Bourgoingne en obeissance, pour y prandre tailles, aides et tous aultres droiz dessusditz, la seigneurie et revenue demourant au conte de Marle, selon le contenu de l'article precedent.

« Et aussi esdictes presentes tresves, seur estat et abstinance de guerre, en tant qu'il touche les articles de communicacion, hantise, retour et joyssance de biens, ne seront comprins messire Bauldoyn, soy disant bastard de Bourgoingne, le seigneur de Renty[1], messire Jehan de Chassa[2] et messire Philippe de Commines ; ains en seront et demeurront du tout exceptez et forcloz.

« *Item*, se aulcune chose estoit faicte ou attemptée

---

1. Philippe de Croy.
2. « Chaffault » dans la copie des Archives de la ville de Dijon, ce qui est probablement une erreur, bien que cette variante ait été adoptée par Gollut (col. 1230). Il s'agit, en effet, de Jean de Chassa, chambellan, qui avait été impliqué, avec le bâtard Baudouin, dans une conspiration contre la vie du duc (D. Plancher, t. IV, preuves, p. ccxcix).

au contraire de ceste presente tresve, seur estat et abstinance de guerre, ou d'aucuns des pointz et articles qui y sont contenus, ce ne tournera ne portera prejudice fors à l'infracteur ou infracteurs seullement, ladicte presente tresve tousjours demeurant en sa force et vertu ledit temps durant; lesquelz infracteur ou infracteurs seront pugnis si griefment que les cas le requerront. Et seront les infractions, se aulcunes sont, reparées et remises au premier estat, par les conservateurs cy après nommez, promptement, se la chose y est disposée; ou, du plus tart, commanceront à y besoingnier dedans six jours, après que lesdictes infractions seront venues à leur congnoissance; et ne departiront lesditz conservateurs, d'une part et d'aultre, d'ensemble, jusques à ce qu'ilz auront appoinctié et fait faire lesdictes reparacions ainsi qu'il appartiendra, et que les cas le requerront.

« *Item*, pour la part du Roy, seront conservateurs : pour la conté de Eu, Saint Walery, et les aultres places à l'environ, monseigneur le mareschal de Gamaches; pour Amiens, Beauvoisis et marches à l'environ, monseigneur de Torcy[1]; pour Compiengne, Noyon et marches à l'environ, le bailli de Vermandois; pour la conté de Guyse, la Terache et Rathellois, le seigneur de Villiers; pour la chastellenie de la Fere et Laon, le prevost de la cité de Laon. Pour toute la Champaigne, monseigneur le gouverneur d'illec y pourra commettre; pour les pays du Roy environ les marches de Bourgoingne, monseigneur de Beauljeu

---

1. Jean d'Estouteville, seigneur de Torcy, ancien prévôt de Paris.

y pourra commettre; pour le bailliage de Lyonnois le bailli de Lyon; pour toute la coste de la mer de France, monseigneur l'admiral[1] y pourra commettre.

« *Item*, pour la part de mondit seigneur de Bourgoingne, seront conservateurs : pour les pays de Ponthieu et de Vimeu, messire Phelippe de Crevecueur, seigneur d'Esquerdes; pour Corbie et la prevosté de Feulloy et Beaulquesne, le seigneur de Contay[2]; pour Peronne et la prevosté dudit Peronne, le seigneur de Clary[3], et en son absence le seigneur de la Hargerie; et pareillement pour les villes et chastellenies de Montdidier, Roye et places à l'environ[4]; pour Artois, Cambresis et Beaurevoir, Jehan de Longueval, seigneur de Vaulx; pour la conté de Marle, le seigneur de Humbercourt; pour le pays de Hainnault, monseigneur d'Aymeries, grand bailly dudit pays; pour le pays de Liege et de Namur, mondit seigneur de Humbercourt, lieutenant de mondit seigneur le duc esdits pays; pour le pays de Luxembourg, le gouverneur dudit Luxembourg, marquis de Rothelin[5]; pour les pays de Bourgoingne, duchié et conté, villes et places à l'environ, estans en l'obeissance de mondit seigneur de Bourgoingne, monseigneur le mareschal de Bourgoingne[6], qui commettra en chascun lieu particulierement là où il sera besoing; pour le pays de Mascon-

---

1. Louis, bâtard de Bourbon.
2. Louis Le Jeune.
3. Guillaume Biche, seigneur de Cléry, gouverneur de Péronne.
4. « Pour Mondidier et Roye et places à l'environ messire Jaques de Montmartin; » variante des copies conservées à Dijon.
5. Rodolphe de Hochberg, marquis de Rothelin.
6. Antoine de Luxembourg, comte de Roussy.

nois et places à l'environ, monseigneur de Clessy[1], gouverneur dudit Masconnois; pour le pays et conté d'Auxerre et places à l'environ, messire Tristan de Tholonjon, gouverneur dudit Auxerre; pour la ville et chastellenie de Bar sur Seine et places à l'environ, le seigneur d'Eschannez[2]; pour la mer de Flandres, messire Josse de Lalaing, admiral; pour la mer de Hollande, Zellande, Artois et Boulenois, monseigneur le conte de Bouchamp[3], admiral esditz lieux.

« *Item*, s'il advenoit que, pendant et durant le temps de ladicte tresve, aulcuns des conservateurs, nommez d'une part et d'aultre, alassent de vie à trespas, en ce cas le Roy, de sa part, et mondit seigneur de Bourgoingne, de la sienne, seront tenuz nommer, commettre et establir aultres conservateurs, qui auront tel et semblable povoir comme les precedans, et le signiffier aux conservateurs prouchains, affin qu'aulcun n'en puisse pretendre cause d'ignorance.

« *Item*, lesquelz conservateurs particuliers, qui ainsi seront commis pour la part du Roy et pour la part de mondit seigneur de Bourgoingne, ou leurs subrogués ou commis, s'ilz avoient legitime excusacion de non y vacquer en personne, c'est assavoir les deux de chascune marche pour les deux costez, seront tenuz d'eulx assembler chascune sepmaine le jour de mardi, une fois ès lymites du Roy, et autreffois ès lymites de mondit seigneur de Bourgoingne, ès lieux propices et convenables qu'ilz adviseront, pour communiquer illec de toutes les plaintes et doleances qui seront surve-

---

1. Jean Damas, seigneur de Clessy.
2. Claude de Dinteville, seigneur d'Eschanets.
3. Wolfart de Borselle, comte de Boucquam.

nues d'ung costé et d'aultre touchant lesdictes tresves, et prestement en appoinctier et faire reparacion, ainsi qu'il appartient. Et s'il advenoit que, pour aulcune grande matiere, il y eust difficultey entre eulx, dont ilz ne se puissent appoinctier, ilz seront tenuz de signiffier et faire sçavoir incontinant, c'est assavoir les conservateurs de la part du Roy pour les marches de par deçà, à......, et des marches de Bourgoingne à....., et les conservateurs de la part de mondit seigneur de Bourgoingne ès marches de par-deçà, à monseigneur le chancellier et gens du conseil de mondit seigneur de Bourgoingne, et, ès marches de Bourgoingne, à mondit seigneur le mareschal et aux gens du conseil estans à Dijon, la qualité desdictes plaintes, et ce qu'ilz en auront trouvé; lesquelz seront tenuz incontinant, et le plus brief que faire se pourra, après ladicte signifficacion, wider et decider lesdictes plainctes et doleances, et faire jugement et decision telz que en leurs consciences ilz adviseront estre à faire.

« *Item*, et ou cas que, à cause desdictes difficultez lesdits conservateurs renveroient lesdictes plainctes ainsi que dit est, et s'il y a personne empeschée, lesdits conservateurs les pourveiront d'eslargissement. Et s'il advenoit que aulcuns desdits conservateurs se voulsissent excuser d'entendre esdictes reparacions, maintenans et pretendans lesdictes infractions non estre advenues en leurs limites, ilz seront en ce cas tenuz le signiffier au conservateur ès lymites duquel ilz maintiendront lesdictes infractions estre advenues; lequel conservateur, ou cas qu'il ne vouldra entreprendre la charge d'entendre seul sur ladicte reparacion, sera tenu de soy assembler avec l'aultre conservateur qui luy aura fait ou fait faire ladicte signifficacion, pour ensamble, avec le conservateur ou conservateurs de l'aultre cousté, besoingnier esdictes reparacions par la maniere dessusdicte.

« *Item*, et seront les jugemens que feront lesdits conservateurs d'une part et d'aultre, executez realment et de fait; et à ce seront contraintz les subgetz d'une part et d'aultre, nonobstant opposicions ou appellacions quelzconques, et sans ce que les condempnez puissent avoir ou obtenir aulcuns remedes au contraire, en quelque maniere que ce soit.

« *Item*, en ceste presente tresve sont comprins les aliez d'une part et d'aultre cy après nommez, se comprins y vueillent estre; c'est assavoir, pour la part du Roy : très haulx et très puissans princes le Roy de Castille et de Leon, le Roy d'Escosse, le Roy de Dannemarche, le Roy de Jerusalem et de Cecille, le Roy de Hongrye, le duc de Savoye, le duc de Lorraine, l'evesque de Metz, la seignourie et communaulté de Florance, la seignorie et communaulté de Berne, et leurs aliez, qui furent comprins en la tresve precedant faicte en l'an mil quatre cens soixante et douze, et non aultres; ceulx de la ligue de la Haulte Alemaigne, et ceulx du pays de Liege qui se sont declairez pour le Roy et retrais en son obeissance; lesquelz aliez seront tenuz de faire leur declaracion s'ilz vouldront estre comprins en ladicte tresve, et icelle signiffier à mondit seigneur de Bourgoingne, dedans le premier jour de janvier prouchain venant. Et, pour la part de mondit seigneur de Bourgoingne, y seront comprins, se comprins y vueillent estre : très haulx et très puissans princes le Roy d'Angleterre, le Roy d'Escosse, le Roy de Portugal, le Roy Ferrande de Jerusalem et de Cecille, le Roy d'Arragon, le Roy de Castille et de Cecille, son filz, le Roy de Dannemarche, le Roy de Hongrie, le Roy de Poulanne, le duc de Bretaigne, madame de Savoye, le duc, son filz, le duc de Millan et de Gennes, le conte de Romont et maison de Savoye, le duc et seignorie de Venise, le conte palatin, le duc de Cleves, le duc de Julliers, les arcevesque de Coloigne, evesques de Liege, d'Utrech et de Metz, lesquelz seront tenuz de faire declaracion s'ilz vueillent estre comprins en ladicte tresve, et le signiffier au Roy dedans le premier jour de janvier prouchain venant; ce toutesvoyes entendu que se lesditz aliez, comprins de la part du Roy ou aulcuns d'eulx, à leur propre querelle, ou en faveur ou aide d'aultruy, mouvoient ou faisoient guerre à mondit seigneur de Bourgoingne, il se pourra contre eulx deffendre, et à ceste fin les offendre, faire et excercer la guerre, ou aultrement y remedier et obvier de toute sa puissance, les contraindre et reduire par armes et hostillité ou aultrement, sans ce que le Roy leur peust donner ou faire donner secours, aide, faveur ne assistance à l'encontre de mondit seigneur de Bourgoingne, ne que ladicte tresve soit par ce enfraincte. Et se pareillement lesditz aliez, comprins de la part de mondit seigneur de Bourgoingne, ou aulcuns d'eulx, à leur propre querelle, ou en faveur et aide d'aultruy, mouvoyent ou faisoient guerre au Roy, il se pourra contre eulx deffendre, et à ceste fin les offendre, faire et excercer la guerre, ou autrement y remedier et obvier de toute sa puissance, les contraindre et reduire par armes et hostillité ou aultrement, sans ce que mondit seigneur de Bourgoingne leur peust donner ou faire donner secours, aide, faveur ne assistance à l'encontre du Roy, ne que ladicte tresve soit par ce rompue ne enfraincte.

« *Item*, pour oster toute matiere et occasion de guerre et debat pendant ladicte tresve, le Roy se declairera pour mondit seigneur de Bourgoingne, à l'encontre de l'Empereur des Romains, ceulx de la cité de Coloingne, et tous ceulx qui leur feront cy après aide ou service à l'encontre de mondit seigneur de Bourgoingne ; et promettra le Roy de non leur faire aide, secours ne assistance quelconque à l'encontre de mondit seigneur de Bourgoingne, ses pays, seignories et subgetz, en quelque maniere que ce soit ou puist estre.

« *Item*, pour consideracion de ce que ce present traictié fut despieça, meismement ou mois de may en l'an mil quatre cens soixante et quatorze, pourparlé et conclud entre les gens du Roy et de mondit seigneur le duc de Bourgoingne, le Roy consent et accorde que toutes les places, villes et terres que depuis ledit pourparlement de cedit present traictié, ont esté prinses et occupées sur mondit seigneur de Bourgoingne, ses pays, subgetz et serviteurs, en quelque pays que ce soit, par les gens du Roy ou aultres, qui de sa part sont et vouldront estre comprins en ceste presente tresve, soient rendues et restituées à mondit seigneur de Bourgoingne et à sesdits subgetz et serviteurs ; et ainsi le fera faire par effect le Roy, de toutes celles qui sont en son obeissance ; et les aultres, qui sont de sa part en ceste dicte tresve, seront tenuz de le faire, quant à celles qui sont en leurs puissances, avant qu'ilz puissent joir de l'effect d'icelle ne estre reputez y comprins [1].

« *Item*, pour meilleur entretenement de ladicte tresve, est accordé que les places de Harssy et Gerondelle seront habatues, se desjà elles ne le sont; et les terres demeurront de telles seignories qu'elles sont.

« *Item*, pour consideracion de laquelle tresve, et mieulx preparer et disposer toutes choses au bien de paix perpetuelle, le Roy sera tenu de baillier et delivrer, et par effect baillera et delivrera à mondit seigneur de Bourgoingne, les ville et bailliage de Saint Quantin, pour les tenir en tel droit qu'il faisoit avant l'encommancement des presentes guerres et divisions; et deans quatre jours après la delivrance de toutes les lettres accordées, le Roy en baillera ou fera baillier l'entiere et playnne ouverture, delivrance et obeyssance à mondit seigneur de Bourgoingne ou à son commis à ce, en telle puissance et à tel nombre de gens qu'il plaira à mondit seigneur de Bourgoingne, en retirant seullement par le Roy de ladicte ville de Saint Quentin son artillerie, telle qu'il y a fait mectre et amener depuis que icelle ville s'estoit mise en son obeyssance, sans toucher à l'artillerie appartenant au corps de ladicte ville ne à aultre y estant avant que ladicte ville feust mise hors de l'obeyssance de mondit seigneur de Bourgoingne, ou

---

[1]. Louis XI ne s'était pas contenté de saisir certaines places bourguignonnes. Il avait donné à Jean II, duc de Bourbon, en récompense des services rendus par lui dans les dernières guerres, le comté de Bourgogne et la seigneurie de Salins, confisqués, disait-il, sur Charles, soi-disant duc de Bourgogne, coupable de lèse-majesté (*Titres de la maison ducale de Bourbon*, t. II, p. 379).

appartenant à aultre que au Roy ou à ses cappitaines. Et à ceste fin pourra mondit seigneur de Bourgoingne avoir aulcuns de ses gens pour veoir charger et emmener ladicte artillerie appertenant au Roy, et pour faire recueillir et garder celle qui appartient à ladicte ville ou à aultres que au Roy et à sesdits cappitaines. Et en recepvant ladicte ouverture, delivrance et obeissance de ladicte ville de Saint Quantin par mondit seigneur de Bourgoingne, icellui seigneur baillera et delivrera, ou par son commis fera baillier et delivrer ès mains des gens et commis du Roy à faire icelle delivrance, ses lettres pour les manans et habitans dudit Saint Quantin, de les garder et entretenir en leurs biens, drois et previleiges, et de non les traveiller ou molester pour les choses passées ; et aussi main levée de leurs biens immeubles, et de leurs meubles estans en nature, et debtes non receues et acquittées estans ès pays de mondit seigneur de Bourgoingne, et de les traictier ainsi que bon seigneur doit faire ses bons subgetz.

« *Item*, quant à toutes villes, places et aultres choses quelzconques dont cy dessus n'est faicte mencion expresse, et sur lesquelles n'est aultrement disposé et ordonné, elles demeurront en tel estat, parti et obeissance, durant et pendant ladicte tresve, qu'elles sont de present.

« *Item*, icelle tresve, seur estat et abstinance de guerre, et aultres pointz ci dessus declairez, le Roy et mondit seigneur de Bourgoingne, pour eulx, leurs hoirs et successeurs, promettront, en bonne foy, en parolle de Roy et de prince, par leurs seremens donnez aux sains euvangilles de Dieu, sur leur honneur et soubz l'obligacion de tous leurs biens, pays et seignories, avoir et tenir ferme et estable, et icelles garder, entretenir et accomplir, et faire garder, entretenir et accomplir inviolablement, durant le temps et par la maniere cy dessus speciffiée et declairée, sans aler ne faire aulcune chose ou souffrir que aultre face aucune chose au contraire, directement ou indirectement, soubz quelque cause ou occasion que ce soit ou puist estre ; et en seront faictes et despechées lettres d'une part et d'aultre, en telle forme qu'il appartiendra.

« Et sera ladicte tresve publiée deans le... jour de... d'une part et d'aultre, saulf toutesvoyes et reservé que s'il advenoit, que Dieu ne vueille ! que de la part du Roy lesdictes ville et bailliaige de Saint Quantin ne fussent baillées et delivrées à mondit seigneur de Bourgoingne deans le tems dessus declairé, et les choses contenues ès articles de ce faisans mencion, et dont lettres seront faictes et despechées, ne fussent accomplies, mondit seigneur de Bourgoingne, nonobstant ladicte publicacion, ne sera tenu, s'il ne lui plaist, de tenir, garder ne observer ladicte tresve de neuf ans, ne les articles contenuz en icelle, plus avant que jusques au premier jour de may prouchainnement venant, que l'on dira mil quatre cens soixante et seze ; jusques audit premier jour de may ladicte tresve neantmoings demourra en sa force et vertu. Sçavoir faisons que, pour consideracion des choses dessusdictes, et singulierement en l'onneur de Dieu, nostre createur, aucteur et seigneur de paix, lequel seul peut donner victoire aux princes chrestiens, telle qu'il luy plait, et pour envers lui nous humilier, affin de fuyr et evicter plus grant effusion de sang humain et que par les inconvenyens procedans de la guerre ne soyons abdicquiés et ostés de la maison de Dieu le pere, exheredés de la succession du filz, et perpetuelment alienez et privez de la grace du benoit saint esperit ; desirans la seurté, repos et sublement du pouvre peuple, et icellui relever de la grant desolacion, charge et oppression qu'il a soubstenue et soubstient de jour en jour, à cause de la guerre ; en esperance de parvenir à paix finalle, comme dit est : nous lesdictes tresve, seur estat et abstinance de guerre avons faictes, acceptées, fermées, prinses, conclutes, promises et accordées ; et par la teneur de ces presentes, par l'advis et deliberacion que dessus, faisons, acceptons, prenons, fermons, concluons, promectons et accordons pour nous, nosdits hoirs et successeurs, et avons promis et juré, promectons et jurons, en parole de prince, par la foy et serement de nostre corps, sur la foy et la loy que nous tenons de Dieu, nostre createur, et que nous avons receu au saint sacrement de batesme, et aussi par le saint canon de la messe, sur les saintes euvangilles Nostre Seigneur, sur le fust de la vraye et precieuse croix nostre saulveur Jhesus Christ, lesquelz canon, euvangilles et vraye croix, nous avons manuelment touchez pour ceste cause, de icelles tresves, et toutes les choses contenues esdits articles, et chacune d'icelles, particulierement et especialment les choses que nous debvons faire de nostre part, ainsi qu'elles sont contenues esdits articles, garder, tenir et observer, entretenir et acomplir, et faire garder, tenir et observer de point en point bien et loyalment, tout selon la forme et teneur desdits articles, sans riens en laissier ne jamais faire ne venir au contraire, ne querir quelque moyen, couleur ou excusacion pour y venir, ne pour en riens pervertir, ne faire quelque immutacion d'aulcune des choses dessusdictes; et s'aulcune chose estoit faicte, attemptée ou innouvée au contraire par noz chiefz de guerre ou aultres noz subgetz et serviteurs, de le faire reparer, et des transgresseurs ou infracteurs faire telle pugnicion que le cas le requerra, et en telle maniere que ce sera exemple à tous aultres. Et à toutes les choses dessusdictes nous summes submis et obligiez, submectons et obligeons, par l'ypotheque et obligacion de tous et chascun noz biens presens et advenir quelzconques, sur nostre honneur, sur peine d'estre parpetuelment deshonnoré, reproché et vilipendé en tous lieulx. Et avec ce avons promis et juré, promectons et jurons, par tous les seremens dessusdits, de jamais n'avoir ne pourchasser, de nostre saint pere le Pape, de concille, legat, penitancier, arcevesque, evesque, ne aultre prelat ou personne quelconque, dispensacion, absolucion ne relievement de toutes les choses dessusdictes ne d'aulcunes d'icelles ; et quelque dispensacion qui en seroit donnée et obtenue par nous ou par aultres, soubz quelque cause, couleur ou excusacion que ce soit, nous y renonceons dez à present pour lors, et voulons qu'elle soit nulle et de nulle valeur et effect, et qu'elle ne nous soit ne puist estre vaillable ne prouffitáble, et que jamais nous ne nous en puissions aydier, en quelque maniere que ce soit ou puist estre. Et pour ce que de cesdictes presentes l'on pourra avoir à besoingnier en divers lieux, nous voulons que au *vidimus* d'icelles, faiz et signez par l'ung des notaires et secretaires du Roy, ou de l'ung de noz secretaires, ou soubz seaulx royaulx, nostres ou aultres auctentiques, foy soit adjoustée, comme à ce present original. Et affin que ce soit chose ferme et estable, nous avons signé ces presentes de nostre main, et icelles fait seeller de nostre seel. Donné ou chastel de Soleuvre[1], le treiziesme jour de septembre l'an de grace mil quatre cens soixante et quinze. Ainsi signé : CHARLES ; et, du secretaire, par monseigneur le duc, J. GROS.

« Collacion faicte à la copie, collacionnée et signée J. GROS. »

CHAPITRE VIII.

Comment le duc Charles de Bourgongne se saisit de madame de Savoye et d'un sien fils ; et comment il fut deconfit et tué devant la vile de Nancy en Lorraine.

Et après que le duc de Bourgoingne eust esté la deuxiesme fois desconfit des Suisses devant Morat, luy, cuydant conduyre son faict cauteleusement, fit une emprinse pour prendre madame de Savoye et ses enffans, et les mener en Bourgoingne[2] ; et moy estant à Genesve, il me manda, sur ma teste, que je prinse

---

1. Soleuvre, château entre Luxembourg et Montmédy, démoli en 1552. Charles le Téméraire y était encore le 18 septembre 1475, ainsi que le constate un sauf-conduit délivré par lui à Imbert de Batarnay, seigneur du Bouchage, à cette date (V. ms., Bibl. nat., fonds franç., n° 2914, fol. 2). Il en partit le 23 pour aller coucher au château de Bassompierre.

2. Après Morat, le duc Charles apprit que la maison de Savoie, dont il s'était toujours efforcé de défendre les droits, venait de traiter avec Louis XI. C'est ce qui le détermina à s'assurer de la personne de la duchesse. Cet événement est de juin 1476.

madame de Savoye et ses enffans, et que je les luy ammenasse ; car, ce jour, madicte dame de Savoye revenoit à Genesve. Et pour obeir à mon prince et mon maistre, je fiz ce qu'il me commanda, contre mon cueur ; et prins madame de Savoye [1] et ses enffans, au plus près de la porte de Genesve. Mais le duc de Savoye [2] me fut desrobé, car il estoit bien deux heures en la nuyct, et ce par le moyen d'aucungs de nostre compaignie, qui estoient subjects du duc de Savoye [3] ; et certes ilz ne firent que leur debvoir ; et ce que j'en fiz, je le fiz pour saulver ma vie ; car le duc mon maistre estoit tel, qu'il vouloit que l'on feist ce qu'il commandoit, sur peine de perdre la teste. Ainsi je me mis en chemin, et apportoie madame de Savoye derriere moy ; et la suivirent ses deux filles, et deux ou trois autres de ses damoiselles ; et prinsmes le chemin de la montaigne pour tirer à Sainct Claude. J'estoye bien asseuré du second filz [4], et le faisoye porter par ung gentilhomme, et cuydoye bien estre asseuré du duc de Savoye, mais il m'avoit esté desrobé, comme j'ay dit ; et si tost que nous fusmes eslongnez, les gens de la duchesse, et nommeement le seigneur de Manton [5], firent apporter torches et fallotz et emmenarent le duc de Savoye à Genesve ; dont ilz eurent grant

1. Yolande de France, sœur de Louis XI.
2. Philibert de Savoie, alors âgé de onze ans.
3. Ludovic Taglianti, natif d'Ivrée en Piémont. Il le cacha dans un blé voisin de la route, ou plutôt l'y laissa cacher par son gouverneur, le comte de Rivarola. Le jeune prince Jacques-Louis, celui que Commines appelle le *protonotaire*, fut sauvé par Louis de Villette (Guichenon, *Hist. généal. de la maison de Savoie*, t. 1, p. 567).
4. Charles de Savoie, qui succéda en 1482 à son frère Philibert.
5. Bernard de Menthon, seigneur dudit lieu.

joye. Et je, à tout madame de Savoye et le petit filz, qui n'estoit pas le duc, passasmes la montaigne à la noyre nuyct, et vinsmes à ung lieu que l'on appelle le My Jou[1], et de là à Sainct Claude. Et devez sçavoir que le duc fit très mauvaise chiere à toute la compaignie, et principallement à moy ; et fus là en dangier de ma vie, pour ce que je n'avoye point emmené le duc de Savoye[2].

Si s'en alla le duc à Morat[3], et de là à Salins, sans me riens dire ne commander. Touteffois je menay madame de Savoye après luy, qui ordonna qu'on l'emmenast au chasteau de Rocheffort ; et de là fut menée à Rouvre, en la duchié de Bourgoingne[4]. Ne deppuis je ne me meslay d'elle ne de ses affaires ; et fut practicqué, devers le Roy de France, d'envoyer querir sa seur, ce qu'il fit ; et envoya deux cens lances, qui eurent entendement au chasteau ; et par ce moyen fut la duchesse de Savoye recousse[5] de la main de monseigneur de Bourgoingne.

Ou temps dessusdit[6] le conte de Warvich contrain-

1. Mijoux, commune de Lajoux, canton de Saint-Claude (Jura), au débouché occidental du col de la Faucille. Ne pas confondre avec Mijoux, près Gex (Ain).

2. Appiano, ambassadeur milanais, écrit de Genève au duc de Milan, le 29 juin 1476, que Charles le Téméraire éprouva un tel dépit de l'évasion du jeune duc de Savoie, qu'il fut près de renier sa foi et de se donner la mort (*Dépêches des ambassadeurs milanais*, publiées par M. de Gingins-la-Sarra, t. II, p. 324).

3. Lisez : Moirans, village qui dépendait de la terre de Saint-Claude, à deux lieues de cette ville.

4. Canton de Dijon (Côte-d'Or). Ancienne châtellenie ducale (Voy. Commines, liv. V, ch. IV).

5. Délivrée.

6. La Marche revient encore ici sur ses pas, comme il le

dit le Roy Edouart d'Angleterre de partir du royaulme, et vint descendre en Zeellande, où le duc de Bourgoingne l'alla veoir, et le reconforta de ses biens le mieulx qu'il peust[1], et comme l'ung frere doit faire l'aultre en tel cas ; et aussy y descendit le duc d'Yorch, son frere, et fut le Roy d'Angleterre grandement festoyé par messire Loys de Bruges, seigneur de la Gruthuse ; et deppuis luy donna le Roy d'Angleterre une conté[2], et luy fit des biens largement. Le Roy Edouart estoit moult aymé en Angleterre ; et, conclusion, il retourna en son royaulme[3], et en chassa le conte de Warvich ; et ainsi je rends compte, par ce present volume, de moult de choses advenues en six ou en huict ans[4]. Et ainsi et par la maniere dessusdicte, se

remarque plus loin. La fuite d'Édouard IV, roi d'Angleterre, remonte à l'année 1470. Ce prince arriva à la Haye le 11 octobre de cette même année (V. Commines, liv. III, ch. v ; *Anchiennes Cronicques d'Engleterre*, 6ᵉ part., liv. VI, xv, t. III, p. 48, et Lenglet, t. IV, p. 196). Mais Charles le Téméraire n'alla pas le voir en Hollande ou en Zélande, comme le dit La Marche ; il l'attendit au contraire et ne le rencontra à Aire que le 2 janvier 1471 (Lenglet, t. IV, p. 197).

1. Le duc fit donner à Édouard IV, dès son arrivée à la Haye, par son premier maître d'hôtel, 500 écus d'or de 48 gros pièce par mois pour son entretien (Lenglet, *loc. cit.*, et *Anchiennes Cronicques d'Engleterre*, *loc. cit.*, p. 49, à la note). Il lui fit plus tard remettre 50,000 florins à la croix de saint André (5,175,000 fr. de notre monnaie actuelle) pour son retour en Angleterre.

2. Le comté de Winchester (V. *Archæologia Britann.*, XXVI, 275-284, et Van Praet, *Recherches sur Louis de Bruges*).

3. Édouard IV débarqua le 14 mars 1471 à Ravenspur (Barante, t. II, p. 373, et Lingard, *Hist. d'Angleterre*, trad. de Roujoux, 1843, t. II, p. 74). Peu après furent livrées les batailles de Barnet et de Tewksbury, qui achevèrent la ruine de la maison de Lancastre (Voy. ci-devant, t. III, p. 70).

4. « Par-avant. »

fit la paix entre le Roy de France et le duc, qui donna moult grant joye à tous leurs pays.

Alors le duc, adverty du siege de Nancy, se hasta, à toute diligence, pour venir au secours de ses gens[1] ; et vint faire ung logis ès fauxbourgs de la ville de Tou[2], et fut adverty que ses gens, qui estoient à Nancy, avoient rendu la ville ès mains du duc Regné[3] ; et fut par les Angloix, qui estoient les plus fors dedans Nancy, qui contraindirent messire Jehan de Rubempré à rendre ladicte ville ; et estoit mort nouvellement ung gentilhomme[4] compaignon angloix, nommé Jehannin Collepin[5], et tant qu'il vesquit, il tint les Angloix ses compaignons en telle discipline qu'ilz n'eussent jamais rendu ladicte ville, ne tenu les termes qu'ilz tindrent audit messire Jehan de Rubempré[6]. Et en ce temps revindrent le conte de Campobasse des marches de Flandres, et le conte de Chimay, qui emmena les fiefs de Flandres, et estoient desjà une grosse bende ; et le duc de Bourgoingne retourna avec eulx, et revint mectre le siege devant Nancy[7] ; et commença la basture de gros engins de toutes pars, et ne demoura guieres que le conte de Campobasse se partit du duc

1. Le 25 septembre 1476, le duc Charles quitta son camp de la Rivière où il s'était retiré après la déroute de Morat, et se dirigea par Besançon, Vesoul, Joinville, Bulgnéville et Neuchâteau, vers Toul où il arriva le 11 octobre.

2. 11 et 12 octobre 1476 (Lenglet).

3. Le 6 octobre 1476 (Barante, t. II, p. 531).

4. « Un gentil ». Commines (liv. V, ch. v) dit qu'il était de petite lignée, ce qui a peut-être engagé Sauvage à supprimer une partie du mot *gentilhomme*.

5. Cohin, dans Commines, édit. Lenglet et Buchon.

6. V. Molinet, t. I, p. 209.

7. Le 22 octobre (Lenglet, t. IV, p. 404).

bien mal contant, pour certains deniers que le conte disoit que le duc luy devoit. Soit vray ou non[1], il habandonna le duc[2], et fit son traictié secrettement avecques le duc de Lorraine, ce que le duc[3] ne vouloit croire ; et le duc de Lorraine practicquoit les Suisses pour les faire venir devant Nancy ; et le Roy secrettement fournissoit argent au duc de Lorraine[4], desirant que l'on fist au duc de Bourgoingne ce que luy mesme n'osoit entreprendre ; et tant fit le duc de Lorraine, qu'il emmena les Suisses bien douze mil combatans, et le duc de Bourgoingne leur alla au devant ; et prens sur ma conscience qu'il n'avoit pas deux mil combatans[5] ; et estoit le duc mal party ; et assemblarent les

1. Molinet (t. I, p. 227) déclare aussi que Campo-Basso ne pouvait « tirer argent prompt ne assignation » du duc. Commines se borne à dire (liv. V, ch. vi) que Campo-Basso, « voyant son maistre en adversité, commencea à praticquer... » Il demandait à Louis XI 20,000 écus comptant, outre le payement de ses 400 lances pour lesquelles Charles lui avait donné 40,000 ducats « d'imprestance. »

2. Dans une pièce de vers attribuée par M. Gachard à Olivier de la Marche, mais composée en réalité par le sire de Trazegnies (ms. de la Bibl. imp. de Vienne, n° 3391 ; ms. de la Bibl. de Douai, n° 767), se trouve la stance suivante sur la trahison de Campo-Basso :

  Maudit soit il qui fit la trahison !
  Le hayson est de malheur né ;
  Pis qu'en prison tel que si peu prise on,
  Mais mesprison soit à tourment mené ;
  Puis ordonné que aux chiens soit donné
  Le forsené comte de Campe Basse,
  Ses adhérens et tous ceulx de leur rasse.

3. « De Bourgongne. »

4. 40,000 fr. pour payer ses Allemands, dit Commines (liv. V, ch. vii).

5. Moins de 4,000 hommes, selon Commines ; 3,000 d'après Molinet, qui cite le comte de Chimay (t. I, p. 230).

deux puissances. Mais les gens du duc de Bourgoingne ne tindrent point, ains s'enfuyrent, et se saulva qui mieulx mieulx ; et ainsi perdit le duc de Bourgoingne la troisiesme fois[1], et fut en sa personne rataint, tué et occis de coups de masse[2], combien que aucungs ont voulu dire que le duc n'estoit pas mort à celle journée[3] ; mais si fut, et fut le conte de Chimay prins et mené en Allemaigne ; et le duc demoura mort au champ de la bataille, et estendu comme le plus pauvre homme du monde ; et je fuz prins, la Mouche de Vere[4], messire Anthoine d'Oiselet, Jehan de Montfort, et autres[5],

1. « Bataille. »
2. 5 janvier 1477. Dans un ms. de la Bibl. publ. de Lille, CQ 36, du XV⁰ siècle, se trouve un écrit intitulé : « Ensuit la deffinitive de la desconfiture du duc de Bourgongne faicte près de Nampcy » (Le Glay, *Mémoires sur les bibliothèques publiques*, p. 67. V. aussi Lenglet, t. IV, p. 404).
3. « Aucuns ont voulu dire que le duc ne mourut pas à celle journée. » L'espérance que Charles le Téméraire n'était pas mort fut un instant partagée par sa veuve et sa fille. On lit en effet dans une lettre qu'elles adressaient à Louis XI, de Gand, le 28 janvier 1477 : « Avons esté et encorres sommes en espoir et confidence par plusieurs enseignes que en avons, que la personne de mondit seigneur soit demouré en vye sauve de ches ennemys... » (Lettre publiée par M. Kervyn de Lettenhove dans le *Bulletin de l'Académie royale de Belgique*, t. XXI, 1ʳᵉ série, 1ᵉʳ vol., p. 107.) Cinq ans après, on racontait encore que Charles s'était retiré à Bruchsal, en Souabe, où il menait la vie la plus austère, *genus vitæ... horridum atque asperum.*
4. Philibert, dit *la Mouche*, seigneur de Vere, chevalier de la Toison d'or en 1505.
5. Molinet (t. I, p. 236) donne les noms de plusieurs des prisonniers faits à Nancy, parmi lesquels il cite Olivier de la Marche. On peut y ajouter Édouard de Perches, qui fut récompensé de sa capture par le don de l'office de libellance et scribe du bailliage du Charrolais en 1480 (Archives du Nord, B 2122). Voy. aussi Gollut, où l'on trouvera (col. 1312, et *ibid.*, notes 1 et 2) la liste des principaux « occis » et prisonniers.

et fusmes menez en la ville de Tou[1] en Barrois;
et fut celle journée par ung grant froit merveilleusement; et povez bien entendre que quant nous
fusmes avertiz de la mort de nostre maistre, nous
fusmes bien deconfortez; car nous avions perdu en
celluy jour honneur, chevance[2] et esperance de
resource. Touteffois il fault faire du mieulx que l'on
peut, quant l'on est en necessité. Et fismes avec noz
ennemis[3] nos ransons, le mieulx que nous peusmes;
et je demouray plaige pour tous les aultres, lesquelz
s'en allerent au pays faire leur finance; et tant feiz
que je finay la finance dont j'avoye respondu; et, de
moy, je demouray prisonnier toute la karesme et
jusques environ Pasques, que ma finance fut trouvée,
qui me cousta bien quatre mil escuz; et avoye à faire
à gentilz compaignons de guerre, qui me tindrent ce
qu'ilz m'avoient promis; c'est qu'ilz ne me revendirent
point, et n'euz à faire que à ung homme, nommé
Jehannot le Basque, duquel je me loue et de sa bonne
compaignie. Et, mon argent trouvé, mes maistres me
menerent jusques à une ville qu'on appelle Yguis[4], et
là me delivrerent et quictarent de toutes choses; et en
celle ville d'Yguis j'avoye bien cent chevaulx de la
garde dont j'estoye cappitaine, et qui attendoient mon
retour de prison; et après avoir demouré trois jours

1. « Fou », dans les précédentes éditions, pour Foug, à trois quarts de lieue de Toul. Ni l'une ni l'autre de ces localités ne faisaient partie du Barrois.

2. Richesse.

3. « Pour. »

4. Nom évidemment altéré par les copistes; c'est peut-être Ugny, canton de Longuyon (Meurthe-et-Moselle), aux portes du Luxembourg, ou plus probablement Ivoy ou Carignan, dans les Ardennes, que Saint-Remy appelle Ivix (t. I, p. 212).

à Yguis, je me partiz, et m'en retournay en Flandres, devers madame Marie de Bourgoingne, ma princesse, qui me receut de sa grace hummainement.

CHAPITRE IX.

Comment madame Marie, fille et seule heritiere du feu duc Charles de Bourgongne, fut mariée à l'archeduc Maximilian d'Austriche; et des guerres qu'ils eurent avec le Roy Louis de France, onzieme de ce nom.

En ce temps les Gantois tenoient prisonniers messire Guillaume Hugonet, chancellier, et le seigneur d'Humbercourt[1] ; et quelque requeste ou priere que sceust faire madicte dame pour eulx, combien que elle fust leur princesse, ilz firent iceulx deux mourir, et les decappiterent sur le marchié de Gand ; et au regard de moy, je ne fuz pas conseillé de me bouter en leurs mains et demeuray à Malines avecques madame la grande[2], qui me traicta humainement ; et me tint tousjours compaignie un sommelier de corps du duc Charles, nommé Henry de Vers ; et ainsi je dissimulay le temps jusques après Pasques.

En ce temps le duc[3] de Baviere et l'evesque de Metz qui estoit de Bade[4], par charge de l'Empereur,

---

1. Arrêtés le 19 mars, exécutés le 3 avril 1477 ; sur leurs jugement et condamnation, v. Barante, édit. Gachard, t. II, appendice, p. 710 et suiv. Le récit que fait ici La Marche ne contredit pas celui de Commines (Liv. V, ch. xvii, édit. Dupont, p. 119 et suiv.).

2. La duchesse douairière de Bourgogne.

3. « Louis. »

4. Louis, duc de Bavière, et Georges de Bade. Ils étaient

vindrent devers madame Marie, et practicquerent le mariaige de monseigneur Maximilian d'Austriche, filz de l'Empereur, et de madame Marie de Bourgoingne[1]; et, à la verité, ilz avoient bien couleur de poursuyre ledit mariaige; car monseigneur le duc Charles, en son vivant, desira que icelluy mariaige se fist[2]. D'aultre part madame estoit requise du Roy d'Angleterre pour monseigneur d'Escalles, frere de la Royne, et faisoit le Roy de grans offres; le Roy de France vouloit avoir madicte dame pour monseigneur le dauphin, monseigneur de Cleves[3] la vouloit avoir pour son filz[4], et monseigneur de Ravestain pour le sien[5]; et ainsi estoit madicte dame pressée de toutes pars; et à ung conseil qui fut tenu, fut dit à madicte dame qu'elle feroit bien de declairer son vouloir, et lequel d'iceulx maris elle vouloit avoir; et elle respondit froidement : « Je « entens que monseigneur mon pere, que Dieu par- « doint, consentit et accorda le mariaige du filz de « l'Empereur et de moi, et ne suis point desliberée « d'avoir d'autre que le filz de l'Empereur. » Et par

accompagnés de Georges Hasslet, chancelier du duc d'Autriche, et d'un docteur nommé Guillaume Mortingle.

1. V. Commines, liv. VI, ch. III.

2. Charles avait annoncé son intention de marier sa fille à Maximilien dès son entrevue avec l'empereur au siège de Neuss (*Wonderlike Oorloghen van den Doorluchtigen Hoochgheboren prince Kayser Maximilien,* ch. 1er), et il la lui avait même promise au camp de Lausanne, le 6 mai 1476, sous sa signature et sous la garantie de l'évêque de Forli, légat du pape Sixte IV en Allemagne (J. Chmel, *Monumenta Habsburgica,* t. I, p. 134). Cette promesse fut néanmoins tenue secrète.

3. Jean Ier.

4. Jean II, marié depuis à Mathilde de Hesse.

5. Adolphe et Philippe de Clèves.

celle seconde raison, les deux embassadeurs dessusdits avoient bien cause de poursuyre madicte dame; et, à la verité, madame la grande tint fort la main au filz de l'Empereur et au mariaige d'eulx deux; lequel, adverty, descendit le Rin; et je m'en allay avecques le seigneur du Fay et le seigneur d'Irlain; et furent mes approches tellement faictes, que je fuz retenu grant et premier maistre d'hostel du filz de l'Empereur, lequel vint à Coulongne; et de là il se tira à Gand, où il fut honnorablement receu et à grant triumphe; et le soir, après soupper, monseigneur Maximilian, archiduc d'Austriche, vint veoir madamoiselle Marie de Bourgoingne; et à l'aborder fut si grant foulle et si grant presse, qu'on ne sçavoit où se saulver. Vindrent à la chambre à parer [1], et là fut parlé du mariaige, et ne fut pas ce propos longuement tenu; [car] tantost l'on fit venir ung evesque [2], qui les fiança tous deux, et prindrent jour, au lendemain, de faire les nopces; et lendemain au matin fut admenée madame nostre princesse, par deux chevalliers, ses subjectz, à savoir le conte de Chimay et le seigneur de la Gruthuse, et devant elle, qui portoient les cierges, estoient min joncker de Gueldres et madamoiselle de Gueldres, sa sœur [3], qui estoient lors deux beaux josnes enffans; et fut toute la pompe qui fut faicte à marier le filz de

1. « Si vindrent en la chambre de parade. »
2. Ferry de Clugny, évêque de Tournai.
3. Charles, héritier de Gueldres (voy. *suprà*, t. Ier, p. 172, note 6), fils du duc Adolphe, qui rentra par la suite dans ses états, et sa sœur Philippine, mariée depuis au duc René II de Lorraine. Ces deux enfants étaient élevés à la cour de Bourgogne depuis que le duc Charles les y avait fait amener en 1473 (D. Plancher, t. IV, p. 503).

l'Empereur et la plus grande heritiere du monde [1]; et ainsi se passerent icelles nopces, et n'y eust autre chose faicte pour celluy jour.

Après la mort du duc de Bourgoingne, le Roy Loys, qui avoit juré la tresve de neuf ans, n'en tint riens, mais assembla grosse assemblée et armée [2] et print, des seigneuries et des biens de madame Marie de Bourgoingne, heritiere, ce qu'il en povoit prendre et avoir. Il print la duchié et conté de Bourgoingne, les contez de Macon, de Charrolois, d'Auxerre [3], et tout ce mist en sa subjection. Il print la conté d'Artois, et nommement [4] Arras; et luy chan-

1. Maximilien arriva à Gand le 17, et non le 18 août 1477, comme le dit M. de Barante (Gachard sur Barante, tome II, p. 577). Le mariage fut célébré le 18, à six heures du matin, dans la chapelle de l'hôtel de Ten Walle; le 24, Maximilien prêta serment au pays de Flandre et à la ville de Gand (*Registre de la Collace*). L'archiduc dut se pourvoir d'une dispense papale qui lui coûta 10,000 écus. Il était cependant, dit Commines (liv. II, ch. VI), « mal fourny d'argent. » Mais les serviteurs de Marie de Bourgogne lui en portèrent à Cologne (*Id.*). Marie de Bourgogne avait acheté, à l'occasion de ses noces, au facteur de Pierre-Antoine Baudin, marchand florentin à Bruges, 37 aunes de velours cramoisi, 36 aunes de velours tanné, 42 de velours violet, 13 de damas blanc, 53 de velours noir, 16 de satin figuré, 30 de damas noir, 7 pièces de camelot noir, etc., moyennant 1,754 l. 17 sols 3 deniers (Archives du Nord, B 2115). — V., sur le mariage de Maximilien et de Marie, *Die burgundische Heirat Maximilians I. Quellemässig dargestellt*, de Ch. Rausch. Vienne, 1880.

2. « Grosse armée. »

3. V. Molinet, t. II, p. 1 et suiv.; Barante, t. II, p. 547 et suiv.; Rossignol, *Hist. de la Bourgogne pendant la période monarchique. Conquête par Louis XI*.

4. « Mesmement. » — Louis XI entra dans la cité d'Arras, séparée de la ville par une muraille, des portes et des fossés, le mardi 4 mars 1477 (n. st.). La ville capitula le dimanche 4 mai suivant (V. lettre de Louis XI au grand maitre de son hôtel, du

gea nom et l'appela Franchise[1]. Il gaigna des principaulx du conseil de la duchesse, et fit d'iceux pays
comme des siens propres, et marcha jusques devant
Sainct Omer ; mais le seigneur de Chanteraine, accompaigné des gentilzhommes[2] de l'hostel du duc Charles
et autres, entra dedans Sainct Omer, et fit grant resistance à l'encontre des François[3], et pour ce que la
duchesse de Bourgoingne n'estoit pas lors bien fournie
d'argent, ledit seigneur de Chanteraine fit pour dix
ou douze mil escuz de monnoye de plomb et la faisoit courre, et avoit cours parmy Sainct Omer et à
l'environ ; et par traicte de temps il racheta toute icelle
mauvaise monnoye, et paya tous[4] ses crediteurs; qui
luy fut grant honneur et grant descharge de conscience.
Et quant le Roy de France eut demouré assez longuement devant Sainct Omer, et il veit et congneust qu'il
n'y auroit point d'entendement et que la ville estoit
bien gardée, il se deslogea et s'en retourna contre
Arras ; et, par entendement qu'il eust avecques le
seigneur des Cordes, la ville luy fut rendue[5] ; et
en ce temps monseigneur Maximilian d'Austrice,

7 mai 1477, dans l'édit. de Lenglet, de 1706, Supplém., t. IV,
p. 222, et Thomas Basin, t. III, p. 29).

1. « Comme le roi fit changer les habitans d'icelle, pour changer les couraiges, il fist changer le nom d'Arras et la fist nommer Franchise » (Molinet, t. II, p. 27). Ce nom lui eût été mieux
donné par Marie de Bourgogne en récompense du courage de ses
défenseurs.

2. « Gens. »

3. V. Molinet, t. II, p. 35 ; appendice aux *Cronicques d'Engleterre*, t. III, p. 327, et Gachard sur Barante, t. II, p. 579, note 2.

4. Mot omis dans les éditions antérieures.

5. V. la note 4 de la page précédente, et, sur l'intervention du
seigneur d'Esquerdes, Commines, liv. V, ch. xi et xv, et Molinet, t. II, p. 20 et 61.

mon¹ prince, print cueur et couraige, et commença à congnoistre quelx gens d'armes il avoit², et, deppuis sa venue, je ne treuve point que mondit seigneur ni madame perdissent aucune chose, fust³ par la puissance ou soubtiveté du Roy de France; et tantost se tira l'archiduc aux champs, à bonne puissance de gens d'armes, et vint mectre son camp assez près de Valenciennes⁴, et de là aux fauxbourgs de Douay; et pendant ce temps le conte de Chimay, à la requeste du Roy de France, se tira devers luy, et practicquerent une tresve briesve⁵; et par ce moyen rendit le Roy la ville du Quesnoy, qu'il tenoit en ses mains⁶; auquel estoit le conte de Dampmartin et ses nepveurs, et beaucop de bons gens d'armes, qui habandonnerent le Quesnoy par le commandement du Roy; et fut icelle tresve bien entretenue, et l'archiduc s'en retourna veoir sa

1. « Nostre. »
2. Commines (liv. VI, ch. III) dit que l'archiduc n'avait jusque-là « cognoissance de riens » (V. aussi Cuspinian, p. 485). Il avait alors dix-huit ans.
3. Mot omis dans les éditions qui précèdent.
4. « L'archiduc partit avec son armée de la ville de Mons et fit son premier logis à Quesme et Hornu, et de là arriva à Crespin où il avoit le jour de devant envoyé une partie des Allemans qui attendoient sa venue » (Vinchant, *Annales du Hainaut*, t. V, p. 19). Maximilien alla le 1ᵉʳ juin vénérer les reliques de saint Ghislain à l'abbaye de ce nom à Hornu (*Monuments pour servir à l'histoire des provinces de Namur, de Hainaut et de Luxembourg*, t. VIII, p. 578). Le 2 juin 1478, Maximilien était à son camp lez Crespin, et, le 5, il se trouvait à une assemblée du conseil de la ville de Valenciennes (Cocqueau, *Mémoires*, t. II, p. 354).
5. Trêve de huit jours, signée le 8 juin 1478; Philippe de Croy, comte de Chimay, en fut en effet le principal négociateur (Barante, t. II, p. 606, et *ibid.*, note 3).
6. V. Commines, liv. VI, ch. II de l'édition Dupont, et III des édit. Lenglet et autres, et Barante, *loc. cit.*

femme. Et en ce temps, par le moyen de l'evesque de Tournay et de maistre Anthoine Auveron, le Roy de France accorda unes tresves pour les laboureurs et soyeurs de bled[1], et quant le Roy de France veit que lesdits soyeurs estoient au plus grant nombre, nonobstant la tresve, il envoya ses gens d'armes, et fit prendre tous iceulx laboureurs et soyeurs[2]; et en tirarent les gens d'armes françois grans deniers et avoir, et oncques deppuis le Roy de France ne voulut ouyr parler de celle tresve ne de celle execution.

L'archiduc d'Austrice se tira en sa ville de Bruges, et là furent mandez ceulx qui estoient demourez des chevalliers de la Thoison d'or, qui n'estoient point grant nombre[3]. Mais l'archiduc fut conseillé de rele-

1. Moissonneurs.
2. Déjà Louis XI avait ravagé les campagnes flamandes. Avant la trève, il pensa, dit Molinet, « d'avoir par horreur ce qu'il ne povoit avoir par honneur. » Dix mille faucheurs, appelés du Soissonnais et du Vermandois, détruisirent, sous les ordres du comte de Dammartin, les récoltes du pays et réduisirent les familles à la mendicité (V. appendice aux *Cronicques d'Engleterre*, t. III, p. 331, et l'*Histoire de Flandre* de M. Kervyn de Lettenhove, t. V, p. 278, 301).
3. Le ms. n° 5046, f. fr., Bibl. nat., nous donne la liste des chevaliers décédés et de ceux qui furent élus à Bruges en leur remplacement. Il y avait alors douze vacances dans l'ordre. Voici comment s'exprime l'auteur du ms. sur cette fête de la Toison d'or : « Demoura ledit ordre de la Thoison d'or sans chief depuis le decès d'icelluy feu duc Charles jusques à ce que madicte dame Marie, sa fille, fut mariée par et selon l'ordonnance de nostre mere saincte Eglise, avecq très hault, très excellent et très puissant prince monseigneur Maximilien, archeduc d'Austrice et filz unicque, legitime et naturel du très souverain, très excellent et très puissant prince monseigneur Frederic, tiers de ce nom, empereur de Rome, dont les nopces se firent à Gand le xixe jour du mois d'aoust de l'an LXXVII. Après lequel mariage

ver ladicte ordre, vacquant par la mort du duc
Charles ; et estoit commune renommée que le Roy Loys
vouloit relever ladicte ordre de la Thoison d'or, comme
duc de Bourgoingne ; et vouloit dire que par les ducz
de Bourgoingne estoit celle ordre fondée, et sembloit
qu'il se fortifieroit pour relever icelle ordre, et que sa
conqueste de Bourgoingne en vauldroit de mieulx.
Mais l'archiduc anticipa, et vous declaireray la maniere
qui fut tenue à relever icelle ordre [1].

consommé, et que mondit seigneur Maximilien, archeduc d'Austrice, eust receu l'ordre de chevallerie, icelluy monseigneur
l'archeduc Maximilien, comme bail et mary de madicte dame
Marie, sa très noble compaigne, releva sollempnellement et
publicquement ledict ordre de la Thoison d'or, comme chief et
souverain, et receut le collier d'icelluy ordre en vertu et selon
la forme des status du mesme ordre pour et ou lieu du devant
dict feu duc Charles, son beau pere, en la ville de Bruges, en
l'eglise Sainct Saulveur, illec, le dernier jour du mois d'avril
l'an mil quatre cens soixante dix huyt, à moult belles et très
honnestes sollempnitez et ceremonies. Et, ce fait, le lendemain
et ès jours ensuyvans, il y fist aussi et celebra la feste sollempnelle et tint le chapitre avec haulx, nobles et puissans seigneurs,
messeigneurs les chevalliers, confreres dudict ordre, pour ceste
cause illec assemblez, et qui l'avoient receu pour leur chief et
souverain, à cause de madicte dame, sa compaigne, moult noblement, reveremment et joyeusement » (fol. cxxvii).

On trouve dans le même manuscrit (fol. lxi) la copie des
lettres données à Bruxelles au mois d'octobre 1478, par lesquelles
Maximilien confirma tous les privilèges des chevaliers et officiers
de la Toison d'or, et dans lesquelles il explique les raisons qui
l'ont déterminé à relever cet ordre (V. aussi l'*Histoire de la
Toison d'or*, par M. de Reiffenberg, et les *Fêtes de la Toison d'or
à Bruges en* 1478, par O. Delepierre, dans les *Annales de la Société
d'émulation pour l'étude de l'histoire de la Flandre*, t. IV, n° 4,
enfin Gachard sur Barante, t. II, p. 601, note 4).

1. D'après Molinet (t. II, p. 119), Olivier de la Marche fut le
« principal conducteur » de cette cérémonie.

Les chevalliers de l'ordre, venuz en leur conclave[1], trouvarent en la place de chief, c'est à dire de monseigneur le duc Charles, ung coussin de velours noir, et sur icelluy avoit ung collier de la Thoison; et les chevalliers requirent tous à mondit seigneur l'archiduc qu'il voulsist icelle ordre rennouveler, et prandre le lieu de monseigneur le duc, que Dieu pardoint, ce qu'il accorda liberallement. Et marcherent pour venir à l'eglise preparée à ce, par la maniere qui s'ensuyt. Premierement marchoient les quatre officiers de la Thoison, et après iceulx toutes manieres d'officiers d'armes, la cotte d'armes au doz; et les deux principaulx menoient par la bride une blanche haquenée couverte de velours noir; et portoit ladicte haquenée le coussin et le collier dont j'ay premier parlé; et puis venoient les chevalliers de l'ordre, à tout leurs manteaulx, deux et deux; et puis venoit monseigneur l'archiduc d'Austrice, qui ne portoit point encores l'abillement de la Thoison, et estoit cel triomphe bel et piteux à veoir; [et] vindrent descendre à Nostre Dame, et y avoit ung hourt[2] preparé, et principallement pour seoir les chevalliers; et, les chevalliers assis, monseigneur de Tournay fit une harangue en latin, par laquelle il donnoit à entendre et à [3] congnoistre à monseigneur l'archiduc que c'estoit celle Thoison, et comment il en failloit user; et fit de moult belles remonstrances à mondit seigneur l'archiduc d'Austrice; et pour accomplir le mistere, monseigneur de Ravestain fit chevallier monseigneur

---

1. 30 avril 1478 (Barante, t. II, p. 601). L'élection se fit le 1er mai (*Ibid.*, p. 602, note 3).

2. Échafaud.

3. Trois mots omis dans les éditions précédentes.

l'archiduc d'Austrice[1], et puis luy et Thoison d'or le
menarent en une chappelle, où ilz luy vestirent le manteau de l'ordre et luy mirent le collier de la Thoison
au col, et puis le ramenarent à la veue d'ung chascung,
et lors commença la messe et le service de Dieu ; et,
la messe achevée, s'en retournarent comme ilz estoient
venuz, excepté qu'il ne fut plus de nouvelle ne de la
haquenée ne du coussin ; et sur ce point s'en allerent
disner, et tantost furent nouvelles apportées à l'archiduc que le Roy de France estoit entré en ses pays, et
avoit assiegé la ville de Condé, en laquelle estoit cappitaine pour l'archiduc le seigneur de Mingoval[2], qui
ne tint pas la ville longuement, mais la rendit au Roy
de France[3]. Et celluy soir[4] qu'il avoit relevé la Thoison, se partit l'archiduc, accompaigné du conte de
Chimay, et rassembla ses gens d'armes le mieulx qu'il
peust, et tira contre le Roy de France à toute puissance et diligence ; et si vivement marcha, que le Roy
de France fut contrainct de bouter[5] le feu à Condé, et
mesmes à Mortaigne, qui est l'ancien heritaige du Roy
de France ; et se retira[6] à Arras, et l'archiduc d'Austrice le suyvit jusques au Pont à Vendin[7] ; et ainsi
l'archiduc reconquist en peu d'heure plus que le Roy

1. Deux mots également omis.
2. Antoine de Lannoy, seigneur de Maingoval.
3. 1er mai 1478 (Gachard sur Barante, t. II, p. 603, note 1).
4. « Jour. »
5. « Mettre. » — Sur le siège de Condé, qui fut mis par Louis XI
le 28 avril 1478, v. Molinet, t. II, p. 131, et, sur la retraite du
roi, suivie de l'incendie de la ville, v. le même, t. II, p. 146.
Condé fut brûlé le 2 juin.
6. « Le Roy. »
7. Commune du canton de Lens (Pas-de-Calais), à 7 kil. du
chef-lieu de canton.

de France ne luy avoit prins du sien ; et monstroit bien que luy, qui n'avoit que dix neuf ans, avoit couraige de prince et d'homme chevalleureux ; et marcha contre le Pont à Lesaulx, et eust tantost des gens d'armes assez ; et y vindrent les Brabançons en grosse puissance ; et monseigneur de Romont et le bailly de Gand[1] emmenerent les Flamangs en grant nombre[2].

En ce temps madame l'archiduchesse accoucha à Bruges[3] d'ung beau filz, qui est à present nostre prince, le plus bel, le plus[4] mieux adestré et adressé que l'on porroit nulle part trouver. Dieu le nous vuille garder! Grant joye fut parmy l'ost de la nativité de ce noble enffant ; et fut requis monseigneur l'archiduc que l'enffant eust nom Philippe, en memoire des biens et de la tranquillité que les pays eurent du temps du bon duc Philippe, que Dieu pardoint. Le noble enffant fut baptisé à Bruges, et fut monseigneur de Ravestain compere, et madame la douaigiere commere ; et fut porté à Sainct Donas, par dessus ung pont eslevé, à grant nombre de torches et lumiere. Là estoient madame de Ravestain[5], madame de la Vere[6], et si grant nombre de dames et de damoiselles,

1. Jean de Dadizeele.
2. Parmi eux se trouvaient M^{res} Josse de Ghistelles, alors premier échevin de Gand, Adrien de Raveschoot, Gilles Vuren Hove, Jean van Vaerneviik, seigneur de Bost, Simon de la Chambre, Jean van der Valleen, et Antoine van Hembyse.
3. Le 22 juin 1478, date donnée par Molinet (t. II, p. 156), et acceptée par M. Kervyn de Lettenhove, dans son *Histoire de Flandre*, t. V, p. 300.
4. Un mot supprimé dans les dernières éditions.
5. Anne de Bourgogne, seconde femme d'Adolphe de Clèves.
6. Charlotte de Bourbon, seconde femme de Wolfart de Borselle, comte de Boucquam et seigneur de la Vère.

que c'estoit belle chose à veoir. Les nations, tant estrangieres que privées, firent de celle nativité grant feste; et fut l'enffant baptisé solempnellement, et eust nom Philippe, comme j'ay dit dessus[1]. Encoires vit et regne icelluy Philippe, et est nostre prince; et Dieu le nous vuille garder! Et laisserons à parler du faict du baptesme, et retournerons à la conduicte de la guerre et du logis de monseigneur l'archiduc, qu'il fit au Pont à Lessault.

Monseigneur[2] l'archiduc estoit fort accompaigné; car il avoit Flamens et Brabançons en grant nombre, et si avoit une bonne puissance de ceulx de Juilliers, que le duc de Juilliers[3] luy avoit baillés pour ce vóiaige. Il avoit une bonne escadre de lansquenectz, et se meust ung debat entre lesdits de Juilliers et les lansquenectz; mais l'archiduc les appaisa, et ne fut pas sans grant paine. Ainsi fut longuement nostre prince attendant la bataille; car le Roy de France estoit à Arras et à grosse puissance de gens avecques luy, et faisoit le Roy practicquer unes tresves de dix mois, laquelle, après plusieurs journées tenues, luy fut accordée, en esperance que pendant icelluy temps ung bon appoinctement de paix se trouveroit[4]. Les

1. V. un ms. de la Bibliothèque de Lille, G. A. 22, intitulé *Recueil historique,* et qui contient la description du baptême de l'archiduc Philippe le Beau, le 29 juin 1478. V. également Molinet (t. II, p. 158), qui donne la date du 28 juin.

2. Mot omis par les précédents éditeurs.

3. Guillaume VIII, fils de Gérard, ci-dessus nommé.

4. A la suite d'une suspension d'armes signée à Lens le 8 sept. 1477, et d'une autre suspension de huit jours convenue le 8 juin 1478 (voy. ci-devant, p. 247), Louis XI s'engagea à restituer toutes les villes et forteresses occupées encore par ses troupes, tant en Hainaut que dans le comté de Bourgogne, par une trêve d'un an

tresves jurées d'une part et d'aultre, l'archiduc s'en retourna à Bruges, et destendit son armée[1]; et, au relevement de celle noble princesse, furent faictes joustes, tournois, bancquectz, danses et carolles[2], et toutes manieres de bonne chiere; et se retirarent l'archiduc et l'archiduchesse à Gand; et certains jours après, ilz firent venir l'enfant au maillot et ès mains de sa norrice[3]; et devez croire que l'on luy fit bonne chiere, et principallement madame sa mere; et de Gand tirarent à Brucelles, et l'archiduc sollicita de ses affaires; car il veoit la tresve faillir, et estoit besoing que il pourveust à son faict.

Et en ce temps, sous le port et faveur du prince d'Orange[4], les Bourguignons mirent les François hors de la conté de Bourgoingne; mais le Roy de France fut diligent et bien servy; et si tost que la tresve fut passée, il reconquist la conté sur les Bourguignons; et disoit on que c'estoit par le seigneur d'Arban[5] qui avoit vendu au Roy le chasteau de Jou quatorze mil escuz, lequel chastel madame Marie luy avoit baillé

qui fut signée le 6 juillet 1478 et publiée à Arras le 11 du même mois (Molinet, t. II, p. 163; preuves de Commines, édit. du Louvre, t. III, p. 540; Gachard sur Barante, t. II, p. 606, note 4; D. Plancher, t. IV, preuves, p. cccxcvi, et Archives de la Côte-d'Or, B 11910). Les conférences pour la conclusion d'une paix définitive eurent lieu à Boulogne, quoique Louis XI eût demandé qu'elles s'ouvrissent à Saint-Omer.

1. Dans la première quinzaine de juillet 1478. Les Gantois rentrèrent chez eux le 15 de ce mois après avoir juré les trêves.

2. Danses.

3. Le 30 août 1478. Trois mille chevaux allèrent au-devant de lui hors la ville, et deux cents enfants à cheval, suivis chacun d'un laquais, les accompagnèrent.

4. Jean II.

5. Louis Alleman, seigneur d'Arbent.

en garde, et que par celle entrée la conté de Bourgoingne fut ligierement par les François reconquise [1]. Et sur la fin d'icelles tresves, le Roy de France fit ses apprestes, de son cousté, pour courre sus à l'archiduc, et l'archiduc faisoit semblablement ses apprestes pour courre sus au Roy ; et se tira l'archiduc à l'Isle, et de là au Pont à Vendin ; et estoit fort accompaigné de Flamens, et plus que je n'en veis oncques ensemble ; et certes le bailly de Gand, messire Jehan, seigneur d'Adizelle, les tenoit en bon ordre et en grant craincte, et estoit fort aymé en Flandre [2]. L'archiduc avoit une bonne bande d'Allemans lansquenets, et bonne et grosse armée des nobles hommes de ses pays ; et le Roy envoya au Pont à Vendin, devers luy, monseigneur de Courton [3], nepveur du conte de Dampmartin, et ung escuyer de sa chambre nommé Brandely de Champaigne ; et tendoit à fin de ralonger lesdictes tresves ; mais l'archiduc n'y vouloit entendre ; et se partit ledit seigneur de Courton, sans riens faire pour

---

1. D'après une note de la dernière édition de Gollut (col. 1381, note 1) le seigneur d'Arbent aurait défendu le château de Joux pendant près d'un an contre Louis XI, et le manque de vivres seul le força à capituler au mois d'avril 1480. Il est vrai que la note ajoute que cette accusation de trahison ne repose que sur le témoignage de Gollut, ce qui est faux, puisqu'elle remonte, comme on le voit ici, à Olivier de la Marche.

2. Le sire de Dadizeele raconte lui-même dans ses mémoires cités par M. Kervyn de Lettenhove, *Histoire de Flandre,* t. V, p. 302, qu'il commença par armer ses vassaux de Dadizeele, puis les habitants de Menin, de Gheluwe, de Becelaere, de Moorslede, de Ledeghem, de Moorseele et de vingt-neuf autres villages. Maximilien évaluait à cent cinquante mille hommes le nombre de ceux à qui le sire de Dadizeele avait fait prendre les armes dans les quartiers d'Ypres et de Gand.

3. Gilbert de Chabannes, seigneur de Curton.

celle fois, et je fuz envoyé devers le Roy pour luy parler de ceste matiere, en luy persuadant et requerant qu'ilz se puissent veoir eulx deux, et qu'ilz accorderoient bien ensemble. Mais le Roy de France s'excusa, et à ceste vehue ne voulut point entendre ; parquoy l'archiduc passa le Pont à Vendin, et luy et son armée, à moult belle ordonnance, et vindrent prandre camp et se mectre en bataille demye lieue oultre le Pont à Vendin, dont le Roy de France fut moult mal contant, car il n'avoit voulenté de combatre ; et tant practicqua le Roy, que tresves nouvelles furent accordées et jurées d'une part et d'aultre, et l'archiduc repassa le Pont à Vendin et donna congié à toutes manieres de gens d'armes, et s'alla festoyer à l'Isle, à son privé estat[1].

1. Il y a ici dans les souvenirs de notre chroniqueur une certaine confusion qu'il importe de dissiper. On se rappelle qu'une trêve de huit jours avait été conclue après l'incendie de Condé et de Mortagne, raconté plus haut (voy. p. 247 et 251); c'est en exécution de cette trêve, toute favorable à la Flandre, bien que proposée par Louis XI, que ce prince rendit le Quesnoy et retira sa garnison de Cambrai. Puis arriva la trêve du 11 juillet 1478, à la suite de laquelle l'armée flamande se sépara et Maximilien se rendit à Lille, ensuite à Bruges. Il apprit bientôt après que son royal adversaire, délivré des périls dont il était menacé, se montrait peu disposé à abandonner les villes qu'il avait offert de restituer. Cependant les conférences pour la paix se poursuivaient stérilement à Boulogne, ce qui n'empêcha point Louis XI de faire, comme Olivier de la Marche le dit plus haut, prendre les laboureurs et faucheurs de blé et piller le pays. En deux ans, ces dévastations se reproduisirent trois fois. La guerre dut donc recommencer avant l'expiration des trêves ; les États de Flandre ayant permis de sonner le tocsin pour s'opposer aux déprédations des hommes d'armes allemands et bourguignons qui, à l'exemple des Français, se livraient à toutes sortes d'excès sur le territoire ami, et ayant d'ailleurs voté, en février 1479 (n. st.), les subsides pour reprendre les hostilités, toute la Flandre s'arma, le comte de Romont fut désigné comme capitaine général des troupes fla-

CHAPITRE X.

De la nativité de madame Marguerite d'Austriche et du mariage d'icelle avec le dauphin Charles ; de la mort du Roy Louis onzieme, et d'autres particularités.

Et en ce temps, madame l'archiduchesse estant à Brucelles, s'accoucha d'une fille, dont madame la grande[1] fut commere; et est celle Marguerite[2], qui depuis deust estre Royne de France, et dont on luy fit tort; et est celle Marguerite qui espousa le prince de Castille[3]; mais il ne vesquit guieres, combien qu'il laissa madicte dame grosse d'ung filz qui ne vesquit pas longuement. Et pour donner à entendre de ce qui advint entre le Roy Charles et madicte dame Marguerite, combien qu'ilz fussent fiancez et espousez[4], la consummacion du mariaige estoit à parfaire; et en ce temps

mandes et la lutte s'ouvrit plus ou moins tacitement entre elles et les Français. Seul, hésitant encore et méfiant, Maximilien attendit l'expiration de la trêve. Mais, ce terme venu, il alla, le 26 juillet 1479, à la tête de l'armée, forte de vingt-deux mille hommes, mettre le siège devant Thérouane. Quelques jours plus tard, le 7 août 1479, se livrait entre son avant-garde, commandée par le sire de Baudricourt, et les Français la bataille de Guinegate, dont Olivier n'a pas fait le récit détaillé dans ses *Mémoires*, quoiqu'il en parle dans son *Introduction*.

1. La duchesse douairière de Bourgogne.
2. Née le 10 janvier 1480 (n. st.). Molinet dit le 10 février (t. II, p. 228). L'*Art de vérifier les dates* dit que Marguerite naquit à Gand, mais c'est une erreur (V. ms. n° 15866 de la Bibl. de Bourgogne à Bruxelles, et Gachard sur Barante, t. II, p. 668, note 3).
3. Jean, infant d'Espagne, mort le 4 octobre 1497, six mois après son mariage.
4. Voy. *infrà*, même chapitre et ch. XVI.

la guerre estoit grande entre France et Bretaigne, et avoit le Roy des Rommains, par procureur, qui fut messire Wolfart de Polhem[1], beau chevallier et homme de vertu, fait espouser la duchesse, heritiere de Bretaigne[2]; et le Roy de France luy faisoit la guerre de toutes pars; et croy bien que le Roy des Rommains ne fit pas si grant diligence à secourir et ayder la duchesse de Bretaigne comme il devoit; et, durant ce temps, le prince d'Orange[3], amy des François et des Bretons, se mit en practicque, et tellement practicqua que le Roy de France fut content d'espouser la duchesse de Bretaigne[4], et la duchesse n'y mit pas grant contredit, et remonstra au Roy que, s'il avoit celle duchié de Bretaigne adjoincte à son royaulme, il povoit bien dire qu'il avoit faict une grande et riche conqueste; et à la duchesse remonstroit à part que, s'elle estoit Royne de France, elle seroit la plus grande princesse du monde. Et ainsi furent accordez, et vint le Roy Charles à Nantes, fort accompaigné de nobles hommes et de beaulx gens d'armes, et prestement furent fiancez et espousez[5]; et

1. *Aliàs* Wolfgand de Polheim.
2. Anne, fille de François II, duchesse de Bretagne, fut mariée par procureur à Maximilien d'Autriche en 1490. D'après d'autres auteurs, c'est le comte de Nassau qui aurait été chargé de cette procuration par lettres datées du 20 mars 1489 (v. st.). Voy. D. Plancher, t. IV, p. 526.
3. Jean II, cousin germain de la jeune duchesse.
4. V. Lettre de Commines à Laurent de Médicis, du 13 janvier 1492, dans Kervyn de Lettenhove, *Lettres et négociations de Commines*, t. II, p. 83.
5. Le 6 décembre 1491, au château de Langey. Sur le mariage de Charles VIII avec Anne de Bretagne, v. le *Mémoire* de Lancelot dans les *Mémoires de l'Académie des inscriptions et belles-lettres*, t. XIII, p. 666 et suiv.

celle nuict coucharent ensemble, dont ledit de Polhem, qui se veit abusé, fut merveilleusement troublé, ne jamais ne voulut aller ne se trouver en l'hostel du Roy ne de la duchesse de Bretaigne; et assez tost après vint le Roy où estoit madame Marguerite, pour prandre congié d'elle. Et ainsi fut la deppartie du Roy de France, et de celle qu'il avoit le premier prinse; et ne fut pas sans pleurs ne sans larmes d'ung cousté et d'aultre; et de ce fut le Roy des Rommains bien tost adverty, par ung gentilhomme et maistre d'hostel de madicte dame Marguerite, nommé le Veau de Bousanton, qui loyaulment se porta en ceste besoingne. Mais j'ay tousjours ouy dire que contre fort et contre faulx ne valent lettres ne sceaulx, et ne fait pas à doubter que le mariaige de monseigneur le daulphin et de madame Marguerite d'Austriche fut bien dictié et bien seellé, et que pour raison de droit on n'y povoit riens changer ne muer [1]; mais les fors, c'est à dire la puissance du Roy de France et les faulx hommes de son conseil tournarent ceste raison en mesuz de justice; et [ce] fut faict pour le mariaige de Bretaigne, comme dit est; et madame Marguerite d'Austriche, qui avoit esté tenue neuf ans pour debvoir estre Royne de France, sans l'avoir desservy, fut expulsée du mariaige où elle avoit esté donnée; et tantost après monseigneur l'ar-

---

1. Commines est moins affirmatif : « Si lesdits mariages furent ainsi changés selon l'ordonnance de l'Église ou non, je m'en rapporte à ce qui en est » (Liv. VII, ch. III). — Sur les motifs invoqués par les conseillers du roi de France pour justifier le mariage de Charles VIII avec Anne de Bretagne, v. le discours de Pierre d'Urfé à l'Université de Paris, cité par M. Kervyn de Lettenhove dans son *Histoire de Flandre*, t. V, p. 483, d'après le ms. de M. Goethals.

chiduc, son frere, envoya le conte Anglebert de Nassau pour practicquer que sa seur luy fust rendue, ce qu'il obtint à grant peine¹.

Toutesfois les François veans que ce leur estoit plus de honte que d'honneur de tenir ceste noble princesse, la rendirent à monseigneur de Nassau ; et la fit le Roy honnorablement accompaigner, et la ramener à son frere, qui la receut de bonne affection et voulenté. Et luy alla l'archiduc et la noblesse au devant bien une lieue ; et descendirent tous deux à terre pour eulx bien viengner ; et faisoit l'archiduc à sa seur tout tel et aussi grant honneur que s'elle eust esté Royne de France ; et ainsi fut amenée à Malines et receue à grant joye, et l'accompaignoit madame de Ravestain, fille du conte Loys de Sainct Pol et d'une fille de Savoye².

Et en ce temps les Gantois faisoient practicquer d'avoir les enffans du Roi³ en leurs mains, et s'adreçarent, pour mener leur practicque, à aucungs d'entour le prince ; et tant practicquerent, qu'il fut ordonné

---

1. Marguerite d'Autriche fut remise entre les mains des ambassadeurs de son père le 12 juin 1493. — Engelbert de Nassau avait été bien choisi pour cette mission, car il était grand partisan de la rupture du mariage. Dès le 29 juin 1479, il écrivait pour engager Charles VIII à renvoyer Marguerite à son père, « ce qui seroit un grand commencement de bien » (Documents français à Saint-Pétersbourg). Les écuyers du roi de France ne quittèrent la princesse que le 13 juin à Valenciennes.

2. Françoise de Luxembourg, femme de Philippe de Clèves, seigneur de Ravestein. Elle était fille, non pas du connétable Louis de Saint-Pol, mais de son fils Pierre, aussi comte de Saint-Pol, et de Marguerite de Savoie.

3. Deux mots supprimés avec raison par les précédents éditeurs. — Marguerite et Philippe n'étaient pas encore enfants *de roi*, car Maximilien ne fut élu roi des Romains que plus tard.

que chascun pays auroit les enffans en leurs mains chascun quatre mois ; et furent menez les nobles enffans à Gand pour les quatre premiers mois. Mais quant on leur demanda les enffans pour les[1] mener en Brabant, ilz furent reffusans et dirent qu'ilz avoient previlege de gouverner les enffans du prince en leur jeunesse[2]. Et avoit à Gand ung nommé Guillaume Rin[3], qui les mectoit tous à querir des choses deraisonnables ; et ainsi furent lesdits enffans reffusez par ceulx de Gand ; et en ce temps madame l'archiduchesse accoucha[4], en la ville de Brucelles, d'ung filz, lequel le duc de Bretaigne fit tenir sur les fonds par monseigneur le conte de Chimay, et l'aultre compere fut le cardinal de Clugny[5] ; et fut baptisé solempnellement à Saincte Goulle, et eust nom François, pour

1. « Mais, quand on les demanda aux Gandois, pour les. »
2. On verra plus loin que c'est seulement après la mort de l'archiduchesse Marie (1482) que les Gantois élevèrent cette prétention. Ils s'emparèrent des deux enfants survivants, Philippe et Marguerite, et nommèrent un conseil de régence composé de l'évêque de Liège, de Wolfart de Borselle, de Philippe de Bourgogne, seigneur de Beveren, et de Philippe de Clèves, fils du seigneur de Ravestein (Van Hasselt, *Belgique et Hollande*, p. 299).
3. Guillaume Rym, dixième échevin du banc de la Keure de Gand, en 1476, conseiller de la ville en 1482, « sage homme et malicieux, » dit Commines.
4. Le 10 septembre 1481 (Gachard sur Barante, t. II, p. 668, note 4). — L'archiduchesse avait d'abord manifesté l'intention de faire ses couches à Mons, tandis que M. de la Gruthuse exprimait le désir qu'elle les fît à Bruges. Les États de Hainaut votèrent pour l'attirer chez eux une somme de 3,000 livres (3e registre des Consaux de Mons, conseil de ville du 30 mars 1480, n. st.) et lui envoyèrent des députés. Mais Marie accoucha à Bruxelles.
5. Ferry de Clugny, cardinal, évêque de Tournai. Le baptême eut lieu le 27 septembre 1481 (Molinet, t. II, p. 300).

le duc de Bretaigne ; mais il ne vesquit guieres et mourut à l'age de quatre mois[1], et est enterré à Cambergue[2], devant le grant autel[3].

En ce temps maistre Jehan du Fay s'accoincta des François et practicquerent le mariaige de monseigneur le daulphin, filz du Roy Loys, et de[4] madame Marguerite d'Austriche, fille du duc d'Austriche, et se firent fortz les etatz des pays d'icelluy mariaige, en intencion d'avoir paix[5] et conclusion. Celle nostre princesse, en[6] l'eaige de cinq ans, fut admenée à Hesdin, où madame de Beaujeu la receut comme daulphine[7] ; et, toutes choses pourparlées, le seigneur des Cordes fit accompaigner madicte dame et mener à Amboise[8] ; et luy fut baillée pour dame d'honneur madame du Secret[9], qui moult bien s'en acquicta, et nourrit

1. Le 26 décembre 1481.
2. Cauwenberghe ou Caudeberghe; Caudenberg, à Bruxelles.
3. C'est ici que devrait se placer chronologiquement la mort de Marie de Bourgogne (27 mars 1482). — Voir *suprà* l'*Introduction*, t. Ier, p. 156.
4. « Avec. »
5. V. aux preuves des *Mémoires* de Commines, édit. de 1706, t. III, p. 272, les pouvoirs donnés à Alost le 8 décembre 1482, pour traiter de la paix, à l'abbé de Afflighem, à Jean de Berghes, à Baudouin de Lannoy et à Jacques de Goy, bailli de Gand, par les États de Brabant, Flandres et autres. Le traité de paix fut signé à Arras le 23 décembre 1482.
6. « Environ en. »
7. En 1483, après la mort de l'archiduchesse d'Autriche (V. Commines, liv. VI, ch. ix). Marguerite entra à Paris le 2 juin 1483. — C'était une des conditions du traité d'Arras.
8. La cérémonie des fiançailles eut lieu à Amboise le 22 juin 1483.
9. Lisez : Mme *de Segré* (Commines, édit. Dupont, t. III, p. 347). Probablement femme de Jacques d'Épinay, seigneur de Segré. Plus tard, lorsqu'elle arriva à Valenciennes après avoir

madicte dame en toute bonté et vertu ; et n'amena avecques elle que la femme du Veau de Bousanton, qui estoit sa norrice, ledit Veau et son frere, avecques peu de gens de nostre nacion. Et certes, pour dire la verité, le Roy Loys fit bien traicter et honnorablement madame Marguerite, et tant qu'elle fut en France, elle fut bien et honnorablement traictiée[1], et jusques à ce que le Roy Charles la laissa pour une aultre, comme j'ay dit dessus.

En ce temps[2] mourut le Roy Loys, et fut Roy Charles, son filz ; et assembla l'archiduc son conseil, pour sçavoir qu'il estoit de faire ; et fut en la ville d'Utrecht, et trouva par conseil que prestement il vouloit[3] envoyer devers le Roy Charles ung ambassadeur chargé de toutes bonnes et gracieuses parolles ; et fut ordonné que je feroie ce messaige, et tant allay que je trouvay

été remise entre les mains des envoyés de son père, Marguerite donna à M. et à Mme de Segret « deux grans bassins, demie douzaine de tasses dorées à tout le couvercle, deux potz dorez et ung drageoir d'or et deux verghes (bagues), à chascune une grosse pointe de dyamant, » pour reconnaître leurs bons soins pendant son séjour en France (Archives du Nord, B 2147). — D'après Commines, la gouvernante de Marguerite était la dame de Thouars, c'est-à-dire Hélène de Chambes, la propre femme de Commines.

1. Marguerite d'Autriche a elle-même chanté son séjour en France dans des vers mélancoliques :

> Moy, Marguerite, de toutes fleurs le chois,
> Ay esté myse au grand vergier franchois
> Pour demeurer, croistre et chanter anchois
> Que fusse grande.....

2. Le 30 août 1483, entre sept et huit heures du soir, au Plessis-lez-Tours.

3. « Devoit. »

le Roy à Bogency. Là estoit monseigneur de Bourbon[1], connestable de France, monseigneur d'Orleans[2], monseigneur de Beaujeu et madame de Beaujeu[3], seur du Roy, laquelle gouvernoit tout le royaume. Le Roy, de sa grace, me bailla bonne audiance; et n'arresta guieres que je fuz depesché pour retourner devers l'archiduc, mon maistre. En ce temps monseigneur d'Orleans, par congié du Roy, fit son entrée en sa cité d'Orleans, où je me trouvay; et certes l'entrée fut belle et honneste, et y estoient, pour l'accompaigner, la pluspart des gens de bien de France; et, celle entrée passée, je prins congié et m'en retournay devers l'archiduc, mon maistre, lequel s'en revenoit à Malines.

CHAPITRE XI.

Comment l'archeduc Maximilian d'Austriche fit guerre aux Gandois pour retirer Philippe, son fils, comte de Flandres, hors de leur gouvernement.

Or reviendrons aux Gantois, qui firent grant feste de ce qu'ilz avoient le josne prince en leurs mains[4]; et tantost trouvarent assez d'adherens à leur voulenté, tant pour ce qu'ilz paioient bien et largement, car les deniers venoient du peuple, et ne leur coustoient rien, comme pour ce que ledit Guillaume Rin leur pres-

---

1. Jean II, duc de Bourbon et d'Auvergne.
2. Louis, fils du duc Charles et de Marie de Clèves.
3. Pierre de Bourbon, alors sire de Beaujeu, et sa femme Anne de France.
4. La princesse Marguerite n'était plus aux mains des Gantois, qui avaient beaucoup poussé à son mariage avec le dauphin.

choit et leur donnoit à entendre, assavoir au peuple, que ce qu'ilz faisoient estoit pour le bien et utillité du josne prince, et que tousjours vouloient demourer ses loyaulx subjectz ; et disoient que l'archiduc le pere ne vouloit avoir gouvernement du pays ne du filz[1], sinon pour pourter les grans deniers des pays de pardeçà en Allemaigne. Et ainsi abusoit les gens et le peuple ; et au regard des adherans, ilz eurent le conte de Romont, filz de Savoye, le seigneur de Ravestain, le seigneur de Beure[2], filz du bastard de Bourgoingne ; le seigneur de la Gruthuse, le seigneur de Treisignies[3], le seigneur de Raceguyen[4], le bailly de Gand[5], le seigneur d'Adiselle[6] et moult d'aultres[7]. Et ainsi monseigneur

1. Maximilien demandait sa reconnaissance en qualité de tuteur, mainbour et régent, pour ses enfants, des Pays-Bas. En effet, la charte du Hainaut, de 1200, disait : « Si femina decesserit ex cujus parte feoda vel allodia provenerint, vir ejus ante puerorum suorum plenam ætatem in ipsis pueris et in feodis eorum et bonis bajulationem habebit, quousque pueri ætatem suam habuerint. » Mais les stipulations du contrat de mariage de Maximilien et de Marie de Bourgogne déclaraient que l'autorité de l'archiduc cesserait avec son mariage lui-même.
2. Philippe, seigneur de Beveren.
3. Jean, baron de Trazegnies.
4. Adrien Villain, seigneur de Rassenghien.
5. Jacques de Goy, seigneur d'Auby, haut bailli de Gand, ainsi qualifié dans le traité d'Arras (23 décembre 1482).
6. Probablement fils de Jean de Dadizeele, l'ancien bailli de Gand, qui avait été tué en 1481.
7. V. aux Pièces justificatives de l'*Histoire de Flandre* de M. Kervyn de Lettenhove, t. V, p. 526, le manifeste adressé, le 15 octobre 1483, à Maximilien, par les sires de Ravestein, de Beveren et autres, pour lui dénier son droit de *mainbour*. — Peut-être y a-t-il ici une lacune qui n'existait pas dans le manuscrit original d'Olivier de la Marche. En effet, Molinet (t. V, p. 240) raconte qu'après la mort de notre chroniqueur, Charles

l'archiduc, nostre prince, ressembla sainct Eustace, à qui ung loup ravist son filz, et ung lyon sa fille; et par ce moyen s'aigrit la guerre de toutes pars; et ne vuilz point parler des menues choses advenues en icelle guerre, car ce ne sont que murdres et rançonnemens de gens; mais parleray des grans choses qui advinrent en celluy temps et durant celle guerre; et commencerons à la prinse de Termonde, faicte par l'archiduc sur les Gantois.

En ce temps l'archiduc, nostre prince, qui avoit bon vouloir de se vanger de ceulx de Gand, conceut secretement comment il pourroit prendre Termonde, et fit son assemblée de gens d'armes en la ville de Malines; et estoit accompaigné de messire

de Lalaing, ayant appris qu'Olivier avait, dans ses *Mémoires*, « chergié de son honneur messire Josse de Lalaing, son père, en tant que en son vivant il avoit, durant les mueteries de Gand, plus favorisé aux Ganthois que à monseigneur Maximilian, lors archiduc d'Austrice, en la détention de monseigneur Philippe d'Austrice... » obtint du roi Philippe de Castille qu'injonction fût faite à la veuve d'Olivier de « monstrer lesdits Mémoires, lesquels, sur ce pas, furent meurement visités et examinés par illustres, très puissans personnaiges et gens du grant conseil, fort discretz et bien entendus » (Charles de Croy, prince de Chimay, Pierre de Lannoy, seigneur de Fresnoy et Claude de Bonard, grand et premier écuyer du roi), et que, le 22 janvier 1505 (n. st.), cette commission fit « trancher et mectre hors de son livre (les *Mémoires*) ce qui peult estre mis en la cherge » de Josse de Lalaing. Elle ordonna en outre « de par le roy... à tous ceulx qui, de présent ou de tout temps advenir, porroient avoir l'original ou la mynute du livre dessusdit, les facent semblablement trancher et mectre hors, comme raison est. » Cet incident prouve en conséquence que le ms. n° 2869 n'est pas, comme nous l'avons déjà dit, l'original des *Mémoires* de La Marche, puisqu'il ne renferme aucune allusion à la prétendue trahison de Josse de Lalaing et ne porte d'ailleurs aucune trace de suppression.

Jehan de Bergues, de messire Baudouyn de Lannoy et du seigneur de Chanteraine. Et pour conduyre son faict plus subtilement, avec ung peu d'entendement qu'il avoit en aucungs de la ville de Termonde, il mit sus une douzaine de compaignons de guerre, dont Jaques de Fouquesolles [1] estoit le chief; et habilla les ungs en moynes noirs et les aultres en moynes blancs, les aultres en religieuses noyres et les aultres en religieuses blanches; et fit d'iceulx religieux et religieuses deux chariotz, et les envoya contre Termonde [2], pour aborder à la porte sur le point du jour; car ceulx qui avoient entendement avecques l'archiduc devoient avoir la garde de la porte à icelle heure. Si se partit l'archiduc, à tout ses gens d'armes à cheval, bien matin, et alla mectre une grosse embusche assez prez de Termonde, en ung lieu qu'on dit la Maladrerie; en laquelle embusche il estoit luy mesme en personne. Il avoit ses signes entre les moynes et les nonnains, et luy et son faict très bien ordonné; et quant vint à la porte ouvrir, les deux chariotz de moynes et nonnains entrarent en la porte, et firent signe à l'archiduc, lequel luy et sa compaignie [3], à course de cheval, allerent à la porte de Termonde, et trouva que ledit Jaques de Fouquesolles et ses gens estoient à pied, les voulges et les bastons au poing, et avoit gaigné la porte; et tantost les gens de cheval entrerent dedans, et tirarent tout droit jusques au marchié; et, à gaigner icelluy

1. *Aliàs* Fouquerolles (Kervyn de Lettenhove).
2. Molinet (t. II, p. 410 et suiv.) fait un récit à peu près semblable de la surprise de Termonde, qui eut lieu le 26 nov. 1484.
3. L'archiduc était accompagné de huit cents chevaliers, d'après Molinet, *loc. cit.*

marchié, fut tué ung des filz du conte de Sorne[1], dont ce fut dommaige, car il estoit bon et bel gentilhomme. Et ordonna l'archiduc gens de bien pour aller par les rues et asseurer le peuple ; et par ce moyen chascun rentra en sa maison, et le landemain il ne sembloit pas que la ville eust eu affaire ne effroy ; mais estoit toute rappaisée, sans pillaige ne aultre murdre ; et demeura l'archiduc à Termonde assez longuement ; et pour la seureté et gouvernement d'icelle bonne ville, il ordonna cappitaine messire Jehan, seigneur de Melun[2], qui se conduisit notablement ; et s'en retourna l'archiduc à Brucelles.

Et en ce temps monseigneur de Romont, qui estoit lors cappitaine de Gand et de Flandres pour les Gantois, fit une assemblée de Flamens et principallement Gantois[3] ; et se mit aux champs, et marcha jusques à Assele[4], où il se logea, et y demeura certains jours ;

1. Sorne, Zorn, pour Zollern ; il s'agit probablement d'un des fils du comte Frédéric de Zollern, qui fut créé chevalier de la Toison d'or au chapitre de 1501. — Hornes, dans Molinet.

2. Jean II de Melun, seigneur d'Antoing.

3. Quinze à seize mille hommes, dit Molinet, *loc. cit.* — Le comte de Romont écrivait à ce moment aux membres des États réunis à Bruxelles : « Ne vous donnez point merveille que je me nomme lieutenant général des pays de mondit seigneur le duc et capitaine de son pays de Flandre, car j'ay esté et suis à ce commis et ordonné par l'advis de ceulx de son sang, du conseil et des membres, et du sceu et bon plaisir du roy, mon souverain seigneur » (Kervyn de Lettenhove, *Histoire de Flandre*, t. V, p. 362).

4. La Marche paraît avoir confondu cette expédition du comte de Romont, en 1484, avec celle qu'il fit au pays de Liège après l'assaut de la ville de Hassel, au mois de septembre 1482 (Voy. Molinet, t. II, p. 313 et 413). Toutefois quelques éditeurs proposent de lire *Assche* au lieu de *Assele*.

et monseigneur l'archiduc, desirant de le combatre, voulut assembler gens pour luy courre sus[1]. Mais ceulx de Brucelles ne voulurent point que l'on fit la guerre de la ville de Brucelles contre ceulx de Gand, et ainsi ne peust l'archiduc pour celle fois riens executer ; mais il fit practicquer le peuple de la ville de Brucelles, et par ung matin les fit venir sur le marché en grant nombre ; et luy mesmes alla en l'hostel de la ville, et demanda aux gouverneurs s'ilz entendoient point qu'il se deust deffendre de ses ennemis par la ville de Brucelles. Ilz furent ung peu longs en response, et l'archiduc leur dit : « Le peuple est assemblé pour me don« ner ayde ; et, qu'il soit vray, venez avecques moy, « et sçaurons d'eulx leur voulenté. » Les gouverneurs furent tous esbahis, et parlerent aultrement qu'ilz n'avoient faict ; et l'archiduc parla au peuple, qui tous se declararent à faire ce qu'il vouldroit et commanderoit ; et, celle response ouye, me depescha l'archiduc, et à celle propre heure je me partiz pour aller practicquer les Hannuyers, pour venir au service de l'archiduc.

En ce temps l'archiduc avoit faict practicquer ung serviteur de Pietre Metenay[2], nommé le bastard de

1. Selon Molinet (t. II, p. 413), le comte de Romont s'établit « à l'entour de Gasbecq et sur les frontières de Brabant et jusques aux barrières de Bruxelles du quartier vers Nostre-Dame de Grâce. »

2. Pierre Metteneye. — Molinet le nomme Pieter de Montmay (t. II, p. 414), et un peu plus loin (t. II, p. 417), Piètre de Menton. Mais il cite ailleurs Pierre Metteney (t. III, p. 210). Quant au serviteur qui livra le château à l'archiduc, il l'appelle Vouter de Requim, et lui donne la qualité de capitaine. Audenarde avait deux citadelles : celle de Bourgogne, commandée

Retane ; et estoit lors cappitaine du chasteau d'Audenarde pour les Gantois. Icelluy serviteur estoit lieutenant dudit Pietre audit chasteau, et asseura ledit archiduc de le mectre au chasteau, fort et foible ; et pour parfaire et asseurer ceste practicque, et après que le conte de Romont et ses gens se furent deslogez du lieu d'Ask [1], l'archiduc se partit [2], et vint à Mons en Haynnault, et esleva les seigneurs et les compaignons de guerre de Haynnault [3] pour l'accompaigner à mener à fin son emprinse ; et ne s'en descouvrit pas à chascun. Il se mist devant, pour guyder les gens d'armes, et chevaucha la plus part d'icelle nuyct ; et print ung si grant tour autour d'Audenarde, qu'il ne fut point ouy de ceulx du guet, et par bonne guyde fut mené à l'entrée du chastel d'Audenarde, où il trouva ledit bastard de Retane, son marchand ; et fut prins dedans Pietre Metenay, couchié avec sa femme, lequel ne sçavoit riens de celle emprinse. L'archiduc mict bonne garde audit chasteaul ; et à torches et à fallots, et à grant puissance de gens d'armes, entra dedans Audenarde environ heure de minuyct, et fit dire par les rues et par les maisons que nul ne s'effroyast ne bougeast de sa maison ; et qu'il ne vouloit que bien à ceulx de la

par Pierre Metteneye, et celle de Pamele sous les ordres de Gauthier de Rechem ou Requim.

1. Assche, ville du Brabant méridional, à 12 kilomètres de Bruxelles. Voy. la note 4 de la page 268.

2. D'après l'éditeur de Molinet (t. II, p. 415), l'archiduc partit d'Ath, en Hainaut, le 3 janvier 1484. C'est une erreur d'un an : il faut lire 1485.

3. Il était suivi de quatre cents chevaliers et de troupes à pied, au total de deux mille hommes (Molinet, *loc. cit.*). Philippe de Clèves le suivait avec une bande de chevaucheurs pour couvrir sa retraite, s'il en était besoin (*Id.*).

ville d'Audenarde¹. Chascun se logea coyement² et sans bruyt, et le noble archiduc se logea au Cerf, et tint ses gens d'armes en telle discipline, qu'il n'y eust pillaige, bature ne murdre fait en icelle prinse³; et le lendemain furent les eschoppes et bouticques ouvertes, et toute maniere de marchandise mise comme par avant; et ainsi fut celle ville d'Audenarde prinse par le chasteau, et l'archiduc donna la cappitainerie dudit chasteau audit bastard de Retane, pour ce qu'il avoit esté cause qu'il avoit gaigné ladicte ville et le chasteau.

En ce temps le conte de Romont, adverty d'icelle prinse, assembla une grosse bande de François, de Gantois et autre maniere de Flamens, aultant qu'il en povoit finer ne trouver; et vint faire ung gros logis entre Ayne et Audenarde, sur la riviere; et fortiffia icelluy logis de tranchiz et d'artillerie, tellement qu'il estoit fort à conquerir; et en ce mesme temps le seigneur des Cordes, fort accompaigné de François⁴, entra à Gand fort et foible et à son plaisir; et estoit commune renommée qu'il estoit venu pour emporter au Roy de France le josne archiduc. Fust vray ou non, il ne se hasta point de descouvrir son intencion⁵; et

1. V. Molinet, t. II, p. 417.
2. A coi, en silence.
3. Un seul archer picard fut tué d'un coup de feu (Molinet, *loc. cit.*).
4. Il avait formé, dit Molinet (t. II, p. 437), une armée de 500 lances et « six ou sept mille hommes bien empoinct, » avec trente-six pièces d'artillerie.
5. Cependant, d'après Molinet, il « fit de grandes offres » au jeune archiduc, et « estoit merveille d'ouyr les couleurs de ses persuasions » (t. II, p. 438). Le chroniqueur ajoute : « Et jaçoit ce que ledit des Querdes fusist noté et suspicionné à le vouloir emmener, si n'en fit-il nul semblant. »

durant ce temps une escarmouche fut entre aucungs
Gantois et François à l'encontre des gens de l'archiduc ; mais pour ce que lesdits François ne s'avanturarent point assez au gré des Gantois, leurs compaignons, ilz misrent sus ausdits François qu'ilz les vouloient trahir et laisser murdrir par les gens de l'archiduc ; et sur ce s'en revindrent en leur ost, et amplirent tantost de ce langaige toute la compaignie ; et les Flamens, doubtans que ce ne fust verité, s'esleverent tous à une flotte, et tous ensemble tirarent contre Gand ; et quant le seigneur des Cordes, qui estoit à Gand, fut adverty de la venue d'iceulx Flamens, il monta à cheval, luy et sa compaignie, et se partit [1], sans dire à Dieu, par une autre porte, et tira à Tournay. L'archiduc et ses gens firent grant poursuyte pour les attaindre, mais ilz ne peurent, et tourna l'archiduc son armée contre Gand, desliberé d'y donner l'assault ; et s'il eust esté bien obeï, il leur eust faict une terrible venue, car il avoit saigement pourjecté son faict. Mais les Flamens firent ung alarme à l'aultre bout de l'armée, auquel alarme monseigneur Phelippe de Cleves courut, accompaigné de ses gens et de grant partie de ceulx de monseigneur de Nassau [2], et par ce moyen le noble archiduc faillit à son emprinse [3].

L'emprinse faillie, l'archiduc s'en retourna à Aude-

1. Le jour de la Saint-Barnabé (11 juin 1485), selon Molinet.
2. Engelbert, comte de Nassau et Vianden depuis la mort de son père, Jean II, en 1475.
3. L'armée de Maximilien arriva sous les remparts de Gand avec les défenseurs de cette cité qui fuyaient, et elle y aurait pénétré avec eux, si le grand doyen Eustache Schietcatte n'eût fait baisser les herses et fermer les portes (Keryyn de Lettenhove, *Histoire de Flandre*, t. V, p. 571).

narde, et là les Wallons l'abandonnerent ; et, à la verité, ilz servirent longuement sans paiement. Mais le noble prince ne s'esbahist de riens et rassembla ce qu'il avoit d'Allemans, où il avoit une bonne bande ; lesquelz Allemans il contenta le mieulx qu'il peust, et print une picque sur son col, comme ung pieton, et mena iceulx Allemans au pays de Was, où ilz trouvarent grant proye[1] et grant butin de bestes à corne ; et de là tira à Anvers, et fit desdictes bestes argent, et en revestit tous les povres compaignons de sa compaignie ; et pendant ce temps il fit venir des navieres, et se bouta en mer, et fit grant guerre aux Flamens de ce costé, et mesmes au quartier de Bervillier[2] ; et estoient tous les Flamans esbahis de la diligence et travail de ce prince, qui espousa la guerre incessamment, maintenant par la mer, maintenant par la terre ; et ne sçavoient de quel costé eulx garder. Et en celle saison[3] Guillaume Rin, qui estoit l'idolle et le dieu des Gantois, se tira à Allost pour faire une execution ; mais ceulx de Gand machinoient desjà contre ledit Guillaume Rin, et luy mectoit on sus qu'il avoit esté cause de faire venir le seigneur des Cordes

1. « Paye. » Le pays de Waës, qui est maintenant un riche potager, était à cette époque moins cultivé qu'aujourd'hui. Les Gantois en tiraient pourtant, dit Chastelain, « leurs vivres, aide et confort. »

2. Biervliet. — Maximilien aborda ensuite dans le Zwyn ; l'Écluse lui ouvrit ses portes, et, le 21 juin 1485, il entra solennellement à Bruges.

3. Tout ce paragraphe a été abrégé et altéré par un singulier patriotisme dans les éditions de 1567, 1616 et 1645, qui ont été publiées dans les Pays-Bas. Il est au contraire fidèlement reproduit par Denis Sauvage, d'après le ms. n° 2869.

à Gand et les François¹, et qu'il queroit de prandre et emmener le josne prince ès mains du Roy de France ; et plusieurs aultres choses que l'on a accoustumé de trouver sur ung homme que l'on veult deffaire. Et principallement luy disoient qu'il avoit esté cause de rompre certain traictié fait à Termonde pour le bien de paix², et disoit que ses maistres ne vouloient point tenir le traictié; et sesdits maistres, c'est à dire ceulx de la loy, disoient qu'ilz n'en avoient oncques ouy parler; et à deffaire Guillaume Rin tint fort la main le seigneur de Ravestain et maistre Jehan du Fay. Si fut depesché ung mandement, de par ceulx de Gand, pour aller prandre ledit Guillaume Rin au corps, et l'admener à Gand ; et fut la commission baillée au bastard de Fievin³, bon homme d'armes, qui bien et diligemment l'executa et ammena Guillaume Rin prisonnier ; et fut son procès faict, et par ce procès condempné à avoir la teste coppée, ce qui fut fait et executé publicquement sur le marché de Gand⁴. Or

1. Des trente-deux métiers de Gand, deux ou trois seulement étaient partisans de la résistance à l'archiduc ; les autres ne souhaitaient qu'un accommodement, parce que « en temps de guerre, remarque Molinet (t. II, p. 442), ne peuvent guères gagner. » Les partisans de la paix imputèrent à Guillaume Rym et à ses complices de vouloir « engager et vendre les joyaux du duc Philippe pour payer et soulder les François » (*id.*, p. 443), ce qui souleva fort l'irritation populaire. Ce fut le grand doyen Mathieu Peyaert qui prépara le mouvement gantois, survenu sept jours après l'entrée de Maximilien à Bruges.

2. Molinet (t. II, p. 443) répète dans les mêmes termes la même accusation.

3. Le bâtard de Fiennes, d'après Molinet (*Ibid.*).

4. Le 8 août 1484 (Ph. de l'Espinoy, *Recherche des antiquitez et noblesse de Flandres*, 1632, 751); le 13 juin 1485, d'après M. Ker-

povez à ce congnoistre quelle seureté on a à servir peuple ; car Guillaume Rin avoit plus grant voix à Gand et plus grant credit que n'avoit le prince du pays ne les plus grans de Flandres ; et soudainement changarent propos, et tous en generallité consentirent à sa mort ; et sur le hourt on luy laissa faire ses remonstrances ; mais oncques personne ne respondit[1], et dit ledit Guillaume, sur ces derniers motz : « Ou vous ne me respondez point, ou je suis devenu sourt. » Et sur cela print la mort en gré, et eust la teste coppée, comme dit est ; et deppuis icelle mort, [monseigneur] l'archiduc eust plus d'entendement, pour le bien du pays et pour la paix, qu'il n'avoit oncques eu ; et restoit encoires, pour ceulx qui tenoient la ville contre le prince, ung nommé Jehan Coppenolle, chaussetier, demeurant à Gand, qui n'estoit guieres meilleur de condiction que Guillaume Rin ; et fut retenu, pour entretenir ces brouillis, maistre d'hostel du Roy de France, à six cens frans de pencion par an.

Or est temps que je reviengne au faict de Bruges. Les marchands et les notables de la ville se tannerent[2] de la guerre ; et, à la verité, ilz devenoient povres et souffreteux. Si s'appenserent de mander monseigneur l'archiduc d'Austriche et monseigneur de Nassau, pour traicter d'appoinctement ; et vint monseigneur d'Austriche à Bruges, accompaigné de monseigneur de

vyn de Lettenhove, *Histoire de Flandre*, t. V, p. 375. Cette dernière date est la seule exacte.

1. Le peuple répondit, après l'exécution, aux dernières paroles de Guillaume Rym, en exigeant l'ouverture des portes des prisons, c'est-à-dire la fin des supplices.
2. Se fatiguèrent.

Nassau et de grans personnaiges de son hostel ; et fut receu, par ceulx de Bruges, de grant cueur et de toute bonne voulenté ; et en ce temps estoit revenu de France le seigneur de la Gruthuse. Et pour la premiere execution qui fut faicte à Bruges, mondit seigneur de Nassau saichant que le seigneur de la Gruthuse estoit en l'hostel de la ville, il l'alla prendre en la presance de la loy, et le fit prisonnier du prince [1] ; et luy fut demandé s'il vouloit estre jugié par ceulx de l'ordre de la Thoison d'or, dont il estoit confrere [2], ou par ceulx de la loi de Bruges ; et il respondit qu'il vouloit estre jugé par ceulx de la loy de Bruges. Si fut mené en la maison des prisons de la ville, où il fut prisonnier par certain temps [3]. Et l'an octante et ung [4], le vendredy

1. Il était l'un des mainbours nommés par les États de Flandre, et de ceux qui excitaient le plus les Gantois à soutenir leurs prétentions.

2. Louis, seigneur de la Gruthuse, avait été élu chevalier de la Toison au chapitre de l'ordre tenu à Saint-Omer en mai 1461. (Ms. Bibl. nat., f. fr. n° 5046.)

3. Maximilien exigea de lui une amende de 300,000 écus, dont le comte de Nassau reçut le tiers ; après quoi, il fit conduire par Olivier de la Marche le sire de la Gruthuse au château de Vilvorde.

4. Encore une erreur de date commise par La Marche. Il faut lire : *quatre-vingt-neuf*. Les communes de Flandre, fortes de l'appui que leur promettait Charles VIII, avaient repris les armes pour chasser les Allemands de Maximilien. Bruges entra la première en lice avec quatre mille hommes commandés par Antoine de Nieuwenhove et Georges Picavet, bourgeois de Lille, nommé escoutète de la ville. Le 13 juin 1489, cette troupe fut attaquée par des Anglais alliés à la garnison allemande de Nieuport et mise en déroute ; Picavet, fait prisonnier, ne fut relâché qu'en payant une rançon de 800 livres de gros (G. de Jaligny, p. 79). Un traité du 30 octobre 1489, qui promettait aux Flamands le retrait des garnisons allemandes de Maximilien moyennant le

des quatre temps avant Noël, la ville de Bruges murmura de rechief. Et avoit ung cappitaine nommé Piccavet[1], qui n'estoit pas bon pour le prince ; et alla en ce temps ledit Piccavet courre par mer, et fut prins des gens de monseigneur de Nassau assez près du Dam, et desiroient qu'il vinst à Bruges pour fortiffier les bons et rebouter les mauvais. Mondit seigneur de Nassau print avecques luy le chevallier de Tinteville[2], monseigneur Jehan de Montfort, Philippe Dale[3], et aucungs aultres, et s'en alla à pié du Dam à Bruges ; et couraigeusement et en dangier entra à Bruges, où il fut recuilly des plus gens de bien, et se trouva le plus fort en ladicte ville ; et prestement manda monseigneur d'Austriche, qui estoit descendu de la mer

paiement de 500,000 livres tournois, ne fut pas néanmoins accueilli favorablement par les Brugeois, qui, malgré la famine dont ils étaient accablés, voulurent continuer la guerre. Les souffrances qu'ils enduraient les eussent peut-être cependant déterminés à se soumettre, si le comte de Nassau n'avait exigé d'eux le paiement de 300,000 couronnes d'or et la livraison de trois cents de leurs concitoyens, dont il disposerait à sa volonté. Cette exigence ralluma les hostilités et fit rompre les négociations. Le 28 novembre 1490, Georges Picavet s'était embarqué à l'Écluse avec cinq cents Brugeois qui ramenaient des approvisionnements dans leur cité affamée, lorsque, près du pont d'Oostkerke, les Allemands du comte de Nassau l'enveloppèrent et le firent prisonnier, après avoir taillé en pièces ses compagnons. Le peuple de Bruges effrayé envoie des députés à Damme afin d'accepter ce que le comte de Nassau exigera, et un traité est signé avec lui le 29 novembre. Le 4 décembre, Bruges est occupée par les Allemands qui exceptent de la paix soixante bourgeois réputés les plus séditieux (Kervyn de Lettenhove, *Histoire de Flandre*, t. V, p. 466 et suiv.; Molinet, t. IV, p. 136).

1. « Piccanet », dans les éditions précédentes ; du prénom de Georges.
2. Pierre de Dinteville, chevalier de Rhodes.
3. *Aliàs* d'Ales.

assez près de là, et fut mondit seigneur d'Austriche le bien venu en sa ville de Bruges ; et furent toutes choses appaisées[1], et prestement l'on fit decappiter ledit Piccavet, cappitaine de Bruges, et certains aultres ses complices[2] ; et de là en avant fut monseigneur d'Austriche et ses gens paisibles et bien venuz en sa ville de Brucelles[3] ; et y fit regner justice et la marchandise[4], dont il fut beaucoup mieulx aymé et bien voulu.

CHAPITRE XII.

Comment l'archeduc Maximilian recouvra la vile de Gand, et le comte de Flandres son fils dedans.

Or regardons comme ce bon Dieu maine les choses à son bon plaisir, et comme il fait de la guerre la paix, et de la paix la guerre. Icelluy bon Dieu inspira ung grant doyen de Gand, qui avoit esté l'année devant doyen des navyeurs[5], et avoit grant puissance en la ville, et se nommoit Matis Paiart[6]. Cestuy Matis voyant le tort que ceulx de Gand avoient de leur prince, de luy tenir son filz contre son grée, la destruction du peuple de Flandres et les maulx qui tous les jours

---

1. La paix fut publiée à Bruges le 6 décembre 1490. V. dans Molinet (t. IV, p. 137 et suiv.) le texte du traité conclu entre le comte de Nassau et les députés de la ville.
2. Picavet fut décapité le 18 décembre, avec le doyen des maréchaux. Il y eut ce jour-là quatorze exécutions.
3. Il faut probablement lire : *Bruges*.
4. C'est-à-dire l'abondance des vivres, car la ville de Bruges manquait de pain avant sa soumission.
5. Matelots.
6. Mathieu Peyaert. — Olivier de la Marche revient ici sur ses pas. Nous sommes maintenant en 1485.

advenoient, s'accompaigna d'aucungs compaignons de bonne part, lesquelx estoient serviteurs de monseigneur de Ravestain et de sa maison, et ausquelx Matis Paiart descouvrit son intencion ; et chascun assembla ses amys et bien vuillans, et tellement qu'ilz se trouverent si bon nombre de gens de bon vouloir, furent maistres de la ville de Gand, et crioient : « Vive Austriche et le josne prince ! » et tellement que nul n'osoit parler au contraire.

Coppenolle s'enfuyt en France, et demoura la ville de Gand ès mains de gens qui ne demandoient que la paix et l'amour de l'archiduc et de leur prince ; et prindrent en conseil d'envoyer devers l'archiduc, qui estoit à Bruges, et y fut Matis Paiart et autres des meilleurs de la ville [1]. L'archiduc leur fit bonne chiere, et tellement traicterent que jour fut prins que l'archiduc devoit aller à Gand [2], fort et foible, et à son plaisir [3], et luy debvoit on admener son filz au devant pour le recevoir ; et quant ce vint au partir de Bruges, il m'envoya querir le seigneur de la Gruthuse en la prison, lequel me fut prestement delivré, et je l'admenay par derriere à l'Hostel Vert, et trouvay deux gentilzhommes à qui monseigneur l'archiduc avoit baillé la charge avecques aucungs archiers pour gar-

---

[1]. L'abbé de Saint-Pierre, Philippe de Beveren, Paul de Baenst, Richard Uutenhove, Adrien de Raveschoot furent chargés d'aller à Bruges traiter de la paix, qui fut conclue le 28 juin 1485.

[2]. Maximilien quitta Bruges le 6 juillet 1485 pour se rendre à Gand.

[3]. Il avait promis à Mathieu Peyaert de n'amener avec lui que six cents hommes ; mais il se fit suivre de six mille hommes d'armes, commandés par Martin de Swarte, capitaine de Maestricht.

der mondit seigneur de la Gruthuse, et le feiz venir après luy, à chariot, jusques à Gand ; et, le jour venu que l'archiduc devoit faire à Gand son entrée[1], il assembla son armée, où il pouvoit avoir trois mil combatans et non plus[2], et les mist en ordre, comme je vous diray. Et quand l'archiduc approcha Gand, à une lieue près, le seigneur de Ravestain accompaigna monseigneur l'archiduc le josne à venir au devant de son pere, et estoit fort accompaigné ; et monseigneur l'archiduc s'arresta emmy les champs et luy fut admené son filz, dont il eust moult grant joye, car il y avoit jà huit ou neuf ans qu'il ne l'avoit veu. Le filz ne congneust point le pere, sinon que, quant il approucha, le pere baisa son filz, et alors se prist le filz à larmoyer[3]. Et ainsi chascun se mist au chemin contre Gand, et messire George des Cornetz[4], seigneur de Meulebeck, alors grant bailly pour ceulx de Gand, presenta à mondit seigneur la verge de baillieu ;

1. Olivier de la Marche omet d'ajouter ici que, dans l'après-midi du 7 juillet 1485, jour de l'entrée de Maximilien à Gand, il alla trouver dans une église hors la ville l'archiduc Philippe, le seigneur de Ravestein, le grand bâtard de Bourgogne et son fils le seigneur de Beveren, pour convenir avec eux des cérémonies ou « besoignes » de l'entrée du prince. Il leur remit à cet effet « aulcunes escriptures » qui furent lues « au long » (Molinet, t. II, p. 449). La paix fut jurée le lendemain, 8 juillet, par les États de Flandres, qui promirent à Maximilien 700,000 florins à titre d'indemnité pour les frais de la guerre (Gollut, col. 1412, note 1).
2. Molinet dit au contraire qu'il y avait six mille Allemands (t. II, p. 450), cinq mille d'après M. Kervyn de Lettenhove.
3. Et les assistants aussi, ajoute Molinet, qui dépeint d'ailleurs cette scène avec des couleurs peu différentes de celles de La Marche, quoiqu'il soit moins détaillé. — L'entrevue du père et du fils eut lieu à Mariakerke.
4. Ou plutôt d'Escornets ou d'Escornaix.

mais mondit seigneur ne la voulut point prandre et luy dist que il la portast encoires jusques autrement en auroit ordonné. Et ainsi se tira la compaignie contre Gand, et conduisoit monseigneur de Nassau les gens de pied ; et estoit mondit seigneur de Nassau le premier en front, comme les aultres, la picque sur le col, et d'emprès luy estoit min joncker de Gueldres, Philippe, monseigneur de Ravestain et le conte de Joingny[1], et, par ordonnance faicte, ilz devoient toujours marcher cinq ensemble[2] ; et après suyvoient barons, chevalliers et puis les pietons allemans, et estoit une moult belle bande à veoir, car ilz estoient bien deux mil combatans ; et puis venoient les gens de cheval en une grosse flotte, et entre les gens de pied et les gens de cheval estoient monseigneur l'archiduc, son filz, monseigneur de Ravestain et les aultres grans seigneurs et les gens de conseil. Ainsi entrarent ilz à Gand sans nul contredit, et fut mené monseigneur l'archiduc et monseigneur son filz en leur hostel à Gand[3] lequel ilz trouvarent preparé pour les y loger ; et se logea chascun, et mesmement les pietons furent logez ès hostelz des bourgeois, qui n'estoit pas au gré de tous ; et quant vint le soir[4], ceulx de Gand

1. Charles de Chalon.
2. « Marchans en front huit ensemble » (Molinet, t. II, p. 450).
3. « A la Wale, où il y avoit aulcunes histoires ès rues tapissées à l'environ » (Id.).
4. Ici Olivier s'écarte un peu, pour la date au moins, du récit de Molinet, qui fixe avec raison au lundi 11 juillet 1485 la mutinerie des Gantois (t. II, p. 451), et qui l'attribue à la tentative faite par quatre Allemands de délivrer trois ou quatre de leurs compagnons détenus pour viol dans la prison de la ville. La servante de cette prison ayant crié au meurtre, le peuple s'assembla,

se commencerent à mutinailer, et tous d'une oppinion coururent au marchié, et les pietons allemans et aultres se tirerent à l'hostel du prince, et monseigneur l'archiduc se vint loger en ma chambre, qui estoit sur la porte devant, et ce fit il pour estre entre ses gens; là tint conseil qu'il estoit de faire, et sembla pour le myeulx de veoir que les Gantois feroient pour celle nuyct; et chascun se tint sur sa garde. Mais le conte de Nassau, accompaigné des Wallons, avoit gaigné le pont, là où on cope les testes, qui estoit la droite venue des Gantois pour venir contre l'hostel du prince. Et ainsi se passa celle nuyct[1]; et le landemain matin l'archiduc, accompaigné des pietons d'Allemaigne, marcha contre l'hostel de la ville et fit arrester ses gens en ung coing de rue vers la poissonnerie, et alla parler à ceulx de la ville et leur offrit de prestement desloger ce peuple. Mais ilz luy prierent qu'il n'en fist riens et qu'ilz trouveroient maniere que chascun s'en retourneroit en sa maison; et allerent deux des notables de l'hostel de la ville parler au peuple, et leur remonstrarent comme le prince ne povoit veoir ne souffrir iceulx assemblez contre luy, et qu'ils mectoient la ville en grant peril, car, s'ilz estoient des-

demanda justice aux magistrats, et, sur les six heures du soir, apporta ses bannières avec des armes sur le vieux marché, qu'il se mit à fortifier, et d'où il partit à dix heures pour marcher sur l'hôtel ducal à la Wale, par « le pont où on coppe les testes » (Molinet, t. II, p. 452).

1. La nuit ne fut pas aussi paisible que semble l'indiquer Olivier. En effet, les mutins ayant fait sonner la grosse cloche appelée Roland, et ayant « rebouté » le comte de Chimay et le seigneur de Beveren, qui cherchaient à les calmer, l'archiduc fut obligé d'envoyer contre eux un détachement d'Anglais et d'Allemands, qui en tua plusieurs (Molinet).

confitz, ilz estoient mors et la ville perdue, et leur conseilloient d'eulx retirer chascun en son hostel, et qu'ilz estoient bien asseurez du prince qu'il ne leur demanderoit riens. Et ce peuple promist d'eulx en retourner en leur maison, priant à l'archiduc qu'il se retirast en la sienne et retirast ses gens d'armes. Ce que l'archiduc fit, et ramena toutes ses gens en sa maison, et se repeut chascun de ce qu'il povoit avoir; mais les Gantois ne bougarent du marchié, et, à la verité, ilz estoient si effroyez qu'ilz ne sçavoient qu'ilz devoient faire, car ilz estoient peu de gens mal conduictz et mal en point; et le conte de Nassau offroit tousjours de leur courre sus et de les deffaire, et par ce moyen estoit le prince perpetuellement seigneur et maistre de Gand et de toute Flandres. Mais monseigneur Philippe de Cleves favorisoit les Gantois et disoit à monseigneur l'archiduc qu'il ne se povoit [faire] sans detruire Gand, et quant Gand seroit destruite, il perdroit la fleur et la perle de tous ses pays. Et ainsi ne sçavoit l'archiduc que faire, et dissimula jusques à la nuyct; et les Gantois se deslogarent du grant marchié pour ce qu'ilz estoient trop peu de gens, et se vindrent loger au petit marchié, qui est entre le chasteau et Saincte Vairle[1], et fut une fois conclud de les assaillir par derriere, du cousté de la coppe[2], et de rompre les maisons pour passer les gens d'armes; et ne demandoit monseigneur de Nassau autre chose et persuadoit tousjours que l'on fist celle execution. Et au regard des Allemans qui estoient en la court, à l'hostel du

1. Entre le Gravesteen et l'église Sainte-Pharaïlde.
2. La coupure.

prince[1], ilz estoient en bonne voulenté de bien besongner, et estoit belle chose de veoir faire leurs devocions et eulx recommander à Dieu, et s'estendoient tous sur la terre en baisant icelle[2] ; et, en verité, je veis voulentiers leur maniere de faire. Et ainsi vint le noir de la nuyct, et ne peust estre monseigneur de Nassau creu au conseil qu'il donnoit, et par celle noyre nuyct les Gantois se desroberent de la compaignie, et se retira chascun en sa maison. Et au point du jour les notables de l'hostel de la ville vindrent à monseigneur l'archiduc et luy remonstrarent que ce peuple s'estoit retiré et qu'il luy pleust avoir pitié d'eulx. Ce que l'archiduc accorda, et ordonna à monseigneur de Ravestain et à moy de conduyre monseigneur son filz à Termonde, ce qui fut fait ; et l'archiduc vint convoyer son filz jusques hors de la ville de Gand, et avoit ses gens d'armes avecques luy ; mais ilz ne partirent point hors de la ville, et ainsi fut monseigneur le josne prince tiré de la ville de Gand et hors de leur povoir, et mené en sa ville de Termonde, où il fut receu à grant joye.

Et l'archiduc s'en retourna à Gand, et furent aucungs prins des plus culpables de celle emocion et furent decapitez[3], et le tout pardonné à Gand, moyen-

---

1. L'*Hooft-brugge*.
2. Brantôme (t. VI, 221, 502, édit. Lalanne) décrit aussi la coutume qu'avaient les lansquenets de baiser la terre et d'en jeter une poignée derrière l'épaule au moment du combat.
3. « Les mutineurs commenchans ce débat furent torturés jusques au nombre de trente. Le samedi furent exécutés sept Ganthois » (Molinet, t. II, p. 455). Il était stipulé dans l'acte de pacification que Maximilien accorda aux habitants de Gand, après l'émeute du 11 juillet 1485, que les principaux chefs de la révolte

nant certaine somme de deniers[1]. L'archiduc envoya messire Baudouyn de Lannoy et messire Jehan de Bergues pour mener monseigneur l'archiduc, son filz, à Brucelles. Ce qui fut fait, et puis l'archiduc vint après, et fut l'armée destendue pour celle fois, et se tira l'archiduc en sa ville d'Utrecht sur Meuse, où il sejourna assez longuement ; et là eust nouvelles d'Allemaigne, qui luy furent fort aggreables, et se retira en son pays de Brabant et s'en alla tenir en ung petit chasteau qui est à l'abbé de Sainct Michel d'Anvers, et hors de la ville, et là n'avoit que ceulx de son secret conseil ; et fit plusieurs lettres en Allemaigne pour gaigner electeurs et princes de ce pays, et là fit preparer secretement les dons et presens qu'il vouloit faire ; et à son partement d'Utrecht il ordonna l'evesque de Cambray[2], l'abbé de Sainct Bertin[3] et moy pour demourer audit lieu d'Utrecht et parlementer avecques les Liegeois ; et y demeurasmes bien six mois à peu d'esploit et à grans parolles ; car messire Guillaume d'Aremberch tenoit la ville de Liege soubs sa main, et ainsi y perdismes le temps.

seraient punis de la perte de leur corps et de leurs biens, et leurs enfants déchus de tous droits et privilèges de bourgeoisie et de métier (V. Gachard, *Collect. de documents inédits*, t. II, p. 142 et suiv.; *Chartes et documents de la ville d'Ypres*, publiés par M. Diegerick, t. IV, p. 115).

1. V. la paix conclue entre l'archiduc Maximilien et les trois membres de Flandre, *vidimus* des échevins de la ville de Gand, du 17 novembre 1485, dans Diegerick, *op. cit.*, t. IV, p. 112. — Une amende de 127,000 écus d'or frappa les Gantois, qui durent faire réparation solennelle à l'archiduc le 22 juillet 1485. Cent bourgeois furent exilés et les privilèges de la ville furent « brisés et coppés par M° Nicolas de Rastre, audiencier » (Molinet, p. 458).

2. Henri de Berghes.

3. Jean de Lannoy, auparavant abbé d'Auchy.

CHAPITRE XIII.

Comment l'archeduc Maximilian d'Austriche fut eleu Roy des Rommains, et comment l'Empereur Federic, son pere, le delivra des mains de ceux de Bruges.

Monseigneur l'archiduc eut nouvelles d'Allemaigne et se tira celle part[1] bien accompaigné et bien en point; et ne demoura guieres que nouvelles nous vindrent qu'il avoit esté esleu et sacré Roy des Rommains[2] du vivant et en la presence de l'Empereur, son pere, et du plaisir et voulenté de tous les princes d'Allemaigne. Et devez sçavoir que ce nous fut grant joye par deçà d'avoir ung tel posteau et une telle espaule qu'ung Roy des Rommains, pere de nostre prince; et avoit commandé, avant son partement, que je fusse mis grant et premier maistre d'hostel de son filz, et par luy fus je mis avecques son filz, où j'ay demeuré jusques à present; et le Roy manda monseigneur de Mingoval[3] et le fit son grant et premier maistre d'hostel en ses pays de par deçà; et ainsi nous pourveut tous deux selon son desir, et d'ores en avant, quant je parleray de luy, je le nommeray Roy, comme c'est raison. Grant feste et grant estat tint le Roy à Nostre Dame d'Aix, à son sacre[4], et puis

---

1. Le 1er janvier 1486, l'archiduc était à Aix-la-Chapelle, et, le 30 du même mois, il arriva à Francfort, qu'il quitta le 28 mars (Gachard, *Itinéraire de Maximilien*, dans la *Collection des voyages des souverains des Pays-Bas*, t. I, p. 107 et 108).

2. Le 16 février 1486 (n. st.), à Francfort, en l'église de Saint-Barthélemy.

3. Jean de Lannoy (Molinet, t. III, p. 224) ou son père Antoine (P. Anselme, t. VIII, p. 74).

4. Maximilien, entré à Aix-la-Chapelle le 4 avril 1486, fut cou-

se retira chascun des princes en ses pays, et ne demoura guieres que le Roy des Rommains vint par deçà[1], et luy fut faict l'honneur qui luy appartenoit et la reception par toutes les villes comme à Roy, et luy alla son filz au devant jusques à Utrecht sur Meuse[2], et puis s'en revindrent en Brabant; et la premiere chose qu'il fit, il se tira à Louvain[3], et là fit monseigneur l'archiduc son entrée [comme] duc de Brabant, et mit le pere son filz en possession de tous les pays dont il avoit la mambournie, et s'en vint la Royne[4] à Malines, fort accompagnée de dames et de damoiselles, et en grant triumphe ; et, pour abreger mon escripture, le Roy se tira à Anvers et d'Anvers à Bruges[5].

En ce temps courut une voix que le Roy vouloit faire

ronné le dimanche 9 du même mois en l'église Notre-Dame. Il donna ensuite à dîner à l'empereur, son père, à tous les princes électeurs et aux autres princes à l'hôtel de ville, et fit plusieurs chevaliers. La dépense de ce jour s'éleva à 2,693 liv. 8 deniers (Gachard, *Itinéraire*, p. 108).

1. Le 13 avril, Maximilien entra à Cologne avec son père et les électeurs. Il y séjourna jusqu'au 19 mai ; le 20, il était à son château de Zoents, ou Zons, le 25 à Ruremonde, le 29 à Bois-le-Duc, le 31 à Heusden, le 3 juin à Dordrecht, le 9 à Breda, puis à Berg-op-Zoom, et le 3 juillet à Anvers, qui lui fit une brillante réception, comme les villes de Malines, où il entra le 9 du même mois, et de Bruxelles, où il vint le lendemain (Gachard, *op. cit.*, p. 110).

2. Probablement Dordrecht, car Utrecht ne figure pas dans l'*Itinéraire*.

3. Il y fut rejoint le 20 par l'empereur, qui entra le lendemain avec lui à Bruxelles et ne le quitta définitivement que vers le milieu d'octobre pour rentrer en Allemagne (Gachard, p. 110 à 112).

4. Ce ne peut être que Marguerite d'Autriche, que La Marche appelle plus loin reine de France.

5. Les deux princes arrivèrent à Bruges le 1ᵉʳ août, sans passer par Anvers (Gachard, p. 111).

passer sa garde par Bruges, en intencion de mectre Bruges à subjection, et fut bien vray que le Roy manda sa garde pour les faire tirer en d'aucungs lieux où il avoit à faire ; mais il n'avoit pas la voulenté de mectre Bruges en aultre subjection qu'elle n'estoit[1]. En conclusion ceulx de Bruges avoient ceste opinion, et principallement le commung ; et commenccerent à estre sur leur garde et à garder leurs portes[2], et contrain-

1. « Le duc, dit au contraire Guillaume de Jaligny, p. 42, vouloit tirer des Brugeois de grands deniers pour soutenir sa guerre, de quoy ceux de cette ville furent advertis... et disoit-on mesme qu'il avoit dessein de piller la ville. »

2. Pour les détails de cette rébellion des Brugeois, voir Molinet, t. III, p. 206 et suiv. L'archiduc avait bien failli leur échapper, si l'on s'en rapporte à une lettre adressée de Paris, le 13 février 1487 (v. st.), par J. Regnault à ses « très honnorez seigneurs, messeigneurs des comptes à Dijon, » et dont nous croyons utile de donner quelques extraits : « Mes très honnorez seigneurs, si humblement qu'il m'est possible à vostre bonne grace tousjours je me recommande. Depuis que je vous ay derrenierement escript, le roy, pour aidier aux Gantois, leur a baillé vi[c] hommes de guerre, qui ont esté paiez par monseigneur le general Gaillart.

« Le duc d'Autheriche avoit fait grant amas de gens pour assiger Courtroy, lesquelx partirent de Bruges ; mais quant la plus grant partie fut dehors de la ville de Bruges, ainsi que ledit duc vouloit yssir après eulx, l'on laissa choeir la porte collice, qui à peu près cheut sur la teste de son cheval, dont il se trouva fort esbay, et convint qu'il retournast en son hostel, ce qu'il ne fit pas volentiers.

« Et après qu'il fut retourné, cuida par aucuns moyens eschapper, dont l'on fut adverty, et à ceste cause fut mené en l'ostel de la ville, ouquel on mist xl hommes et vii[c] par dehors pour la garde dudit hostel et dudit duc.

« Et quant lesdis Gantois furent advertiz de ce, à toute diligence envoierent xiiii[m] hommes devant ladicte ville, qui tous n'entrerent pas en icelle, si non aucun nombre affin de remonstrer ausdis de Bruges qu'ilz se gardassent bien de faire aucun

dirent le Roy de s'aller tenir sur le marchié, en la maison d'ung epicier nommé Crainebourg[1], et se mirent sur le marchié en grant nombre; et Coppenolle, qui estoit en France, revint bien diligemment, et firent ung hourt sur ledit marchié, que le Roy povoit bien veoir de sa fenestre, et sur ce hourt, publiquement, firent gehainer et coper la teste à ung bien noble homme, le seigneur de Dugelle[2], disans qu'il avoit favorisé le prince à l'encontre d'eulx, et firent abatre la maison de Dugelle et luy firent tous les dommaiges qu'ilz luy peurent faire; et assez tost après firent venir messire Pierre Lanchals, ung des principaulx tresoriers du Roy et de monseigneur son filz, le firent gehainer publiquement et decapiter, et non pas eulx

traictié ou appoinctement avec ledit duc, car, s'ilz le faisoient, il feroit d'eulx comme il avoit fait des peres desdiz de Gand, ce qu'ilz n'ont pas fait ne n'ont vouloir de faire, ains ont contraint ledit duc d'avoir leur petit duc et prince naturel, qui cejourd'huy doit arriver audit Bruges..... »

« Et... ont fait dire et remonstrer audit duc qu'ilz estoient deliberez de obeir audit petit duc comme à leur naturel seigneur, le servir de corps et de biens en toutes ses bonnes et justes querelles envers et contre tous, excepté contre le roy, leur souverain seigneur..... » (Archives de la Côte-d'Or, B 11942, n° 296.)

1. Le Cracnenburg, la plus belle maison de la place du Marché. Elle appartenait à un riche marchand, Henri Nieulant. — Pendant tout le mois de février 1487 (v. st.), le registre de dépense pour l'office de maitre de la chambre aux deniers porte cette mention invariable : « Cedit jour se tenoient les mestiers et la bourgeoisie de la ville en armes sur le marchié » (Archives du Nord, B 2436). Une grande partie des assemblées ayant lieu aux flambeaux, les échevins firent acheter quarante mille torches (Comptes de la ville de Bruges).

2. Jacques de Guistelles, ou Ghistelles, seigneur de Dudzeele, avait été arrêté près de Saint-Donat le 13 ou le 14 février 1487 (v. st.) (Molinet, t. III, p. 223, 247). Il fut décapité le 8 mars suivant (Id., t. III, p. 250).

seulement mais plusieurs aultres[1]. Et nous tairons à present de ce pour parler de la division de ceulx de Gand ; et peult on ligierement entendre que Coppenolle reveilla ses amys et ceulx de sa secte à Gand ; et ligierement se firent les plus fors et prindrent Mathis Paiart que le Roy avoit fait chevallier[2], et luy avoit donné une chaisne d'or, et vouloit qu'il fust continué grant doyen de Gand pour les services qu'il luy avoit faiz ; mais, au contampt du Roy, ilz prindrent ledit messire Mathis et luy copparent la teste[3], disant qu'il avoit esté cause que le Roy avoit receu son filz hors de leurs mains, et qu'il ne tint pas à luy que la ville ne fust perdue et perie pour ce qu'il fut cause que le Roy y entra fort et foible. Et là se vengerent d'aucungs qu'ilz hayoient en ladicte ville, et ceulx de Bruges continuerent en leur erreur et mauvais propoz, et firent tousjours au Roy de pis en pis, et se saulvoient, des gens du Roy, ceulx qui povoient, en habit dissimulé et aultrement[4] ; et, en conclusion, pourchassa tant Coppenolle, que plusieurs des plus grans personnaiges du Roy furent delivrez à ceulx de Gand et menez à Gand, dont l'ung fut le chancellier de Bourgoingne[5], l'abbé de Sainct Bertin, messire Martin de Polem,

1. Pierre Lanchals fut arrêté le 15 mars 1488 (n. st.), et décapité le lendemain matin.
2. Après l'entrée de Maximilien à Gand, en 1485. V. Molinet, t. II, p. 450, qui rappelle le fait dans les mêmes termes.
3. Arrêté le 5 mars 1487 (v. st.) par les habitants de Bruges, qui le livrèrent aux Gantois, Mathieu Payaert fut « gehenné deux ou trois jours entiers, » puis « décollé en Gand et escartelé comme traictre » (Molinet, t. III, p. 265).
4. Par exemple, le comte de Zollern, qui se déguisa en villageoise, portant des oignons sur la tête (Molinet, t. III, p. 225).
5. Jean Carondelet, seigneur de Champvans et de Solre.

messire Wolfart de Polem, le conte Philippe de Nassau, le seigneur de Villarnou[1], et messire Philippe Loete[2], et ung Allemand, nommé messire Jaspart May[3]. Ceulx furent prisonniers à Gand[4] et souvent menassez de faire mourir, et le tout falloit prendre en pacience ; et au regard de ceulx de Bruges, ilz firent mourir autant qu'ilz en peurent attaindre ; et pour monstrer leur mauvaise volenté, ilz firent crier que tout homme serviteur du Roy des Rommains, qui voudroit partir hors de Bruges, se trouvast, en une heure nommée, sur le vieil marchié, et on leur donroit passaige ; et pour ce faire s'assemblerent un grant tas des plus mauvais garsons de la ville, et trouvarent sur ledit vieil marchié gens de tous estatz, qui cuydoient partir hors de ladicte ville, comme on l'avoit crié. Mais iceulx mauvais garsons frapperent dessus, en meurdrirent à leur volenté, et ceulx qui peurent eschapper nagerent le fossé. Et voilà la justice et la raison qui, en ce temps, regnoit à Bruges.

Ceulx de Bruges prepererent l'hostel de maistre Jehan Gros[5] pour logier le Roy. Ilz y firent faire une caige de gros bois et toute ferrée de fer, et en celle

1. Jean de Jaucourt, seigneur de Villarnoul.
2. Philippe Loyte, ou Loette, seigneur d'Aresches.
3. Molinet (t. III, p. 233), qui donne aussi les noms de ces prisonniers, appelle les deux derniers : Regnier de May, seigneur de Volkestain, et Philippe Lauwette. Il y ajoute le seigneur de Maingoval, qui est cité plus loin par Olivier lui-même, ch. xvi (V. la liste dans Kervyn de Lettenhove, *Histoire de Flandre*, t. V, p. 418).
4. « Dedans Greve-Steen, » dit Molinet, p. 234 (Gravesteen).
5. Cet ancien hôtel de feu Jean Gros, alors possédé par le seigneur de Ravestein, était situé entre l'église Saint-Jacques et le pont aux Anes.

caige firent tenir le Roy[1] pour leur seureté, et luy baillerent maistre d'hostel, pannetier, eschanson et escuyer tranchant pour le servir. Ilz le traicterent bien de sa bouche[2], mais ilz le tenoient en grant regrect et subjection, et en ceste subjection fut longuement; et pendant ce temps les nouvelles de sa prinse et de sa detencion coururent en Allemaigne. Et povez penser que l'Empereur Frederich d'Austrice, son pere, en ses vieilz jours, reccut dures nouvelles que son fils estoit prisonnier de ses subjects et de ceulx qui luy avoient fait foy et serement, comme pere et mainbourg de son filz, conte de Flandres, leur seigneur et leur prince[3]. Le vieil Empereur se trouva contrainct d'amour paternelle et print couraige, mandant tous les princes de son sang en Allemaigne, et leur declaira qu'il vouloit, en sa personne, venir pardeçà pour la recouvrance de son filz, pour le mectre en son franc arbitre et pour le vanger de ceulx qui contre droit le molestoient. Et les princes d'Allemaigne se conclurent d'accompaigner l'Empereur et descendre par-

1. Maximilien fut retenu prisonnier par les bourgeois de Bruges du 1er février au 16 mai 1488. V. dans l'*Histoire de Flandre* de M. Kervyn de Lettenhove, t. V, p. 423 et suiv., les dépenses nécessitées par cette captivité. Peut-être ici la cage est-elle de trop, car elle ne figure pas dans ces dépenses, qui parlent seulement de ferrures.

2. Du 27 février aux premiers jours d'avril, ils lui payèrent 663 livres de gros pour son entretien (Kervyn de Lettenhove, *op. cit.*, t. V, p. 423).

3. L'empereur écrivit aux magistrats de Bruges pour les rendre responsables de toutes les conséquences de la captivité du roi des Romains, et aux États de Hainaut pour les assurer qu'il ne cesserait, tant qu'il vivrait, de venger l'innocence de son sang, « quant tout l'empire se debvroit mouvoir, jusques à condigne puguition ou correction » des Burghelins » (Molinet, t. III, p. 274).

decà, et le firent ; et les premiers qui descendirent, ce furent deux ducz de Baviere, assavoir le duc Christofle de Baviere et le duc Wolfkam de Baviere, son frere[1], lesquelx amenarent environ deux mil combatans. Mais ilz ne vindrent pas comme les autres qui vindrent deppuis ; car c'estoient deux maisnez de Baviere et les convenoit paier, ou certes je croy qu'ilz se feussent tournez du cousté des Flamens. Toutesfois l'on practicqua tellement, qu'ilz furent contentez et servirent bien ; car pour la crainte de leur venue, ceulx de Bruges firent appoinctement avecques le Roy des Rommains pour sa delivrance [2] ; et fut cest appoinctement sur certains pointz, dont les especiaulx contenoient que le Roy pardonnoit à ceulx de Bruges ce qu'ilz avoient fait, sans jamais leur en riens quereller ne demander. Secondement ilz voulurent que messire Philippe de Clesves demeurast plaige pour le Roy ; de tous les pointz contenuz entre ceulx de la ville et le Roy, monseigneur Philippe s'en faisoit plaige et principal. *Item*, voulurent avoir aultres plaiges que

1. Christophe et Wolfgand, fils d'Albert le Pieux, duc de Bavière à Munich.
2. Ce traité des communes flamandes avec le roi des Romains porte la date du 16 mai 1488 (Molinet, t. III, p. 318 et suiv.). En échange de sa liberté, Maximilien promit de congédier, dans le délai de quatre mois, toutes les garnisons étrangères, et accorda une amnistie complète à ceux qui avaient pris une part quelconque à sa détention. Il renonça de plus à être mainbour de Flandre, au titre de comte de ce pays, consentit à ce que celui-ci fût régi durant la minorité de son fils par les trois États du comté, adhéra au traité d'Arras et s'engagea à laisser comme otages le comte de Hanau, le sire de Falkenstein et Philippe de Clèves. Les États de Flandre demandaient aussi que le traité fût ratifié par le pape, l'empereur et les électeurs de l'empire. V. au surplus *Histoire de Flandre,* t. V, p. 448.

le Roy, mis en sa plaine delivrance, ratiffieroit de nouvel tout l'appoinctement fait entre eulx ; et, comme j'ay dit cy dessus, des menues choses advenues en ceste guerre je me passe ligierement pour venir ès grans choses et ès grans pointz advenuz; et commenceray assavoir[1] pourquoy ne à quelle cause mondit seigneur Philippe de Clesves se tourna ennemy du Roy et de son prince, et le coucheray au plus près de la verité qu'il me sera possible.

CHAPITRE XIV.

Comment ceux de Bruges et de Gand firent de rechef guerre au Roy des Rommains sous la conduitte de monseigneur Philippe de Cleves, et comment cette guerre fut appaisée.

Et fut vray que monseigneur Philippe de Cleves, quant vint à plaiger le Roy, il requist au Roy qu'il ne fit point de guerre jusques il fut hors de sa plaigerie. Ce que le Roy avoit voulenté de faire[2] ; mais l'Empereur et les princes d'Allemaigne descendirent à val le Rin et vindrent à Malines, si courroucez et en si grant malvuillance contre ceulx de Bruges et de Gand[3], qu'il

1. Ce mot manque dans les éditions précédentes.
2. Maximilien assura du moins Philippe de Clèves de son intention d'observer la paix. V. Molinet, t. III, p. 349, et la lettre du sieur d'Aymeries du 18 mai 1488, aux Archives de Mons.
3. Cfr. *Chronicon Johannis de Los*, dans les *Documents relatifs aux troubles du pays de Liège*, p. 98. Frédéric vint en Flandre dans l'octave de Pâques 1488. Son armée comptait, dit-on, trente mille combattants. Elle campa le 27 mai à Everghem, et de là courut saccager Ninove. C'est à ce moment que Maximilien

n'estoit pas au Roy des Rommains de les desmouvoir de faire guerre, et commença la guerre plus forte que devant de tous coustez; et quant monseigneur Philippe de Clesves veit que la guerre recommençoit, et que le Roy ne luy avoit pas tenu ce qu'il lui avoit promis, il fit son prouffict de ceste matiere et fit le serement à ceulx de Gand et de Bruges[1], et aussi au Roy de France, de servir leur partie bien et loyaulment, dont il s'acquicta plus qu'il ne debvoit; et recommença la guerre de tous coustez. Et le Roy de France envoya tantost gens à messire Philippe, et luy fit des biens en deniers et aultrement pour l'entretenir en ceste nouvelle guerre et voulenté; et luy disoient les François qui venoient devers luy, que le Roy de France le feroit connestable de France. Et on s'abuse bien sur moindre esperance. L'Empereur et les princes allerent devant Gand[2]; et quant ilz veirent la puis-

adressa aux Flamands un message pour les prévenir que son consentement à la paix n'avait pas été libre et qu'il n'observerait pas le traité (Kervyn de Lettenhove, *op. cit.,* t. V, p. 456).

1. V. dans l'ouvrage précité la lettre écrite par Philippe de Clèves à Maximilien, le 9 juin, pour lui annoncer son serment prêté en exécution du traité du 16 mai.

2. Le 5 juin 1488, veille du Saint-Sacrement. Le siège dura quarante jours. L'empereur avait placé son camp autour de Wondelgem; puis, inquiété par le canon de la ville, qui avait reçu huit cents hommes d'armes français commandés par Louis de Hallwin, sire de Piennes, il s'éloigna et se logea derrière l'église d'Everghem. Il n'y eut aucun exploit accompli dans cette campagne. Le marquis de Brandebourg, s'étant trop avancé près de la porte de Bruges, y fut atteint d'un trait dont il mourut. On l'ensevelit au cloitre des Augustins, à Gand. — Dans le même temps, l'archiduc parvint, par le traité qu'il conclut, le 22 juillet 1488, avec le roi de France, à Francfort-sur-le-Mein, à isoler les Flamands, en leur ôtant l'appui des Français (Van Hasselt, *Belgique et Hollande,* p. 306).

sance de la ville, ilz coururent le pays de Flandres, et principallement ce qu'ilz entendoient qui estoit ennemy du Roy des Rommains et de monseigneur son filz; et après avoir demouré certain temps au pays, l'Empereur et les princes se desliborerent d'eulx en retourner en Allemaigne et revindrent à Brucelles; et certes il y avoit une belle compaignie de princes et de gens d'armes, tant des villes comme aultrement; et s'ensuyvent les noms des princes d'Allemaigne qui descendirent en esperance de tirer le Roy des Rommains hors de prison, c'est à dire : l'Empereur Frederic d'Austrice, pere du Roy des Rommains, le marquis [Frederic de Brandebourd, le marquis[1]] Simon, son frere[2], le duc de Brunswich[3], le duc Hoste de Bautere[4], le duc Christofle de Baviere, le duc Wolfkam de Baviere, son frere, le duc Albert de Zasse[5] et son filz, le duc de Juilliers, le marquis de Bade et son frere[6], le lantgrave de Heeze[7] et plusieurs autres contes, barons, chevaliers et grant peuple; et certes c'estoit une puissante armée et de gens bien desliberez, et estoient estoffez d'argent et de vaisselle, et monstroient bien qu'ilz estoient grans princes et qu'ilz venoient pour exercer la guerre. Et quant ilz eurent presenté la

1. Le ms. n° 2869 a omis les mots entre crochets.
2. Frédéric et Sigismond, duc de Voigtland, tous deux fils de l'électeur Albert III.
3. Probablement Guillaume, dit *le Jeune*, duc de Brunswick-Gottingen.
4. Otton II de Bavière, comte palatin à Mosbach.
5. Albert le Courageux, chef de la branche Albertine.
6. Christophe, marquis de Bade, comte de Spanheim, et son frère Albert qui fut tué devant Damme, au cours de cette campagne, le 23 juillet 1488.
7. Guillaume, landgrave de Hesse.

bataille devant Gand et au millieu de Flandres, et qu'ilz veirent le Roy des Rommains hors de prison, ilz conclurent d'eulx en aller en Allemaigne et tindrent conseil pour laisser l'ung d'eulx au gouvernement de monseigneur Philippe, archiduc, et de ses pays, et conclurent de laisser le duc Albrech de Zasse[1] lieutenant du Roy des Rommains; car il failloit que le Roy retournast en Allemaigne, tant pour les affaires de l'Empereur, comme aussi pour certaine guerre particuliere que l'Empereur et le Roy avoient, et dont je parleray cy après. Et certes ilz ne povoient laisser meilleur lieutenant ne gouverneur par deçà que le duc de Zasse; car il s'y est bien acquicté, et si loyaulment et si honorablement, qu'il en sera tousjours prisé et loué[2].

Et sur ceste ordonnance, l'Empereur et les princes d'Allemaigne s'en retournerent chascun en son pays[3], et le duc de Zasse se trouva obey des grans et des petitz, et tellement se conduisit, que chascun le doubtoit et aimoit[4]; et au regard de monseigneur Philippe de Cleves, il fit la guerre avecques les François et

1. « Pour. »
2. « A priser et louer. »
3. L'empereur quitta la Flandre le 31 juillet et se retira d'abord à Anvers, d'où il publia deux déclarations, l'une pour dégrader le loyal sire de Clèves, et l'autre pour justifier son expédition. Quant à Maximilien, il alla en Zélande pour réunir des vaisseaux, frétés dans la Baltique, puis chercha à envahir le Brabant; mais Philippe de Clèves le défit complètement et l'obligea à regagner Anvers avec cinquante hommes seulement.
4. Plus tard, pour récompenser les services que lui avait rendus le duc de Saxe, Maximilien lui accorda la souveraineté héréditaire de la Frise (Paulus Langius, *ap. Pistorium,* I, p. 882). V. aussi *infrà.*

Gantois et mena de prim sault son prince, le josne archiduc, à ce qu'il n'avoit en Brabant ne en Flandres que trois villes qui ne luy fussent contraires, et lesdictes trois villes furent Malines, Anvers et Bos le duc; et certes, puis qu'il en vient à parler, Malines garda le prince soingneusement et bien ; et, que le prince ne doit jamais oublier, ilz firent flotter les eaues autour d'eulx, et[1] gros boulevars qui gardoient les passaiges. Ilz firent grant guet et grant garde, et tellement que ilz rendirent de leur prince bon compte à l'Empereur, qui à ceste cause en fit compte, et fit chevalliers messire Philippe Carreman et aultres de ladicte ville pour ce qu'ilz s'estoient si bien conduictz au service de son filz, leur prince. Et ainsi se continuoit la guerre de tous coustez, et avoit messire Philippe de Cleves ung grant advantaige; car il avoit le chasteau de l'Escluse que le Roy des Rommains luy avoit baillé, en fiance qu'il le serviroit dudit chasteau, et il en fit tout le rebours; car par icelluy chasteau il fit bonne et forte guerre au Roy et à monseigneur son filz, combien qu'il disoit et faisoit publier partout que ce qu'il faisoit, il le faisoit pour le bien et utillité du josne archiduc, son prince.

En ce temps monseigneur de Zasse fit une assemblée de gens d'armes et s'en alla contresieger l'Escluse[2], et luy vint en aide, de par le Roy d'Angleterre, une bonne bende d'Angloix[3], et furent longuement

---

1. « Avec. »
2. Du commencement de juillet 1491 au 18 septembre de la même année.
3. Une flotte anglaise, commandée par sir Edward Poynings, bloquait le port de l'Écluse.

devant l'Escluse ; mais peu y prouffitarent. Et en cedit temps monseigneur de Ravestain, pere de messire Philippe, envoya ung officier d'armes, à present roy d'armes de Hainnault, et manda audit messire Philippe, son filz, qu'il se depportast de celle guerre et qu'il fit appoinctement avec monseigneur[1] l'archiduc, son prince, et ce dedans certains jours ; et ou cas qu'il ne le faisoit, il luy declairoit qu'il feroit son heritier mondit seigneur[2] l'archiduc, et que jamais il n'amenderoit de chose qu'il eust vaillant, et luy mandast pour la derreniere fois ce qu'il vouloit qu'il fit. Ledit messire Philippe fit rendre responce ; mais il pensa sus au dommaige qu'il povoit avoir de desobeir à son pere, et de là en avant fut plus gracieux en response qu'il n'avoit esté. Et le duc de Zasse poursuyvoit sa guerre et reconquesta Saintron, Tieulemon, Genespe et plusieurs aultres villes et chasteaulx. Et en ce temps le seigneur des Cordes, accompaigné de grant nombre de François, entra au West pays de Flandres, et s'arresta à Nieuport[3] ; mais, à l'aide du souverain de Flandres, nommé messire Daniel de Morquerke[4], et Denis de Morbecke, ladicte ville de Nieuport luy fut si bien deffendue qu'il n'y gaigna riens, et y fut ledit seigneur des Cordes blessié. Par quoy il convint qu'il s'en retournast en son quartier pour se faire guarir. Et ainsi fut le siege levé. Et

1. Mot omis dans les éditions précédentes.
2. Deux mots omis dans les éditions précédentes.
3. Après avoir pris Ostende, le 19 juin 1489, le sire de Crèvecœur mit le siège devant Nieuport, dont il chercha inutilement à combler le havre à l'aide du sable des dunes voisines.
4. Daniel de Praet, dit de Moerkerke, seigneur de Merwede, souverain bailli de Flandre.

300   MÉMOIRES D'OLIVIER DE LA MARCHE.

en ce mesmes temps[1] les Gantois firent une prinse pour cuyder gaigner Dixmuyde et y mirent le siege, auquel siege tirarent les François qui estoient devant Nieuport et plusieurs aultres de leur party; et prestement et diligemment Denis de Morbecke et Raoulant le Fevre, lors recepveur de Flandres, tirarent à Calais et eslevarent une bonne compaignie d'Angloix et de gens de bien qu'ilz emmenarent pour lever le siege; et les accompaignarent tous les nobles et toute la commune dudit West pays, et se trouvarent si bon nombre qu'ilz se desliberent de combatre ceulx qui tenoient le siege; et à l'aborder eust grande meslée d'archiers et de traict à pouldre, et fut tué ung chevallier angloix nommé[2]....., moult vaillant chevalier et de bon lieu; et fut la conclusion de la bataille telle, que les François et les Flamens, tenans party contraire, y furent desconfitz, et y mourut grant nombre de gens[3], car les Angloix n'en prenoient nulz à marcy

1. Olivier de la Marche ne se préoccupe guère ici, comme ailleurs, de la chronologie. Gand était resté en repos pendant que les Brugeois luttaient contre le comte de Nassau. V. plus haut l'épisode de la défaite de George Picavet près du pont d'Oostkerke. Mais quand les Gantois virent que le comte de Nassau, maître de Bruges, les menaçait, ils regrettèrent leur inertie et reprirent les armes. Les Allemands ayant surpris Halst (9 octobre 1491), les Gantois reconquirent cette place sous la conduite du sire de Schoonhove, et allèrent mettre le siège devant Dixmude, qu'ils prirent le 20 janvier 1492 (n. st.).

2. Le nom est resté en blanc dans le ms. n° 2869. Est-ce le seigneur de Morlans, cité par Molinet (t. IV, p. 22) au nombre des morts anglais?

3. Les Flamands perdirent, selon Molinet, 2,500 hommes. Quant aux Français, prétend-il, cinquante seulement purent s'échapper. Mais il s'agit sans doute uniquement du chiffre des cranequiniers français qui survécurent au massacre d'un corps

pour le desplaisir qu'ilz avoient du bon chevallier qui estoit mort en ceste bataille ; et ainsi le Roy Henri d'Angleterre parmectoit que monseigneur le josne archiduc fut servy de ses gens, et firent les Angloix à mondit seigneur des bons services celle saison.

Tant fut parlementé entre le duc de Zasse et messire Philippe de Cleves, que appoinctement fut trouvé tel que il rendroit le chasteau de l'Escluse et le mectroit ès mains du conte de Nassau, et le Roy et monseigneur luy pardonneroient toutes offenses passées et luy rendroient sa pansion, car sans ycelle ne povoit il vivre[1]. Et ledit messire Philippe renunçoit et quictoit toutes aultres alliances, promesses et seremens pour se rendre bon et loyal subject de mondit seigneur l'archiduc ; et pour abreger mon escripture, le traictié fut faict et accomply et accepté d'une part et d'aultre ; et par ce moyen entra mondit seigneur de Nassau ou chasteau de l'Escluse, et la ville luy fit de nouveau serement. Et pour ce que mondit seigneur de Nassau ne se povoit arrester ne vacquer au chasteau de l'Escluse, il y commit[2] son lieutenant ung escuyer bourguignon nommé Philippe d'Alles, et mit dehors les souldoyers et serviteurs de messire Philippe. Et ainsi fut la paix faicte, et ceulx de Gand ransonnerent les prisonniers qu'ilz avoient, comme le chancellier de Bourgoingne, l'abbé de Sainct

de cinq à six cents hommes auxquels les Anglais ne voulurent pas accorder rançon.

1. On assura à Philippe de Clèves une pension de 6,000 flor., et, s'il dut rendre la ville de l'Écluse avec le petit château à Maximilien, il conserva le grand château jusqu'au jour où celui-ci put lui payer une somme de 40,000 florins qui lui était due.

2. « Pour. »

Bertin, [et] les principaulx et les plus riches des Allemans, et en tirarent de grans deniers, et encoires fut au bien venir qu'ilz ne les firent mourir en prison.

En ce temps se mist avecques ceulx de Gand ung mescanicque menant la charrue ; mais bel homme estoit et eust tantost auctorité à Gand[1]. Mais l'auctorité ne luy plaisoit guieres, comme bien le monstra ; car, entre les commissions que luy furent baillées, on luy bailla charge, avecques cinq cens hommes, d'aller garder le pont à Dunze[2], et luy, qui avoit tousjours une volenté de quelque bien faire, quant il fut hors de la porte de Gand, il parla à ses gens et leur remonstra qu'on l'envoyoit et eulx avecques luy, afin qu'il fut tué, et sa compaignie ; car ilz n'estoient pas puissans de faire ce qu'on leur commandoit. Et conclurent d'eulx rentrer en la ville et de tuer tous ceulx qui leur vouldroient aucune chose demander ; rentrarent en ladicte ville, et le premier qu'ilz rencontrarent fut Coppenolle[3], qui leur dit assez maistrisamment[4] pourquoy ilz ne faisoient ce qui leur estoit commandé. Et le charruyer, qui estoit grant et puissant, hause[5] d'une hache et fiert[6] Coppenolle en la teste et le porte[7] par terre, et là fut assommé des gens dudit charruyer[8],

1. Ce « mescanicque » s'appelait Arnould Declerc ; mais on le surnommait habituellement *Capiteyn Ploughenare*, c'est-à-dire capitaine laboureur.
2. Deynze.
3. Jean Coppenolle.
4. Arrogamment, d'un ton de maître.
5. « Haulsa. »
6. « Frappa. »
7. « Porta. »
8. D'après Ph. de l'Espinoy, *op. cit.*, 767, Coppenolle fut tué à Gand le 11 août 1491, tandis que, selon Molinet (t. IV, p. 204), il

et en y eust de tuez et les aultres s'enfuyrent, et demeura le charruyer le maistre à Gand pour celle fois. Coppenolle mort, les bons et les saiges de la ville de Gand commencerent à parlementer de paix avecques le prince, et à querir ceste paix tenoit fort la main messire Philippe Villain[1], qui tenoit le party des Gantois, et fut ladicte paix trouvée par ce moyen en toute Flandres[2]. Je laisse beaucoup de choses advenues pour parler seullement des plus grosses matieres, et comment elles furent conduictes. Je ne parle point de la mort de monseigneur de Raceguyen, que messire Philippe de Cleves fit tuer en allant en sa maison pour ce seullement qu'il avoit congneu son cas, et qu'il se deliberoit de tenir le party du Roy des Rommains et de monseigneur son filz[3]. Et soit prins en grée

périt le « samedi, nuict de la glorieuse Trinité » (28 mai), « décollé et exécuté, » et non frappé d'un coup mortel dans une rixe. Mais la véritable date de sa mort, survenue de la main du bourreau, est le 16 juin 1492, d'après M. Kervyn de Lettenhove, *Histoire de Flandre*, t. V, p. 488. Il périt avec son frère François après d'horribles tortures.

1. Philippe Villain, seigneur de L'Isle, à moins qu'il ne soit question d'Adrien Villain, seigneur de Rassenghien.

2. Sur les pourparlers qui précédèrent cette paix, v. le mémoire de Philippe de Clèves adressé aux États généraux réunis à Malines le 8 février 1492, les articles proposés au nom du roi des Romains aux habitants de Gand, et les apostilles à ces articles dans l'*Inventaire des chartes et documents de la ville d'Ypres*, publié par Diegerick, t. IV, p. 188 et suiv. Le traité de Cadzand, du 30 juillet 1492, mit fin à la guerre et accorda une amnistie entière aux Gantois.

3. Adrien Villain, seigneur de Rassenghien, s'était engagé vis-à-vis de Philippe de Clèves à le soutenir contre Maximilien. Mais il se rallia à ce dernier dans un but intéressé, celui, dit Molinet (t. IV, p. 131), de « coeillier aucuns desniers en Flandres. » Averti de ce défaut de parole, Philippe de Clèves le fit prévenir

ce que j'ay peu retenir d'icelle guerre et du debat du Roy et de messire Philippe de Cleves; et se je n'ay tout mis par ordre[1], au moings ay je dit la verité et recité ce que en est venu à ma congnoissance.

Or ay je devisé grant partie et le plus beau de ce que j'ay veu de mon temps; toutesfois à cause de ma vieillesse je n'ay peu estre partout; si ne me puis je tenir, combien que ce soit contre ce que j'ay dit au commencement de mes Memoires que je ne parleroye ou escriproye que de ce que j'ay veu de mon temps; et aussi il me seroit bien dur que je ne escripvisse du Roy des Rommains ce dont je suis au vray adverty, car j'ay veu, de son commencement, tant de vertu, de sens et de vaillance, que ce me sembleroit grant faulte à moy que je ne ramentasse comment il a poursuy, qui a tousjours esté de bien en mieulx.

CHAPITRE XV.

Brieve repetition d'aucuns des precedens faicts de Maximilian d'Austriche, avec nouveau recit de quelques autres sienes gestes.

Ce noble Roy Maximilian, archiduc d'Austriche, en

qu'il eût à se bien garder, car vengeance serait tirée de sa trahison. En effet, quelques jours après, un samedi soir, à une demi-lieue de Gand, Adrien fut, lui cinquième, assailli par quinze ou seize hommes d'armes qui le chargèrent de coups et le tuèrent (1490). Le 11 mars 1493 (n. st.), un accord intervint à Gand entre les parents et amis d'Adrien Villain et les représentants de Philippe de Clèves au sujet de ce meurtre (*Comptes-rendus des séances de la Commission royale d'histoire de Belgique*, 1838, p. 62).

1. Cette réflexion indique que La Marche se rendait bien

l'eage de dix neuf ans releva l'ordre de la noble
Thoison d'or, qui estoit morte et perie par la mort de
feu de noble memoire le duc Charles de Bourgoingne,
chief d'icelle ordre; et prestement qu'il eust relevé
ladicte ordre, pour ce que le Roy Loys de France avoit
prins à madame Marie plusieurs villes et chasteaulx,
il print les armes et assembla ce qu'il peust de gens,
et se tira aux champs à l'encontre du Roy de France,
et luy presenta la bataille en plusieurs lieux. Il reconquist le Quesnoy et Condé, et le Roy de France se
retira et fut contrainct de luy mesmes faire bouter le
feu à Mortaigne, qui est[1] son propre heritaige. Et ainsi
de celle premiere rase il recula le Roy de France, et
ne sera pas trouvé que, despuis sa venue pardeçà,
le Roy de France gaignast ung pied de terre sur
luy ne sur madame son espouse. Il soubstint la guerre
contre les Flamens, et, au plus fort d'icelle guerre,
il gaigna sur eulx Teremonde et Audenarde; il leur
fit la guerre par mer et par terre tellement qu'il vint
à paix avec eulx; il entra à Gand le plus fort, ce que
je n'ay pas trouvé que conte de Flandres fist jamais.
Il contraindit ceulx de Gand à luy ramener son filz
demye lieue hors de la ville et le luy rendre, lequel
filz ilz avoient detenu et le detenoient contre le vouloir
de son pere; et il le tira hors de leur mains et ramena
sondit filz en son pays de Brabant, et par ce moyen
fut la paix faicte entre le Roy et les Flamens[2]. Il alla

compte du désordre chronologique avec lequel sont rédigés ses
Mémoires, et auquel les notes qui précèdent ont eu pour but
d'obvier.

1. « Estoit. »
2. Il existe aux Archives municipales d'Arras deux vol. in-fol.

courre devant Tournay où estoient les gens d'armes de France et leur presenta la bataille devant les barrières dudit Tournay. Il desconfit le seigneur des Cordes et la puissance des François devant Guinegate, et y eust beaucop de François, archiers et aultres gens d'armes mors et tuez[1]. Il gaigna Malaunoy, Sainct Venant et Wavrin, tenant le party de France; et deppuis il gaigna Terouenne, et du cousté de ceulx de Liege soubstint[2] leur mauvaise voulenté et gaigna sur eulx Tongres et Saintron; et soubz luy furent desconfitz les gens de messire Guillaume d'Aremberch, et deppuis s'appaisa le fait de Liege. Du costé d'Utrecht il gaigna la cité par deux fois en ung mesme siege et les fit venir à appaisement; et, pour abreger mon escript, si josne qu'il estoit il fit choses dignes de memoire. Il presenta, au Pont à Lessault et plus avant, oultre le Pont à Vendin, la bataille au Roy de France, qui estoit à Arras fort accompaigné de gens d'armes. Et de ces choses j'ay veu la pluspart en son service, et du surplus je suis se bien acertené que je le puis

intitulés *Manuscrits Doresmieulx*, dans le second desquels se trouve un mémoire en forme de chronique, ou « histoire des guerres et troubles de Flandre, mutinations et rebellions des Flamens contre Maximilien, roi des Romains... ès années 1487, 1488, 1489 et 1490, rédigées et mises par écrit, le 3e et 4e jour de février 1490, par Jean Surques, dit Hoccalus..... chanteur de gestes, demeurant à Lille, etc. »

1. Guinegate (Pas-de-Calais). La bataille de ce nom fut livrée le 7 août 1479 (V. Molinet, t. II, p. 220, et Commines, liv. VI, ch. vi). — Louis Brun, « poète et orateur, régentant en l'Université de Louvain, » reçut, le 28 août 1479, de l'archiduc la somme de 32 livres pour « certain dit et traictié de la journée et victoire par mondit seigneur obtenue à l'encontre des François » (Archives du Nord, B 2118).

2. « Contre. »

et doy escripre. *Item*, est[1] temps que j'escripve de ses
haultz faitz ce que je n'ay pas veu, à cause de mon ancienneté ; mais je ne diray chose que je n'en soye bien
acertené. Et fault entendre que le Roy s'en retourna
en Allemaigne pour ayder à l'Empereur, son pere, à
recouvrer les terres que le Roy Mathias luy avoit
prinses, et non pas seullement le royaulme de Honguerie, mais avoit conquis la pluspart d'Austriche ;
et advint que le Roy Mathias mourut[2], auquel le Roy
des Rommains avoit jà commencé la guerre, et en
assez peu de temps le Roy des Rommains reconquit
toute la duchié d'Austriche, où il acquist ung grant
honneur, et puis se bouta en ce royaulme de Honguerie, où il trouva grant resistance, et vint devant la
ville de Alberegale[3], où il trouva deux des cappitaines
du Roy Mathias[4] et bien huit cens combatans et gens
de guerre, sans y comprendre ceulx de la ville, qui
sont tous gens de deffense. Il fit assaillir Alberegale
de toutes pars, et là eust de grans armes faictes
d'une part et d'aultre, et là fit on plusieurs chevalliers
nouveaulx, et y fut chevallier messire Hugues de
Salins[5], seigneur de Vincelle, bourguignon, et des

1. « Il est donc. »
2. 4 ou 6 avril 1490.
3. Molinet (t. V, p. 108) appelle aussi cette ville Albaregalle ou Escoelbint-Sembruch. — C'est Albe-Royale, en allemand *Stuhlweissenburg*, à 60 kil. de Bude. Sa cathédrale servait de sépulture aux rois de Hongrie.
4. « L'ung nommé Vatestain et l'aultre Hinespaul » (Molinet, *loc. cit.*).
5. Hugues de Salins, conseiller et chambellan de Maximilien en 1498 (*Inventaire des Archives du Nord*, t. IV, p. 291). Molinet le cite également parmi les nouveaux chevaliers. Il ne figure pas dans

aultres largement, dont je ne sçay à parler pour ce que
ce sont Allemans et ne congnois les noms ; et aussi
les Allemans ont accoustumez de se faire chevalliers
à plusieurs fois et en tous les bons lieux où ilz se
treuvent, pourquoy je me passe de les ramentevoir.
Et, conclusion, Alberegale fut gaignée d'assault par
des gens du Roy des Rommains[1], où l'on trouva merveilleusement de biens ; et quant le Roy se deslibera
de tirer à Bude, qui est la maistresse cité du royaulme
de Honguerie, n'y a point de faulte qu'il n'eust gaigné la cité de Bude, mais il ne peust avoir ses gens
hors de Alberegale pour trois raisons. La premiere,
ilz avoient si grant butin et grant proye gaignée audit
Alberegale, que nul ne voulut habandonner son prouffit et sa part du butin. Secondement ilz trouvarent à
Alberegale tant de vivres, de vin, de chair et de pain,
que soixante mil hommes ne les povoient desconfire.
Tiercement le paiement estoit failly, et est la coustume des Allemans que, s'ilz estoient payez jusques
aujourd'huy et demain il y avoit assault ou bataille,
ilz entendent qu'il leur est deu nouvel argent ; et ceulx
qui crioient le plus hault, c'estoient les lansquenetz
et les gens de pied, et, conclusion, ilz ne voulurent
point marcher avant. Mais s'en revint le Roy en Austriche, où il reconquist plusieurs places et chasteaulx
que le Roy Mathias avoit gaignés sur l'Empereur, son
pere ; et en moings de six mois, il reconquist tout ce
que le Roy Mathias avoit mis six ans à conquerir[2] ; et

la *Généalogie de la maison de Salins-Vincelles* de l'abbé Guillaume.

1. 17 novembre 1489 (Molinet, t. IV, p. 110).

2. Molinet se sert à peu près des mêmes expressions pour décrire les mêmes faits. Mais sa narration est plus complète.

pour ce que le Roy de Bohesme estoit prouchain parent du Roy des Rommains, ilz firent ung appoinctement que le royaulme de Honguerie demeureroit à icelluy Roy de Bohesme sa vie durant seullement, sans y povoir faire sens ne folie, et donroit au Roy des Rommains tous les ans cent mil ducas de Honguerie[1]. Et ainsi le Roy des Rommains s'asseura, pour luy et ses hoyrs, du royaulme de Honguerie.

En continuant de parler des vaillances du Roy des Rommains, il gaigna villes et chasteaulx en la conté de Bourgoingne sur le Roy de France, et si bien y exploicta, que ladicte conté est demourée à monseigneur son filz, comme c'estoit raison, Et qui plus est, pour monstrer qu'il estoit homme et chevallier pour rencontrer ung aultre de sa personne, de son humilité, il fit armes en lices closes, et soubz povoir de juge et par emprinse levée, à l'encontre de messire Claude de Vauldrey, seigneur de l'Aigle, ung chevallier bourguignon, son subject, mais homme fort et experimenté à faire armes à pied et à cheval, et en icelles armes se gouverna le Roy chevaleureusement et en partit à son honneur[2]. Et ainsi j'ay recité en brief les grans choses que le Roy a faictes, dont les unes j'ay veu, et les aultres sont venuz à ma congnoissance.

---

1. L'arrangement fut conclu à Presbourg le 7 novembre 1491. Peut-être est-ce dans les trop longs loisirs de cette guerre stérile que Maximilien fit composer sous ses yeux le poème de *Theurdant*, où ses propres aventures sont racontées sous une forme allégorique.

2. Molinet, ch. CCLXXVI et suiv., donne les préliminaires de cette joute de Maximilien avec le sire de Vaudrey, dit *le chevalier esclave,* qui sollicita l'honneur de lutter contre le roi des Romains à Anvers en 1494.

Ce noble Roy, après avoir les guerres dessusdictes achevées, il ne demeura pas oyseulx. Il visita son empire jusques à descendre en ce quartier d'embas, et puis remonter ès haultes Allemaignes, et travailla à paciffier les debaz de l'empire, assavoir à appaiser toutes questions qui povoient estre de ville à aultre, de seigneurs à villes et de princes à princes[1], tellement que à l'heure que je escripvis cestes, qui fut le treziesme jour de juing l'an mil cinq cens et ung, l'empire ne fut oncques si paisible qu'il est à present et par la diligence et poursuyte de cestuy noble Roy. Mais il ne seuffit point d'avoir monstré les grans vaillances et couraige de luy, et parlerons comment il se gouverna à l'encontre des Suisses, ses ennemis ; et fut vray que, l'an quatre cens quatre vingtz et dix neufz[2], les Suisses et les subjectz du Roy des Rommains commençerent à noiser et à villener les ungs contre les aultres, et tellement que chascun, de sa part, rompit les tresves qui estoient entre le Roy des Rommains et lesditz Suisses ; et mesmement lesditz Suisses oultragerent et aggraverent[3] par effect l'evesque de Cours, pour ce qu'il s'estoit tiré devers le Roy des

---

1. On sait que l'empereur Maximilien ne méritait guère l'éloge que fait de lui La Marche dans ce chapitre. Il caractérisait lui-même d'une façon originale son faible pouvoir au sein de l'empire : « Moi, disait-il, l'empereur, je suis le roi des rois ; en Allemagne, personne ne m'obéit. » Cependant il s'efforça de doter le pays d'une bonne administration et institua la *chambre impériale*, à laquelle notre chroniqueur fait ici une évidente allusion.

2. Allusion à la guerre dite de Souabe, qui se termina par le traité de Bâle en 1499, et assura pour jamais l'indépendance helvétique.

3. Accablèrent, grevèrent.

Rommains pour cuyder bien faire et pour appaiser l'outraige qu'ilz avoient faict à ung abbé subject de la maison d'Austriche, et continuerent lesditz Suisses à faire la guerre au Roy, tant en Austriche comme en Ferrate, à feu et à sang. Et quant le Roy veit leur obstinacion, il assembla quinze ou seze mil combatans et poursuyvit les Suisses, qui estoient retirez en leur pays, et entra par le costé de la conté de Thirolle, où il y a fort pays et grans montaignes à passer pour venir au pays desditz Suisses. Et touteffois entra le Roy et son armée, à pied et à cheval, esditz passaiges; et se le duc de Millan, nommé Ludovic, eust tenu ce qu'il avoit promis au Roy d'admener des vivres à l'entrée des passaiges pour fournir l'armée pour leur argent, il est apparant que le Roy leur eust faict le plus grant reboutement qu'ilz eurent oncques; mais le duc de Millan ne tint point ce qu'il avoit promis, et ne trouvarent les gens d'armes nulz vivres, et furent cinq ou six jours en grant disette de pain et de fourraige, de vin et de tous aultres vivres, et se le commung de l'armée eust eu le couraige et la sobresse[1] que avoit le Roy de sa personne, les Suisses estoient deffaiz en ce quartier; mais par faulte de vivres, comme dit est, il falut que le Roy retirast son armée, et despuis les Suisses assaillirent les gens du Roy qui estoient en Ferrate. Mais Dieu estoit pour les Ferratois et furent les Suisses desconfitz; et eurent grant honneur à celle journée Loys de Vauldrey, Rodigues, bastard de Lalain, et ceulx de la garde du Roy, et aultres Wallons qui se trouverent à celle journée; et

1. Sobriété.

deppuis fut faict ung appoinctement entre le Roy et lesditz Suisses, et se sont retirez chascun de leur costé.

CHAPITRE XVI.

Des surnoms attribués à l'Empereur Maximilian d'Austriche et à l'archeduc Philippe, comte de Flandres, son fils.

Et pour cette fois je dissimuleray ung peu de parler de ce noble Roy des Rommains et de ses grans faiz et de ses vaillances, où j'ay espoir de venir tout à temps, et est besoing que je escripve et mecte par escript le sens et la bonne conducte de monseigneur Philippe d'Austriche, son filz. Mais premierement, comme les aultres ducz de Bourgoingne ont eu nom et tiltres qui leur ont esté donnez à leur honneur, je suis desliberé à cest endroit de bailler tiltre acquis à ce noble Roy Maximilian d'Austriche, et suis en pensée de le nommer Maximilian Cueur d'or ou d'argent; mais je ne trouve point que ce nom luy soit souffisant, quant à la haulteur de son couraige; car l'or, l'argent et le plomb sont metaulx qui, par fondue et souvent manier, s'amenrissent et affoiblissent; et je ne trouvay oncques que, pour quelque fortune advenue, ce noble Roy ayt esté ployé ne amoindry en couraige ne en haulte emprinse. Le nommerons nous Maximilian Cueur de fer? Je diz que non; car trop petit est le nom selon ses grans merites. Le fer est d'une nature que la goutte de la pluye, venant du ciel, cave[1] le fer,

---

1. Creuse.

et par une goutte d'eaue venant du ciel, souvent tumbée sur le fer en une place, celle goutte concave le fer et le perce en telle maniere que la goutte d'eaue se monstre plus forte que le fer qui la reçoit. Pour quoy je vuilz dire que le nom n'est pas souffisant à si haulte personne, mais me concludz que je le nommeray Maximilian Cueur d'acier, et treuve que l'acier est plus noble chose que l'or, l'argent, le plomb ne le fer, pour ce que de l'acier, comme du plus noble metal, l'on fait les armures et les harnois, dont les plus grans du monde se parent et asseurent leurs corps contre la guerre et autrement ; et de l'acier se font les espées, les dagues et autres glaives, dont les vaillances se font d'ennemis sur ennemis. Puisque doncques je treuve cest acier plus noble que aultre matiere dont on puisse forger ne mectre en œuvre, je demeure qu'il aura nom Maximilian Cueur d'acier. Quantes paroles semées hayneusement contre luy par ce noble Roy endurées et ouyes! ce que couraigeusement et de grant vertu il a porté et soubstenu, sans se demettre, ployer ne amenrir, non plus que l'acier dont je fay comparaison ! Quantz heurtz[1] de guerre ! Quantes batailles et rencontres il a soubstenus et portés en sa personne, et mesmement venant de ses subjectz ! jusques à estre prisonnier et detenu en prison fermée par ceulx de Bruges, et en sa presence murdrir, gehenner et decappiter ses loyaulx officiers et aultres, et les plus grans de sa maison livrez ès mains de ses ennemys ! Et ne ouyt autres nouvelles, fors qu'ilz seroient decappitez, et nommeement messire Jehan

---

1. Chocs, rencontres.

Carondelet, son chancellier, l'abbé de Sainct Bertin, chancellier de son ordre, noble homme, et de ceulx de Lannoy, messire Martin de Polhem et messire Wolfart de Polhem, Philippe, conte de Nassau, et messire Jaspart May, Allemans, et du privé conseil de cestuy noble Roy, le seigneur de Mingoval, son grant maistre d'hostel, messire Jehan de Jaucourt, seigneur de Villarnou, et messire Philippe Loete, seigneur d'Aresches, tous chambellans et maistres d'hostel du Roy. Et povez entendre et croyre que toutes et quantes fois qu'il souvenoit à ce bon Roy de la soufferte et dangier d'iceulx ses serviteurs, il avoit le cueur bien pressé et bien desplaisant; mais touteffois ce Cueur d'acier demeura tousjours en la bonne esperance et fiance de Dieu, et tant endura et actendit sa meilleure fortune qu'il eschappa de ce dangier, et luy et ses serviteurs dessusditz. Ces choses considerées, je demeure en ceste oppinion qu'il a le cueur aussi fort et aussi ferme que d'acier, et je le espreuve[1] par experiment.

Or est besoing que je reviengne à parler et à escripre du fait de monseigneur l'archiduc Philippe, son filz, et commenceray par luy donner surnom acquis jusques à present. Le duc Philippe, filz du Roy de France, fut nostre premier duc deppuis le temps que le Roy Philippe de Valois[2] succeda à ladicte duchié, par estre yssu d'une fille de Bourgoingne; et luy vint la succession par femme, comme il est assez notoire et publicq par tout le monde. Ce duc Philippe fut surnommé Philippe le Hardy pour les raisons que j'ay

1. « L'ay espreuvé. »
2. Non pas Philippe de Valois, mais son fils, le roi Jean, qui eut pour mère Jeanne de Bourgogne, fille du duc Robert II.

mises en mon premier volume[1]; de luy vint le duc Jehan, qui fut surnommé Jehan sans Peur. Du duc Jehan vint le bon duc Philippe, qui fut surnommé Philippe l'Asseuré. Du duc Philippe vint le duc Charles, qui fut surnommé Charles le Travaillant. Du duc Charles vint madame Marie, qui espousa ce noble prince Maximilian, archiduc d'Austriche, lequel noble duc nous appellons Maximilian Cueur d'acier[2]. De l'archiduc Maximilian vient l'archiduc Philippe, que nous appellons Philippe Croy[3] conseil. Et ainsi j'ay rendu compte de tous les ducz de Bourgoingne venuz à ma congnoissance. Et pour esclaircir ce que j'ay surnommé l'archiduc Philippe, Philippe Croit conseil, il

1. « Ailleurs. »
2. On peut voir dans un tableau du musée de Lyon, nommé le *Rosenkranzfest*, ou *Fête du Rosaire*, et attribué à tort à Albert Dürer, dont il porte le nom avec la date de 1506, le portrait de Maximilien et de Marie de Bourgogne, sa première épouse, quoique celle-ci soit coiffée de la couronne impériale, qui ne lui a jamais appartenu, et que certains critiques l'aient prise pour Blanche-Marie Sforza, autre femme de l'empereur, vivante en 1506. La figure donnée par le peintre à l'épouse de Maximilien dans ce tableau, qui vient de Vienne en Autriche, ressemble en effet beaucoup à celle que retrace un portrait de Marie de Bourgogne enfant, déposé au musée de Versailles sous le n° 3096. Les vingt-deux autres portraits de Marie, conservés au département des estampes de la Bibliothèque nationale, s'en éloignent plus ou moins, mais la plupart au moins sont des œuvres de fantaisie. Une aquarelle du xvie siècle (n° 3090 du musée de Versailles) représente aussi Maximilien et Marie, non seulement avec leur fils Philippe le Beau, mais encore avec les deux petits-fils de Maximilien, Charles-Quint et Ferdinand, empereur en 1556. Ces anachronismes en peinture n'étaient point rares alors. Rogier de Bruges a aussi peint Marie de Bourgogne, et son œuvre a été gravée par Wisscher.
3. « Croit. »

est bien raison que je declaire les causes pourquoy ce nom luy est attribué, et trouverez vray que, luy estant en la subjection de ceulx de Gand, il estoit en l'eage de trois ou quatre ans; et lors mourut et trespassa de ce siecle feue de noble memoire madame Marie de Bourgoingne, sa mere, et par celle mort fut successeur ce josne archiduc de toutes les seigneuries appartenant à la maison de Bourgoingne, où il avoit cinq duchiez et dix sept contez, toutes terres grandes et seigneurieuses, comme la duchié de Bourgoingne, la duchié de Lotrich, la duchié de Lembourg, la duchié de Brabant, la duchié de Lucembourg et la duchié de Gueldres, les contez de Flandres[1], d'Artois et de Bourgoingne, les contez de Mascon et d'Auxerrois, la viconté d'Auxonne, le conté de Charrolois, les seigneuries de Salins, de Malines et de Noyers, la seigneurie du Chasteau Chinon et moult d'aultres belles parties. Et combien que le Roy de France, par puissance et par haulteur, ayt prins et mis en sa main plusieurs d'icelles seigneuries, touteffois c'est à tort et sans cause, et Dieu qui l'a permis, quant il luy plaira il les rendra à celluy qui a le droit. Et, comme j'ay dit dessus, à l'heure que vindrent lesdictes successions à monseigneur l'archiduc Philippe et en son josne eaige, il estoit encoires en la main des Gantois et avoit bien besoing d'estre bien conseillé; mais son noble pere le Roy des Rommains le tira hors d'icelle chetivoison[2] et le ramena en ses pays et en son franc

1. Philippe le Beau, alors âgé de seize ans, prit à Gand possession du comté de Flandre le 26 décembre 1494 (Preuves de l'*Histoire de Charles VIII*, p. 729).

2. Misère.

arbitre; et pour la principalle seureté de ce noble
enfant, il fut mené en sa ville de Malines, où il fut
gardé et soubstenu comme les bons subjectz doivent
faire de leur prince, comment[1] qu'il est escript cy dessus. Et en ce temps madame Marguerite d'Austriche,
seur de mondit seigneur l'archiduc Philippe, par la
puissance des peuples et des villes, et en esperance
d'avoir paix, fut mariée à Charles, filz du Roy Loys
de France, daulphin de Viennois[2]. Mais le mariaige
ne sortit point d'effect parce que le Roy Loys mourut, et le Roy Charles, son filz, appeta et eust desir
d'avoir la duchié de Bretaigne, et y fit grans guerres
et grans effors; et, en conclusion, par moyen d'aucungs et principallement du prince d'Oranges, le
mariaige fut faict du Roy Charles et de l'heritiere de
Bretaigne; et si avoit ladicte heritiere espousée solempnellement et par procureur fondé, messire Wolfar de
Polem, pour et ou nom du Roy des Rommains; et par
ce moyen madame Marguerite, qui avoit esté tenue
neuf ans pour Royne de France, fut ramenée pardeçà,
et depuis elle espousa le prince de Castille[3]; mais la
fortune fut telle qu'il ne vesquit guieres, dont ce fut
pitié et dommaige; car il estoit apparant d'estre ung
noble prince. Si laissa madame la princesse ensaincte
et eust ung filz, mais il ne vesquit pas longuement; et

1. « Ainsi. »
2. V. Commines, liv. VI, ch. vi et ix. Marguerite d'Autriche
avait alors environ trois ans et demi et le dauphin près de treize
ans. Les noces, ou plutôt les fiançailles, eurent lieu le 22 juin
1483 (V. *Mémoires* de Commines, édit. Dupont, aux preuves,
t. III, p. 345). Elles avaient été stipulées dans le traité d'Arras,
du 23 décembre 1482.
3. Voyez ci-dessus, p. 257.

demoura madame la princesse josne vesve, et deppuis revint pardeçà, moult bien estofféc de bagues et de joyaulx, et fut bien traictiée en Espaigne, et l'allerent querir messire Philippe de Croy, seigneur de Sainct Py[1], et la Mouche, seigneur de Vere, qui la ramenerent honnorablement pardeçà, et luy fut envoyée au devant, jusques à Bordeaulx, madame de Halevin[2] et plusieurs belles damoiselles, le seigneur de Fiennes et plusieurs nobles hommes qui ramenerent madicte dame Marguerite, et traverserent grant partie du royaulme de France[3], où il leur fut faict honneur et bonne chiere. Et nous tairons à present de la venue de madame la princesse de Castille et de son retour, et parlerons du fait de monseigneur l'archiduc, nostre prince, et des granz affaires où il se trouva, et comment, par croire conseil, il se ressourdit[4] et porta le temps saigement, comme nous dirons cy après[5].

1. Non pas Philippe de Croy, comte de Chimay, mort en 1482, mais son frère Michel, seigneur de Sempy.
2. Jeanne de la Clitte, dame de Commines, veuve de Jean, seigneur de Hallwin et de Bellenghem.
3. Demandée en mariage par Philibert le Beau, duc de Savoie, Marguerite signa son contrat d'union avec lui à Bruxelles le 26 septembre 1501 (Guichenon, *Hist. généal. de la maison de Savoie*, t. I, p. 613, et aux preuves, p. 480). Une députation de deux cent cinquante chevaliers vint la chercher de la part de son futur époux. Elle se mit en route de Bruxelles le 21 octobre, traversa le Hainaut, la Picardie, l'Ile-de-France, passa à Dijon, où René, bâtard de Savoie, avait mission de l'épouser au nom de son frère naturel, et arriva à l'abbaye de Rome-Moustier, près de Genève, où Philibert la rejoignit une heure après. Le lendemain, l'évêque de Maurienne les unit.
4. Se releva.
5. On voit par cette phrase qu'Olivier de la Marche avait le projet de développer des mémoires que sa mort a laissés inachevés.

Et peult on entendre et sçavoir que ce josne prince se trouva en de granz affaires; car le Roy des Rommains, son pere, avoit la guerre au Roy de France et aux Gantois, et à messire Philippe de Cleves, porté et soubstenu du Roy de France. La guerre fut longue, et par ce moyen fut à l'arriere de deniers, et en granz sommes; et mesmement messire Frederic[1], duc de Zasse, qui bien le servit en son adversité, demandoit quatre cens mil escuz, qui est une grant partie. Il servoit bien, mais il vouloit estre bien payé[2]. Et fut trouvé ung moyen, que l'on bailleroit audit duc de Zasse le droit que monseigneur avoit et povoit avoir en la haulte Frize, que l'on dit l'ung des dix sept royaulmes chrestiens[3], et le duc de Zasse conquist le pays à force d'armes, à l'ayde d'ung sien filz nommé Henry[4], qui moult bien se porta en icelle guerre. Et ainsi fut monseigneur l'archiduc bien conseillé, et creut conseil; car par ce moyen il fut quicte d'une grande debte, et demourerent amys le duc de Zasse et luy. Mais le duc de Zasse ne vesquit guieres despuis, ains mourut de maladie[5], dont ce fut grant dommaige, car c'estoit ung vertueux prince.

QUI EST TOUT CE QUE NOUS AVONS DES MEMOIRES
DU SEIGNEUR DE LA MARCHE.

1. Lisez : *Albert*.
2. Le duc de Saxe faisait sans cesse des demandes de subsides. V. à ce sujet les *Comptes du Franc*, 1492-1494, cités par M. Kervyn de Lettenhove dans son *Histoire de Flandre*, t. V, p. 489, note.
3. Voy. *suprà*, p. 297, note 4.
4. Henri le Pieux, duc de Saxe en 1539.
5. 13 septembre 1500. V. Molinet, chap. cccvIII.

TABLE

LIVRE PREMIER (Suite).

CHAPITRE XXXV. Comment le Roy Louis mecontenta le comte de Charolois, dont luy sourdit guerre, sous couleur du bien public de France. Page 1

CHAPITRE XXXVI. Comment le bon duc Philippe envoya son fils naturel, Anthoine, sur les Sarrasins de Barbarie; et comment le comte de Charolois destruisit la vile de Dinand, et fit venir les autres Liegeois à mercy. 35

CHAPITRE XXXVII. Comment le bastard Anthoine de Bourgongne ala faire armes en Angleterre; et comment le bon duc Philippe, son pere, mourut ce pendant. 48

LIVRE SECOND.

CHAPITRE PREMIER. Comment le duc Charles de Bourgongne, par avant comte de Charolois, ayant succedé au bon duc Philippe de Bourgongne, son pere, ala de rechef contre les Liegeois; et comment nouvelle querelle s'emeut entre le Roy Louis et luy, tant pour les partialités d'Angleterre que pour les viles de la riviere de Somme. 62

CHAPITRE II. Comment le duc Charles de Bourgongne, ayant couru par Vermaudois, assiegea Beauvais; et comment le Roy, s'estant trop fié en luy à Peronne, fut contraint de l'acompagner en armes contre les Liegeois, par avant ses aliés 76

CHAPITRE III. Comment le duc Charles de Bourgongne assiegea la vile de Nuz; et comment il s'en retourna par appointement faict avec l'Empereur. 88

CHAPITRE IV. S'ensuyt le recit des nopces de monseigneur de Bourgoingne et de madame Marguerite d'Yorch, seur du Roy d'Angleterre. 101

CHAPITRE V. Comment le duc Charles de Bourgongne se saisit de la duché de Gueldres, et de celle de Lorraine aussi. 201

CHAPITRE VI. Comment les Suisses desconfirent le duc Charles de Bourgongne par deux fois. 209

CHAPITRE VII. S'ensuyt le contenu au long des tresves de neuf ans faictes et concluttes par le Roy Loys de France d'une part et mon très redoubté prince Charles, duc de Bourgoingne, le treiziesme jour de septembre l'an de grace mil quatre cens soixante et quinze. 214

CHAPITRE VIII. Comment le duc Charles de Bourgongne se saisit de madame de Savoye et d'un sien fils; et comment il fut deconfit et tué devant la vile de Nancy en Lorraine. 234

CHAPITRE IX. Comment madame Marie, fille et seule heritiere du feu duc Charles de Bourgongne, fut mariée à l'archeduc Maximilian d'Austriche; et des guerres qu'ils eurent avec le Roy Louis de France, onzieme de ce nom. 242

CHAPITRE X. De la nativité de madame Marguerite d'Austriche et du mariage d'icelle avec le dauphin Charles; de la mort du Roy Louis onzieme, et d'autres particularités. 257

CHAPITRE XI. Comment l'archeduc Maximilian d'Austriche fit guerre aux Gandois pour retirer Philippe, son fils, comte de Flandres, hors de leur gouvernement. 264

CHAPITRE XII. Comment l'archeduc Maximilian recouvra la vile de Gand, et le comte de Flandres son fils dedans. 278

CHAPITRE XIII. Comment l'archeduc Maximilian d'Austriche fut eleu Roy des Rommains, et comment l'Empereur Federic, son pere, le delivra des mains de ceux de Bruges. 286

CHAPITRE XIV. Comment ceux de Bruges et de Gand firent de rechef guerre au Roy des Rommains sous la conduitte de monseigneur Philippe de Cleves, et comment cette guerre fut appaisée. 294

CHAPITRE XV. Brieve repetition d'aucuns des precedens faicts de Maximilian d'Austriche, avec nouveau recit de quelques autres sienes gestes. 304

CHAPITRE XVI. Des surnoms attribués à l'Empereur Maximilian d'Austriche et à l'archeduc Philippe, comte de Flandres, son fils. 312

FIN DE LA TABLE DU TOME TROISIÈME.

Nogent-le-Rotrou, imprimerie DAUPELEY-GOUVERNEUR.

www.ingramcontent.com/pod-product-compliance
Lightning Source LLC
Chambersburg PA
CBHW060453170426
43199CB00011B/1184